复旦国际关系评论

FUDAN INTERNATIONAL STUDIES REVIEW
Vol.34/2024

《复旦国际关系评论》第三十四辑／2024年

FUDAN INTERNATIONAL STUDIES REVIEW Vol.34 / 2024

主办单位：复旦大学国际关系与公共事务学院

主 编： 殷之光

全球安全与国际秩序多样性的理论化

中文社会科学引文索引（CSSCI）来源集刊
中国知网 2024 年度高影响力学术辑刊

复旦国际关系评论

第三十四辑

上海人民出版社

目 录

编前语

殷之光

　　在当前世界剧烈变迁的背景下,中国提出了《全球安全倡议概念文件》。文件以"共同、综合、合作、可持续的安全观"为基础,强调"以团结精神适应深刻调整的国际格局,以共赢思维应对复杂交织的安全挑战",并在此基础上"消弭国际冲突根源""实现世界持久和平与发展"。这一构想呼吁真正回到联合国宪章的宗旨和原则上,提倡构建相互尊重、和平共处、合作共赢、求同存异的国际秩序。在这个前提下,我们希望推进对整体性的安全、合作、发展等核心问题的讨论,并以此为基础,推动对既有国际关系理论、国家建设理论、发展与现代化理论的跨学科、批判性及建设性思考。

　　这种"实现世界持久和平与发展"的理想,需要建立在真正平等多边"文明互鉴"的基础上。对于国际关系学界来说,"文明互鉴"一方面需要我们在知识上打破理论的单一性,将人类政治实践的复杂性、认识论的多样性重新引入国际关系研究的视野中;另一方面,也需要在广域的、长时段的视野下,重新思考中国的本体论问题,并在此基础上进一步描绘理想中的世界性秩序图景。

　　中华文明的本质是建立在多元一体基础上的齐物平等秩序观。与西方二元对立、物种竞争求得生存的丛林自然秩序观不同,中华文明对自然秩序的认识强调不同性质事物相生相克,最终作为一个整体和谐共存。在这种自然秩序观之下,中华文明构想了一种真正的多样性秩序。其中,族群、文化,甚至物种的多样性,是确保世界秩序和谐发展的基本前提。谋求一个齐物平等而非霸权竞争的世界秩序,是中华文明最基本的未来想象。中华文明的国际传播需要突出强调这种普遍秩序想象的根本差异。西方中心给世界传递了一套"强权争霸和霸权更替是一种必然"的历史逻辑,这对"中华文明和平性"的叙事造成掣肘。

基于这样的问题意识,本辑探讨的重点是在广域的、长时段的视野下,通过跨学科、跨区域、跨文化的方法,对解决冲突、互助共存、合作发展、共赢共治、谋求安全等诸多方面的实践探索、理论资源以及空间秩序理想进行深入研究。所收录的文章中,有对欧美国际秩序及其机制的反思,有对非欧美国家外交实践的分析,也有涉及国际关系理论较少关注的"非正式"领域,特别是亚非拉发展中国家内部不同人群、社团、个人的经济、文化互动,理解在这种"微观"的流动过程中,空间的共享、群体的互助等实践的形成,以及其对不同人群世界观的影响,并探索其背后的理论潜力。

专题研究
国际秩序的多样性实践

自由国际主义还是"超国家卡特尔"

——批判性国际秩序观的回音

银培萩[*]

【内容提要】 美国在第二次世界大战后主导的国际秩序遭遇了重大冲击。原来突出开放包容、制度扩散的秩序思想,变为强调提高"准入门槛"和强化身份边界。现有文献以"小多边主义"或"逆全球化"等概念来阐释这些现象,其底层逻辑仍是注解型理论的伸展或坍缩。自由国际主义是一种融合了现实主义与自由主义的广谱性理论,在美国学术界的发展下为国际秩序现状起到注解和修正的作用,它认为当前国际秩序是权力和制度的理性混合结果。本文综述了一系列非美国左翼学者代际积累后形成的一种"批判型理论",透过"超国家卡特尔"概念来理解20世纪以来的国际秩序。该理论认为,现存国际秩序是显性和隐性要素分配下的结构,显性要素是国家在全球经济分配和军事实力中所处的位次,隐性要素是国家基于种族和共同经历而相互赋予的身份。两种要素分配中共属于顶层的国家形成"超国家卡特尔"联盟,它们将携手保护现有等级制的纯粹性。"超国家卡特尔"预言了现有国际秩序并不容易在经济和政治的高度发展下走向平等和包容,它将持续维护一种以财富、种族和共同经历为基础的国家间等级制。

【关键词】 自由国际主义,批判型理论,国际秩序,超国家卡特尔

【Abstract】 The international order dominated by the United States after World War II has experienced significant changes. Initially characterized by openness, inclusiveness, and the diffusion of institutions, this order is now shifting towards stronger entry thresholds and identity boundaries. Scholars describe these changes using terms like "mini-multilateralism" and "anti-globalization," which are linked to legitimization theory. Liberal internationalism, a theory that blends realism and liberalism, is popular among American academics and plays a key role in legitimizing and revising the current international order. It posits that the order is a rational combination of power and institutions. This article reviews "critical theories" developed by new-generation left-wing scholars outside the United States, who argue that the 20th-century international order is characterized by a "supranational cartel." This cartel is structured by both explicit elements, such as countries' rankings in global economic and military power, and implicit elements, such as the identities countries assign to each other based on ethnicity and shared experiences. Countries that rank high in either element collaborate to form alliances to maintain their privileges in the global hierarchy. This "supranational cartel" hinders the development of an equal and inclusive international order, perpetuating a hierarchy based on wealth, ethnicity, and shared experiences.

【Key Words】 Liberal internationalism, critical theory, international order, supranational cartels

* 银培萩,复旦大学国际关系与公共事务学院青年副研究员、复旦大学宗教与中国国家安全研究中心研究员。

2016 年,英国完成"脱欧",美国则在特朗普的领导下退出多边主义机制。由美国主导的国际秩序经历了"大变局"——从原来呼吁开放包容、制度扩散(institution diffusion),变为强调"准入门槛"、强化成员国资格的边界性。值得关注的是,这种"门槛"的标准并非简单的军事或经济实力,因为中国和俄罗斯被排除在外,也并非"民主"价值观,因为大量使用民主政体的南方国家也被排除在外。在这些现象面前,美国官方意识形态的自由国际主义理论显得越来越苍白。约翰·伊肯伯里(John Ikenberry)2020年出版的新著《一个民主的安全世界:自由国际主义与全球秩序的危机》尝试回应危机。时任美国副总统乔·拜登在奥巴马任期的最后几天呼吁"采取紧急行动捍卫自由国际主义秩序"。危机是"注解型理论"(problem-solving theory)内在的困境,因为它谋求在既定的前提条件下,为现实问题寻找功能性的解释,对现状起到注解和修正的作用。自由国际主义理论的前提假设是"善意的霸权",它是第二次世界大战后美国主导国际秩序的历史情境下的功能性产物。本体论的改变将动摇认识论的基础——当美国的国家实力与意愿不再支持为国际社会提供善意的公共物品时,注解型理论的解释力会极大衰减。

本文综述了一系列非美国左翼学者的理论,提出了"超国家卡特尔"概念。超国家卡特尔并非单一理论,而是来自大西洋国家的左翼学者经过几代的发展,逐渐形成的理论集合。在认识论中,这些理论属于"批判型理论",也就是对现状进行解构和批判,寻找历史情境下的原因,并指出未来可能的变化方向。在美国霸权稳定、"注解型理论"繁荣的时期,"批判型理论"被相应冷落。然而,早在伊肯伯里等学者对自由国际秩序危机进行辩护性解释之前,大西洋国家的一系列左翼学者已经指出这个秩序注定的危机——美国及其西方盟友主导的世界秩序是一种以阶层、种族和意识形态为基础的"超国家卡特尔"。它不仅对秩序本身的危机提供结构性的阐释,也对目前理解西方的"白人至上主义"等中观社会现象具有启发意义。

一、注解型理论:自由国际主义

"秩序"在国际关系理论中是指在体系层次存在的有意设计的、较为稳定的关系属性。自由国际主义是一种糅合了现实主义的权力观与自由主义制度观的"广谱性"(broad-spectrum)理论,它认为秩序的基础是两种矛盾性的基本元素——权力,以及对社会的合理性设想(legitimate social purpose),二者糅合使得无政府的国际体系可以存在某种政治权威。①自由国际主义理论是对第二次世界大战后事实上的国际秩序的阐释和注解——一方面,民主国家利用援助和贸易来加强彼此之间的联系,创造一个由贸易、货币和国际组织束缚在一起的世界;另一方面,富裕北方国家"指导"和干预落后南方国家的剧目反复上演,即便在联合国确立了主权平等的多边主义原则之后,主要的区别也只是秩序中的"火车头"从欧洲转移到了美国。

自由国际主义理论并非一蹴而就。一百多年以来,国际关系学科以自由主义理论和现实主义理论的争鸣为线索向前发展。20世纪70年代,两大理论终于出现合流趋势,形成了自由主义略占上风的"自由国际主义"思想。自由国际主义之所以带有对美国主导的世界秩序的"注解"功能,是因为它对主流国际关系理论起到了"大综合"的作用。新自由主义与新现实主义有诸多共通之处。二者共享国际政治的无政府状态假设,都将国家视为主要行为体,都采取理性主义路径,以及都认为霸权国对规则创制有决定性影响。现实主义认为制度根本上受权力支配,且制度深刻依附于霸权。但是自由主义在承认制度衍生于权力优势之外,对霸权之后的制度存续怀有更大的信心。因此,自由主义与现实主义对于美国作为现有世界秩序的创造者和既得利益者,可以通过维护现有的制度体系持续获利这一事实是存在基本共识的。

自由主义和现实主义在理论发展早期是有较大差异的。为了实现霸权统治,权力的投射、经济的支配地位、制度和文化影响力这几个因素到底应当如何组合和排序? 现实主义者通常将权力简化为物质实力,认为支撑美国世界领导地位的是占绝对优势的军事和经济实力。威廉·沃尔福思(William Wohlfort)将美国在第二次世界大战后的军事实力形容为:"历史上任何一个主权国家体系,都未出现这样的优势(pre-

---

① J. G. Ruggie, "International regimes, transactions, and change: embedded liberalism in the postwar economic order", *International Organization* 36:2, 1982, p.380.

ponderance)。"①罗伯特·杰维斯(Robert Jervis)也从数据上肯定了这一说法。②相比之下,自由主义者区分了"硬权力"和"软权力",他们认为,现实主义所强调的硬权力本身并不会决定政治结果,而是需要与软权力配合使用。约瑟夫·奈(Joseph Nye)和罗伯特·基欧汉(Robert Keohane)提出的自由制度主义与霸权稳定论有密切关系,甚至在作为第三者的建构主义者看来,自由制度主义是霸权稳定论的改进版。③现实主义的"权力转移论"及其导致军事冲突的预言渐渐不能贴近当前的政治现实,合作逻辑和道德话语日益进入现实主义的理论基础和政策处方当中。新现实主义的"霸权稳定论"与新自由制度主义的"霸权合作论"勾勒的图景成为战后国际关系理论的"最大公约数"。

自由主义在与现实主义的对话过程中不仅理论的包容性和延展性不断扩大,还逐渐具有为美国的霸权国角色进行"辩护"的功能,特别是在解释美国霸权与战后国际秩序方面,可以看到在自由主义的许多论断中都有现实主义的"霸权稳定论"的影子。越到 20 世纪末期,自由主义越是兼容强调实力的现实主义元素与重视规则制度的自由主义元素。在经历多次学术辩论并见证美国单极霸权的"稳定"后,两对理论在前提、对制度的强调以及对霸权国的角色上产生了越来越多的共识。现实主义的代表人物威廉·沃尔福思和斯蒂芬·布鲁克斯(Stephen Brooks)于 2012 年与新自由主义代表人物约翰·伊肯伯里在《国际安全》上合作发表了一篇文章,认为美国的霸权领导是良性的,原因是它为美国及其合作伙伴提供了高于他们所付成本的政治与经济利益,包括"减少交易成本、建立可靠的承诺、促进集体行动、加强联络与监测"。他们认为霸权产出了许多公共产品,尤其是系统的稳定性,尽管他们承认,美国从霸权地位中不成比例地获得了超额的收益。④

---

① Stephen G. Brooks and William C. Wohlforth, *World out of Balance : International Relations and the Challenge of American Primacy*, Princeton, NJ: Princeton University Press, 2008.

② Robert Jervis, "The Remaking of a Unipolar World," *Washington Quarterly* 29, No.3, 2006, pp.7—19.

③ Amitav Acharya, *The End of American World Order*, Polity Press, 2014, p.34.

④ Stephen G. Brooks, G. John Ikenberry, and William C. Wohlforth, "Don't Come Home, America: The Case against Retrenchment," *International Security*, Vol.37, No.3, 2012, pp.7—51.

自由国际主义成为指导美国对外战略实践的官方意识形态以后,进一步容纳了越来越多的现实主义理论元素,成为一种"广谱性"的自由主义形式。这种理论综合在华盛顿政策机构产出的意识形态中以"美国利益"的形式输出。在政策实践中,自由主义对权力的认知在美国第二次世界大战后占据了上风。权力转化为影响力的机制是间接的和复杂的,尽管现实主义强调物质能力是权力的主要来源,但对于如何开发和使用能力的论述却相对不足。早期现实主义的论述曾经对权力的复杂性进行细致入微的描述。汉斯·摩根索(Hans Morgenthan)认为权力包括了物质基础、民族性格、公众道德和领导品质。但20世纪后期兴起的结构现实主义对权力进行了"简化"处理,主动忽视了权力"转化"为影响力的过程。肯尼思·华尔兹(Kenneth Waltz)甚至认为,权力与影响力不存在区别,前者只是产生了后者。①自由主义者则不同,他们强调权力的不同形式与转化为影响力的途径。约瑟夫·奈将权力按照行使方式分为三类:通过恫吓或胁迫实现的军事权力,通过引诱或惩罚实现的经济权力,以及通过吸引、说服和议程设置实现的"软实力"。软实力概念成为第二次世界大战以来风靡全球的理论,并对美国的外交政策产生深刻影响。

美国的外交战略也体现出这种糅合性:自由主义作为美国官方的外交大战略,被用于G7国家盟友之间,而现实主义则是美国外交在中东、亚太和拉丁美洲等区域的实际行动指南。尽管自特朗普执政之后,关于自由国际主义被严重破坏的哀鸣常在,但是拜登上台和多边主义复苏的迹象,充分证明了自由国际主义作为美国外交大战略理论的韧性。作为最受美国外交建制派承认的"正统理论",自由国际主义呈现"自由为体,现实为用"的特征,充分保留了它"解决问题"的功能主义属性。

作为统合了国际关系理论两大主流范式的代表性理论,自由国际主义理论一向以美国霸权的最佳注解出现。自由国际主义兼容了现实主义与自由主义的冲突,形成了以"道德与合作"结合"武力与威慑"的手段来维护美国霸权的共识。因此,这一理论的"反面"便不再是现实主义。事实上,这一理论的"阴影"和美国的霸权面临的挑战一样,越来越来自霸权的"内部",而非美国一直在寻找的"他者"。伴随着经济增长周期的退潮与金

---

① Kenneth N. Waltz, *Theory of International Politics*, Waveland Press, 2010.

融泡沫的破灭、全球化深入对美国经济结构的反噬、自由多元主义呈现僵化政治教条的颓势、右翼民粹主义被反复鼓噪和煽动,有关美国国内社会经济因素与美国霸权的关联的讨论不断产生。

二、批判型理论:超国家卡特尔

对资本主义政治经济秩序进行反思和解构的批判理论在 20 世纪后期的国际关系理论中陷入低潮。在第二次世界大战后的国际秩序中,以美国为核心的北方国家集团引领了工业化、现代化和全球化发展。国际关系学科的中心也转移到美国,马克思主义在美国的左翼国际关系理论中也是"边缘中的边缘"。在美国学术界,"马克思主义已死"成为 20 世纪一种流行的说法。[①]然而,在大西洋国家内部,批判理论仍作为一股潜流长期存在,并在不同程度上借鉴了马克思主义。例如,"伯明翰学派"在 20 世纪 70 年代左右引领了英国文论的"葛兰西转向",成为继文化主义、结构主义之后的第三次范式转换。[②]大约在同一时期,国际政治经济学的"英国学派"兴起,罗伯特·考克斯(Robert Cox)将葛兰西实践哲学思想运用到国际关系分析中。英德杰特·帕马(Inderjeet Parmar)是英国国际关系学会(British International Studies Association)的前任主席,他从马克思主义中寻找理解当代国际秩序的理论工具,并与美国的主流自由主义学者约翰·伊肯伯里、约瑟夫·奈等产生了理论对话。

"超国家卡特尔"是本文对一系列大西洋国家左翼学者关于 20 世纪以来的国际秩序的思想的概括。卡特尔在经济学中指正式或非正式的企业或组织达成同意,合作控制和操纵特定的市场或行业,是一种物质利益结构。在国际关系视角下,卡特尔不只是一种物质结构,也是一种文化结构、制度结构,发生在这些结构中占据等级制高位的国家之间。本文将先回顾注解型理论"自由国际主义"对战后世界秩序的理解,再回顾跨大西洋两岸的非美国学者对国际秩序及其注解型理论的批判。

---

① Ronald Aronson, *After Marxism* New York: Guildford Press, 1995, p.1.
② 白云真:《新葛兰西学派及其批评》,《世界经济与政治》2011 年第 2 期。

（一）思想源流：意大利的葛兰西

与自由国际主义相比，马克思主义是典型的批判型理论。经典马克思主义对国际秩序的讨论集中在物质层面。安东尼奥·葛兰西（Antonio Gramsci）对上层建筑的关注奠定了他国家和国际关系的理论出发点，他的霸权（领导权）概念不仅扩展到了国际领域，也影响了后来的新马克思主义国际关系理论。马克思、恩格斯和列宁关于国家、国际关系的论述基本是从"物质一元论"出发的，认为国际关系的发展动力是资本主义生产方式和资本占有形式的不断变化。马列主义关注资本主义在膨胀的过程中如何将国内阶级关系扩展为帝国主义国际体系。①从葛兰西开始的新马克思主义更加关注上层建筑，他建立的"实践一元论"强调主观与客观、物质基础与上层建筑在实践中的统一。

葛兰西提出了一个经典设问：是国际关系为第一位，还是基本的社会关系为第一位？他给出的回答是，社会关系毫无疑问位于国际关系之前。②他的"社会关系"指的是物质基础与上层建筑的总称，不仅包含人与人之间的经济关系，也包括存在于人们精神层面的制度、道德和价值观。葛兰西主义是西方马克思学说的一个分水岭，是其理论重点从经济层面转向上层建筑、从历史转向现实的标志。③

葛兰西对上层建筑的关注始于他从比较政治的角度对俄国和意大利革命的观察。从1917年到1921年间发生的革命起义中可以发现，先进资本主义国家的革命大多失败了，而俄国作为一个远未达到马克思预想中的革命先决条件的落后工业化国家，却成功发动了布尔什维克革命。葛兰西认为，俄国的上层建筑发育不良，加上第一次世界大战引起的危机，使得布尔什维克们无需在上层建筑斗争中花费太多精力，偶然促成了俄国革命的胜利。上层建筑是任何试图争取统治地位的集团的重要斗争目标之一，他们需要在意识形态上同化或者征服旧的上层建筑

---

① 花勇：《国际社会的交往构成——交往视域下的马克思主义国际关系思想》，《国际观察》2014年第5期。

② ［意］安东尼奥·葛兰西：《狱中札记》，曹雷雨、姜丽、张跣译，河南大学出版社2014年版，第219页。

③ 袁银传、杨乐强：《西方马克思主义的批判路径及其启示》，《中国社会科学》2012年第5期。

里的传统知识分子。①俄国的革命在成熟的资本主义制度中是难以复制的,因为那些社会的上层建筑中有一大批复杂的政治团体和制度。革命若要取得胜利,必须先使这些"中间机构"摆脱与资产阶级社会的关系。葛兰西在 1924 年总结说:"类似俄国这样直接攻击国家机关的革命不会在意大利发生,意大利革命政党需要采用比布尔什维克们更长远的策略。"②

上层建筑由此成为葛兰西实践哲学关注的重点(见图 1)。他重申马克思历史唯物主义的核心观点:人在把自己的想法化为现实的实践活动时,总是受到历史上传承下来的旧的意识形态,或由统治阶级塑造的社会通行的意识形态的钳制。③葛兰西在此之上进一步指出,思想意识和经济基础、生产关系和上层建筑不应该割裂开来看待,二者在历史情境里总是处于反复的互动当中,彼此之间是"辩证的"或"自反的"关系,不断互相影响,无法假设谁具有完全的决定性。在葛兰西看来,上层建筑有路易·阿尔都塞(Louis Althusser)所说的"相对独立性"。④

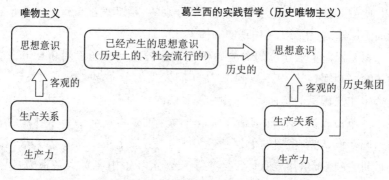

图 1 葛兰西的实践哲学与唯物主义的比较

资料来源:作者自制。

---

① [意]安东尼奥·葛兰西:《狱中札记》,曹雷雨、姜丽、张跣译,河南大学出版社 2014 年版,第 8 页。

② Steven J. Jones, *Antonio Gramsci*, London: Routledge, 2006, p.31.

③ [德]卡尔·马克思:《政治经济学批判》,载《马克思恩格斯选集(第二卷)》,人民出版社 1972 年版,第 83 页。

④ Steven J. Jones, *Antonio Gramsci*, p.34.

葛兰西将上层建筑的结构分为两个部分:政治社会与市民社会。"政治社会"(political society)指一切强制性力量的装置,它直接控制物质基础;"市民社会"(civil society)包括一切私人的有机组织的总和,如教堂、教育制度、运动队、媒体和家庭等,它对意识形态进行规训和引导。任何一个社会集团要想取得统治地位,都要同时得到"政治社会"中的主导权(domination)和"市民社会"中的智识与道德霸权(intellectual and moral hegemony)。①国家是"政治社会 + 市民社会"的总和。葛兰西驳斥了国家只有"守夜人"和"警察"这种最低限度功能的说法,认为私人力量、市民社会也是"国家本身"。②甚至"霸权"(hegemony)一词在他的语境里是专指市民社会中的领导权(文化霸权),与现代政治中具有强制性统治色彩的霸权概念相去甚远,指的是一种意识形态的统合与领导能力。因此,任何社会集团要想领导广义上的国家,需要同时控制物质基础与上层建筑,这被葛兰西具象化为对"政治社会 + 市民社会"的控制权,也就是坚硬的武力与柔软的领导力的统一。

一个国家的某个社会集团夺得了统治权,意味着"历史集团"(historic bloc)在社会结构中形成,它包括两个统一:物质基础与上层建筑的统一、领导阶级自身与从属阶级的统一。③完成这两个统一需要领导阶级广泛吸收敌对性、中立性的社会集团的知识分子,形成一个代表广泛阶级利益的精英联盟,其中的关键是争取"有机知识分子"。有机知识分子虽然属于市民社会,但是他们渗透在资本主义生产与管理的各个环节,保持与所有社会阶层的联系。如果有机知识分子可以和领导集团保持一致,就能发挥"组织和联接"的职能,一方面同生产相联系,另一方面又引导民众的思想

---

① [意]安东尼奥·葛兰西:《狱中札记》,曹雷雨、姜丽、张跣译,河南大学出版社 2014年版,第 59 页。

② 葛兰西在这里比较了多种国家功能的理论。第一种是拉萨尔的"守夜人"或"作为警察的国家",指的是国家的职能仅限于保卫治安、维护法律;第二种是黑格尔的"伦理国家",指的是世俗国家的道德和教化功能区别于中世纪的宗教教会统治;第三种是俾斯麦的"干涉主义"国家,指的是国家在经济上实行保护主义和民族主义政策的功能。葛兰西认为,现实中的国家功能是这几种功能的灵活组合,但是他强调,国家一定包含市民社会,甚至随着市民社会治理有方的要素越来越明显,不难想象,国家的强制性要素会逐渐消失。[意]安东尼奥·葛兰西:《狱中札记》,曹雷雨、姜丽、张跣译,河南大学出版社 2014 年版,第 341—342 页。

③ 张建新:《激进国际政治经济学》,上海人民出版社 2011 年版,第 283 页。

从技术工作层面升华到人文历史层面,通过市民社会中的习惯、思想、道德等内容,来潜移默化地改变人们对政治的看法。①在有机知识分子的作用下,建立历史集团的过程有时是以"开明的形式和手段"来完成的。但是,当被统治群体的"同意"没有在有机知识分子的帮助下在规定时期塑造完成,或者原有的社会共识崩溃了,就需要借助"政治社会"来强制发挥"规训"的功能。因此,葛兰西认为现代政党应该像马基雅维利形容下的古代君主一样,既要在必要的时候使用武力,也要利用公众的普遍信念和同情,获得大多数民众对政权的同意、服从和忠诚,建立智识上的领导权,也就是所谓的"文化霸权"。

葛兰西用"局势分析"(analysis of situation)来形容国内政治在国际层次上的拓展。霸权在政治社会和市民社会中的统一,既适用于国内社会结构,也适用于国际社会结构。因为"力量关系"(relation of forces)不仅存在于国内,也存在于国际,国内社会结构的改变将有机地改变国际关系。政治科学的任务包括对不同层次的力量关系进行"局势分析":在国内层次,力量关系表现为生产力水平、政治力量和政党霸权的关系;在国际层次,力量关系表现为大国、霸权性国际体系、小国的独立和主权等。国际层次的局势在一定程度上反映了国内层次的局势,例如当一个国家直接的经济生活越是隶属于国际政治,国内党派就越能利用这种局势来与其他政党竞争。②世界霸权的建立(或世界历史集团的形成),既需要领导国家保持对次级国家经济和军事上的统治,也需要对这些国家的上层建筑进行控制,并且要在意识形态上与次级国家的领导阶级保持"有机的联系"。这种有机联系主要依靠领导国家对次级国家有机知识分子的"文化霸权"来实现,并不是通过武力优势就可以直接实现的。

葛兰西的霸权理论和对国际关系的局势分析,在当时是超时代性的,体现了"体系—单元"联动的层次思考,强调了政治、经济与文化三种权力的一体性。关于"体系—单元"联动,20 世纪 60 年代的结构现实主

---

① Steven J. Jones, *Antonio Gramsci*, pp.60—65.
② [意]安东尼奥·葛兰西:《狱中札记》,曹雷雨、姜丽、张跣译,河南大学出版社 2014 年版,第 218—219 页。

义曾提出将体系层次的国际政治与单元层次的外交政策分开研究;但在20世纪80年代,新古典现实主义又将国家"找回",重新架构起二者之间的联系。①关于政治权力、经济权力与文化权力三者的关系,国际政治经济学在20世纪70年代架起了世界政治研究与世界经济研究之间的桥梁,而新自由主义则让文化权力正式成为国际关系中的一种关键要素。②这些后来的国际关系主流理论,都印证了葛兰西在20世纪30年代所提出的国内—国际力量关系"局势分析"的正确性。在历史唯物主义的视角下,新葛兰西主义理论家发现资本从19世纪进化到20世纪后,不仅能娴熟地分化和拉拢(co-opt)国内的异见群体,还能在两次世界大战之后的国际体系当中建立起以资本主义为基础的国际制度。

葛兰西的历史集团理论能很好地把握美国霸权的"对内"特征。在葛兰西的经典理论中,包括美国在内的任何资本主义大国,其内外政策目标不外乎是追求统治阶级或精英群体的利益。这些利益可能分散在各种不同的场域,或私人场域(公司利益),或公共场域(社会利益),或国家场域(政府利益)。不同场域的统治阶级会在具体历史条件下结盟,形成利益合流的历史集团。历史集团是一种"国家—社会复合体"(state-social complex),使用说服与强制结合的方法来维持霸权。

(二)理论发展:加拿大的考克斯与吉尔

葛兰西的"历史结构主义"被加拿大学者罗伯特·考克斯、斯蒂芬·吉尔(Stephen Gill)沿用,他们提出一种综合物质(经济＋政治)与意识,国内、国家与国际层次的结构主义。主流国际关系理论中也有国际主义,但以还原主义(reductionism)为主,省略了国内层次的丰富内容。而历史结构主义认为,历史集团的力量关系在国内和国际层次上是相似的。在历史结构主义视角下,国际关系不是国家间的权力关系,而是"联系不同国

---

① 关于结构现实主义与新古典现实主义,参见 Kenneth N. Waltz, *Theory of International Politics*, Waveland Press, 2010;陈志瑞、刘丰:《国际体系、国内政治与外交政策理论——新古典现实主义的理论构建与经验拓展》,《世界经济与政治》2014年第3期。

② 关于国际政治经济学,参见 Joan Spero, *The Politics of International Economic Relations*, St. Martin's Press, 1985, Third Edition; Susan Strange, *The Retreat of The State: The Diffusion Of Power in The World Economy*, Cambridge University Press, 1996。关于新自由主义,参见 Joseph Nye, *Soft Power*, Taylor & Francis eBooks。

家社会基础的国际社会关系的联合体"。①

考克斯概括了历史结构中三种相互作用的力量:物质权力、观念和制度,这三种力量循环影响,成为推动历史进步的动力机制(见图 2)。物质实力是经济性的,包括生产关系及其衍生的权力,观念是意识性的,包括主体间认知和社会群体性认知,而制度是物质实力和观念的组合方式。这三种力量以特定的"历史结构"形成了历史集团。这种提法实际上是对葛兰西历史集团概念的具象化,即物质基础与上层建筑的有机结合形成了历史集团。②

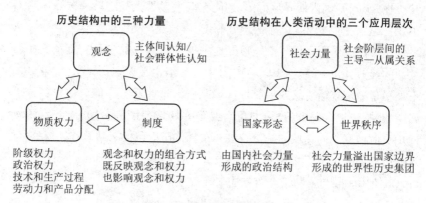

图 2 考克斯的历史结构理论

资料来源: Robert W. Cox, "Social Forces, States and World Orders: Beyond International Relations Theory", *Millennium*, Vol.10, No.2, 1981, pp.126—155。

这三种力量形成的历史结构又在人类活动中表现为三个层次:"社会力量""国家形态"和"世界秩序",彼此之间也可以循环影响。社会力量是指在生产过程中必然会出现的不同阶级和群体之间的"主导—从属"关系;国家形态则是由国内社会力量之间的这种权力关系决定的政治结果;社会力量不仅存在于国家之内,也溢出国家边界,形成跨国的历史集团,也就是世界秩序。人类在顺应和抵制所处的历史结构的过程中,从压力和碰撞中产生替代性的新历史集团。这样的过程在人类活动的三

①②　Robert W. Cox, "Gramsci, Hegemony and International Relations: An Essay in Method", *Millennium*, Vol.12, No.2, 1983.

个层次上都会上演。在这三个层次中,考克斯认为社会力量是世界秩序的基础,国家在世界结构和国内社会力量之间,扮演着一种具有中介性质但又独立的角色,国际关系的本质是国内社会的力量关系在国际体系的外化表现。

考克斯指出,鉴于葛兰西的霸权概念指的是智识和道德上的领导性,霸权性世界秩序绝不是帝国主义的剥削秩序,而是即便体系中存在霸权国家,其余国家之间也能利益兼容,并认可霸权国家的世界秩序。这种世界秩序必然不仅是国家之间的关系,还是跨国的经济体、政治体与社会体之间的有机联系。霸权国是在政治、经济、技术和文化等方面完成先进革命的国家,这些信息传播至外围国家,引起跨国社会层面的模仿和学习。即使是与霸权国发展路径完全不同的外围国家,也可能尝试在不破除旧的发展模式基础上,引入霸权国的部分做法和经验,形成外围地区的"被动革命"(passive revolution)。①霸权是主导性社会集团在生产方式、意识形态及两者的结合方式上都居于统治地位的一种状态,表现为对政治社会(正式国家机器)和市民社会(私人社会组织)的同时掌控。当一个国家对其他国家具有这种状态,这个国家就成为霸权国家。

吉尔结合建构主义的视角,认为权力和霸权都应在两个层面上理解,一个是物质层面,一个是规范层面。②行为性权力(behavioural power)在物质层面,是指一个行为体能够使另一个行为体以自己倾向的方式行动。结构性权力(structural power)是指一个行为体在物质性权力基础上还形成了规范性意识形态,使另一个行为体"不得不"按照给定的方式行动。全球一体化的市场及其规则就是结构性权力的体现,身处其中的弱势国家不得不遵循市场规则及其对应的意识形态,而输出这种结构性权力的群体就是葛兰西所谓的霸权历史集团。历史集团是指在一段特定时期内,物质力量、制度和意识形态之间存在一致性,或者广义上集合不同阶级力量的联盟。历史集团的建立以一套主导的意识形态为基础,这些主导意识形态有时被称为"支配性意识形态"。历史集团的成功必须在政治和经

---

① Robert W. Cox, "Gramsci, Hegemony and International Relations: An Essay in Method", *Millennium*, Vol.12, No.2, 1983.

② 白云真:《国际政治经济学中的跨大西洋分歧》,《世界经济与政治》2010年第4期。

济上有力量,并有强说服力的想法和论据,在伦理政治层面能够建立和催化一系列政治网络和组织。①

在吉尔看来,1945 年以后形成了一个新的国际性历史集团,以美国为核心,在西方主要国家之间形成了一个"有机联盟"(organic alliance)。这个联盟的主导力量是跨越国界的资产阶级,但同时涵盖了多个阶级的更加"有机"的社会力量,这个联盟既涉及社会的物质性方面,也涉及规范性方面。历史集团的核心并不仅是政府,还是一个由政府及市民社会庇护的跨国公司群体。它们通过第二次世界大战后由美国主导、由西方主要国家推进的新自由主义经济政策鼓励市场开放和资本自由流通,从而在全球扩张的市场中获得结构性权力,并使这种权力以一种"市场文明"的意识形态结构固定下来。②

(三) 理论融合:英国的帕马

帕马的理论传承了两种理论传统:英国学派的国际社会理论和葛兰西—考茨基对霸权的理解。帕马在获得国际政治学博士之前,曾经在伦敦政治经济学院的社会学专业受训。他的研究方向始终具有英国学派最核心的"国际社会"思想,他聚焦英美外交精英在过去一百年中对国际秩序的影响,以及基金会、智库、研究机构等社会组织对外交政策发挥的作用。一方面,帕马对自由国际主义所注解的美国霸权和世界秩序提出了批判,并与主流学者进行对话和争辩;另一方面,帕马提出了一种结合了葛兰西与卡尔·考茨基(Karl Kautsky)思想的"葛兰西—考茨基"理论框架,以解释当代美国霸权的国内和国际性统治基础。

帕马首先从新葛兰西主义立场出发,批判了自由国际主义理论的三大缺陷:第一,自由国际主义缺少对美国国内阶级、种族等不平等社会事实的承认。美国的国际战略向来与国内经济社会现实息息相关。20 世纪 80 年代的里根革命以来,民权运动、技术变革和全球产业布局重构共同导致了白人工薪阶层和中产阶级经济机遇的丧失,使这部分选民投入以低税收和财政保守主义为纲领的共和党阵营。然而,共和党的市场自由化政策并没有显著改善经济不平等的状况,"铁锈地带"和白人工薪阶层

---

①② Stephen R. Gill and David Law, "Global Hegemony and the Structural Power of Capital," *International Studies Quarterly*, Vol.33, No.4, Dec., 1989, pp.475—499.

反而因族裔的多样化而加深了对美国身份的认同焦虑。这些不平等的结果就是 2016 年特朗普的当选,以及他所提出的一个毫不掩饰的保守主义国内政治纲领与一个保护主义和孤立主义的美国外交战略。第二,自由国际主义相当推崇民主,但美国国内和国际秩序的建立方式都体现着极强的实用主义、精英主义。在国内,美国于 20 世纪完善的联邦级别国家机构主要由私人精英组织部门推动,克服了当时各自为政的地方利益和日益复杂的社会治理困境。在国际上,美国处理对外关系时并未优先考虑民主,而更关注如何将其他国家的精英驯化进霸权秩序的规范之内。第三,自由国际主义忽视了美国在对外关系中的帝国主义和种族主义心态,尤其在处理南方国家和民族的问题上。时任美国总统威尔逊在第一次世界大战之后提出了国际主义和民族自决原则,却同时拒绝了日本在国际联盟中的种族平等原则提案。第二次世界大战之后,美国建立战后秩序的核心思想带有深刻的西方白人盎格鲁—撒克逊新教徒(WASP)烙印,但对待其他民族文化多样性的真实态度是引导它们保持与 WASP 文化的一致性。此外,对待"非西方"国家的崛起,美国更始终坚持"接触加遏制",时刻防范"上升力量"成为"反对力量"。这些国际政治现实都与自由国际主义的平等、普遍和包容原则相左,体现了美国霸权明确和隐晦的种族性、殖民性和帝国性特征。①作为自由国际主义的替代,帕马认为葛兰西与考茨基的思想相结合可以提供一种更客观的美国霸权理论和国际秩序观。②

帕马认为,自由国际主义秩序本质上是一个在美国国内和国际上都以社会阶层为基础,精英的霸权地位从美国国内社会延续到国际社会的秩序。而"自由国际主义"或"威尔逊主义"则更多地充当着一种意识形态来合法化美国霸权的现实,并没有从理论角度真实地反映美国领导的战后国际秩序的内涵。一种结合了葛兰西与考茨基的理论框架可以作为对自由国际主义的替代选项——葛兰西主义比自由主义更真实地反映了国内精英的社会化进程,而考茨基的"超帝国主义"理论则比自由国际主义更好地解释了跨国精英联盟的政治现实。

---

①② Inderjeet Parmar, "The US-Led Liberal Order: Imperialism by Another Name?" *International Affairs*,Vol.94,No.1,2018.

帕马在葛兰西和考茨基的观点基础上提出,同一社会阶层的利益合流可以在一定程度上克服民族国家间的利益冲突。帕马的思想并非全无先例,伊曼约尔·沃勒斯坦(Immanuel Wallerstein)的世界体系理论和威廉·罗宾逊(William Robinson)美国民主化政策的研究都发现了资产阶级跨国结盟的现象。罗宾逊假定存在"一个以世界体系为核心的有阶级意识的跨国精英",他们在金融资本的霸权下组织起来。民主是实现这种霸权的工具,其内在逻辑也悄然发生变化。在全球化时代,那些在过去被默许存在,甚至是获得支持的非民主政权,已经成为"国际资本积累的新模式"的束缚。而跨国精英阶层,以及其当地盟友会想方设法将非民主国家转变为市场民主国家。在这种视角下,"民主化"依附于全球经济的本质展开,这是对资本新要求的调整过程,它要求开放的社会和国家完全融入国际体系。①

考茨基的"帝国合作"理论甫一提出,就因为第一次世界大战的爆发而遭到否定。然而,当前的多边主义进程和区域一体化都不同程度上印证了考茨基在一个世纪之前被遗忘的观点。欧盟、七国集团、北约、国际货币基金组织和世界银行,似乎在提醒着人们,考茨基的观点适用于 1945年以后的世界,资本主义跨国联盟在超国家层面、军事领域和经济领域以不同形式生成。帕马认为,考茨基的观点可以在两个方面帮助理解美国领导下的战后秩序:第一,资本主义国家之间尽管不可避免地存在冲突与紧张,但战争并非不可避免,这也是自由国际主义中的相互依赖理论所推断的。第二,资本主义国家的终极追求是联合其他国家精英,在国内和国外共同扩展他们的权力。为达到这一目的,他们要与其他国家已经掌握权力的精英建立联盟,或者在权力真空的国家培养和扶持新的精英。总之,考茨基的理论同时批判了列宁主义、自由主义和现实主义的观点——国际秩序确实是帝国主义的,但并不一定会导致战争,也不是善意的或"被邀请的",而是一种高社会阶级之间的跨国政治合作,这种合作凭借不稳定的社会和政治基础得以生成,以达到追求共同利益的目的。

---

① William I. Robinson, *Promoting Polyarchy*:*Globalization*,*US Intervention*,*and Hegemony*,Cambridge:Cambridge University Press,1996,pp.33—37.

三、注解与批判之间:比较两种秩序观

综上所述,葛兰西用结构视角来分析国内社会,指出秩序是某一历史条件下在物质基础与上层建筑中同时生成的结构。考克斯从葛兰西的"历史结构主义"视角出发,认为国内秩序和国际秩序一样,是物质、观念与制度三者历史性生成的结构。吉尔更具象化地将历史结构视角应用于现实世界,指出西方国家在 1945 年以后历史性形成了"有机联盟",不仅在政治和经济上统治了其余国家,也在伦理政治层面为现状进行辩护。帕马从葛兰西主义视角提出对自由国际主义缺陷的批判,并认为考茨基的"帝国合作"理论虽然在第一次世界大战的检验下失败了,却对国际秩序现状具有解释力。

美国战后七十年中的国际秩序,是自由国际主义体系,还是超国家卡特尔? 二者的根本区别是进入秩序的"门槛",前者认为进入秩序的门槛是国家对规则的接受和执行程度,而后者认为是国家在财富、权力、种族和共同经历上相似的等级(hierarchy)位阶。自由国际主义从理性角度来解释美国为何不在秩序中对所有国家一视同仁。根据自由国际主义,规则在不同区域的适用效率(制度因素)和回报(权力因素)都有差异。第二次世界大战结束后,美国早期不在亚洲成立北约这样的多边主义安全组织,是因为美国与亚洲国家之间的权力不对称性过大,多边主义路径会让这些成员国"搭便车",而且并不能显著提升美国应对俄罗斯和中国的战略能力。①美国支持在欧洲建立多边主义机制,并将自身的经济与安全承诺纳入这些机制当中。反观亚洲,美国的核心需求是保障军事基地,并不愿意与亚洲国家在多边协议中缠夹不清。在与中东、拉丁美洲和非洲等地区和国家交往时,美国完全凭借权力地位来对这些国家进行命令、胁迫或"教育",直接与其国内精英达成不对等的"庇护—回报"协议。②

---

① Donald Crone, "Does Hegemony Matter? The Reorganization of the Pacific Political Economy", *World Politics*, Vol.45, No.4, 1993, pp.501—525.

② 银培萩:《暗金政治:慈善基金会与美国霸权》,上海人民出版社 2022 年版,第 31 页。

而超国家卡特尔理论认为,国家结为卡特尔除了依据财富和权力标准以外,同样重要的是在种族、宗教、共同经历上具有相似认同。资产阶级的跨国利益是北方发达国家之间达成卡特尔的显性要素,而隐性要素是在长期的社会化中形成的优越性认同,这种认同更复杂和非理性,但其影响力会在显性因素退化的时候更加凸显。例如,美国在第一次世界大战之前基于国家利益采取孤立主义政策,不愿意介入复杂的欧洲事务。这种局面的改变在迈克尔·亨特(Michael Hunt)看来,与美国掌管外交事务的早期精英集团三种共同经历有关:第一,都通过赴英国和欧洲大陆的旅行促进了对外交事务的非正式教育;第二,在进入政府之前都曾在公司任职;第三,对外交政策的观念是在精英社交圈、高层次的课程项目和外交事务俱乐部的价值框架下形成的。这三种经历分别从不同方面增强了这些精英的国际主义倾向:赴欧洲的旅行能为看待国际事务提供更广阔的视野,也加深了对欧洲地缘政治利益的正确判断,有助于克服"卷入欧洲复杂事务"的孤立主义思维惯性;在企业界的任职经历能增进对美国产业结构和对外贸易关系的了解,认识到参与世界事务能为美国带来的实际经济红利;在与国际关系有关的学术、政策和教育类社会网络中获得的知识能直接提供他们在外交事务上的"行动路线图"。①

四、结　论

本文回顾了在美国之外的大西洋国家中一批受马克思主义影响的左翼学者思想。在自由国际主义理论的繁荣期,批判型理论受"马克思主义已死"的论调遮蔽。在与美国的政策实践反复磨合中,自由国际主义在很长一段时间内是美国外交的"官方意识形态",为该理论作出贡献的也主要是美国的学术精英。自由国际主义融合了现实和理想两种传统,是一种"广谱性"理论,发挥着注解和阐释美国领导下的世界秩序的功能。

---

① Michael H. Hunt, *Ideology in Twentieth-Century Foreign Policy*, New Haven: Yale University Press, 2009, p.137.

"超国家卡特尔"是对上述大西洋国家左翼学者理论的概念化,指在一定的历史条件下,在物质权力、观念与制度三种结构中占据优势的国家结成的"卡特尔"。"超国家卡特尔"概念可以追溯至20世纪初的葛兰西与考茨基,但是历史结构主义思想是在代际积累后才发展为应用性较强的国际秩序观。超国家卡特尔的物质结构是全球化资本主义市场;观念结构是政治思想、种族、宗教及共同经历;制度基础是第二次世界大战后美国主导形成的一系列军事、政治、金融等国际机制。许多类似的概念往往仅捕捉到国际秩序的某一种结构,或是暂时形成的、无历史性的结构。例如,国际货币基金组织被描述为全球性"信用卡特尔",它概括了物质、制度两种结构。① 又如,安德鲁·巴塞维奇(Andrew Bacevich)认为美国入侵伊拉克之前结成的包括相近意识形态国家和文化知识分子形成的"美国治下的和平卡特尔"(Pax American cartel),它包括了物质、观念的结构,却是一种短暂的权宜联盟,不意指历史性形成的秩序结构。②

"超国家卡特尔"预言了现有国际秩序并不容易在经济和政治的高度发展下走向平等和包容,而是会持续维护一种以财富、种族和共同经历为基础的国家间等级制。这种预言在20世纪初并没有得到现实经验的反馈,却在近年的全球性现实中获得了强烈的理论"回音"。过去七十多年里,繁荣发展的自由国际主义强调"基于规则的制度",淡化了秩序结构中基于种族、宗教、文化的观念结构。"超国家卡特尔"认为,国际秩序的基础不仅有物质、制度,还有观念。原本在卡特尔中充当认同基础的宗教和科学文化的结构都不如战后初期稳定——宗教在全世界范围内呈现多元化趋势;在教育发展和开放移民政策下,知识分子社群也变得全球化,发达国家中移民可以获得与人口不成比例的教育机会。随着危机感的迫近,卡特尔国家中的受益者还能用什么来维系观念结构中的优越性呢? 种族成为"超国家卡特尔"在观念结构中捍卫自身优势认同的堡垒。"白人至上主义"是这种背景下的历史性产物,它突出显示了国内社会结构与国际社会结构的不一致性——白人至上主义运动的发起者在国内属于蓝领阶

---

① Bird, Graham. 2001. "IMF Programs: Do They Work? Can They be Made to Work Better?" *World Development*, 29(11):1849—1865.

② Andrew J. Bacevich, "Washington's Pax Americana Cartel," *The American Conservative*, May 13, 2018.

层,但他们的目标是捍卫本国在国际秩序中的所谓"优先"地位,因为过去是这种优先地位使得他们普遍成为受惠者。而当下的全球化贸易、金融甚至数字相互依赖结构,越来越使国内精英阶层在全球范围内分摊成本,而让普通中下阶层承担后果。所以在某种程度上,"超国家卡特尔"中的"白人至上主义者"是国内的"民粹主义者",却是国际秩序中的"帝国主义者"。令人怀念的并非只是某种种族结构,而是支撑帝国的权力结构和在国内社会相对均匀地分配"帝国红利"的制度结构。

虚幻的终极杀器

——战间期捍卫国际秩序的经济制裁及其失败

李　旭[*]

【内容提要】　长期以来,针对国际联盟缺乏捍卫国际和平之必要手段的批评不绝于耳,然而,国际联盟的创建者们却并不这样认为。在时人看来,"经济武器"在协约国战胜同盟国的过程中发挥了举足轻重的作用。在起草《国际联盟盟约》之时,经济制裁被打造为国际联盟确保盟约得以遵守、国家间和平得以保障的终极杀器,体现为《国际联盟盟约》第16条。然而,尽管依靠经济制裁巨大的威慑力,国际联盟成功地解决了几次小规模的边境冲突,但在面对执意挑战凡尔赛体系的修正主义国家之时,这套威慑方案最终失效了。与此同时,经济制裁还塑造了修正主义国家的战争记忆与战争想象。在意识到本国很大程度上会成为经济制裁对象的情况下,德、日、意三国为进行战争准备,走上了追求扩张性自给自足的道路。至此,原本意在压制各国战争动力的经济制裁反而成为推动这些国家发动对外战争、控制原材料产地的重要动力源,这一恶性循环最终将世界再次拉入战火之中。终究,经济武器没有为人类打开任何一扇通往新世界的大门。

【关键词】　经济制裁,战间期,国际联盟,自给自足

【Abstract】　A criticism that the League of Nations lacked the necessary means to defend international peace has been heard for a long time, but the founders of the League of Nations did not believe that. In the eyes of contemporaries, the economic weapon played an important role in the victory of the First World War. At the time *the Covenant of the League of Nations* was drafted, the economic weapon was created as the ultimate weapon of the League of Nations to ensure the observance of the covenant and to guarantee peace among nations, as embodied in Article 16. Although the League of Nations succeeded in resolving several border conflicts by relying on the great deterrent power of economic weapons, this deterrent scheme eventually failed in the face of the revisionist states that were determined to challenge the Versailles system. At the same time, economic weapons also shaped the war memory and war imagination of the revisionist states. Realizing they were almost certain to be targeted by economic weapons, Germany, Japan, and Italy embarked on the path of pursuing expansive autarky in order to prepare for war. At this point, the economic weapons originally intended to suppress the dynamics of war in various countries turned into an important source of motivation for these countries to wage wars and control the source of raw materials, a vicious circle that eventually pulled the world into war again. In the end, economic weapons did not open any door to a new world for mankind.

【Key Words】　Economic Sanction, Interwar Period, The League of Nations, Autarky

* 李旭,北京大学法学院博士研究生。

1928 年 8 月 27 日下午 3 时,在法国外交部钟厅(Salle de l'Horloge)之内,时任法国外交部长阿里斯蒂德·白里安(Aristide Briand)正主持着一项签字仪式,而聚集于此的各国政要所要签署的公约,全称为《关于废弃以战争作为推行国家政策的工具的一般条约》,即所谓的《非战公约》。在签字仪式上,时任德国外交部长古斯塔夫·施特雷泽曼(Gustav Strese-mann)与时任美国国务卿弗兰克·比修斯·凯洛格(Frank Billings Kellogg)等人用以签名的金笔,是勒阿弗尔市(Le Havre)专为此次仪式定制并赠予凯洛格的纪念品,这支装饰着月桂花环的金笔上刻着这样一句话,"Si vis pacem, para pacem",意即"如果你想要和平,那么就要为和平做准备"。这句话化用了一句著名的罗马格言,"Si vis pacem, para bellum"(如果你想要和平,那么就要为战争做准备)。

能否在"不为战争做准备"的情况下就实现和平?为了和平,需要做哪些准备?人类真的能够实现所谓的"永久和平"吗?长久以来,总是有一批对人类前景抱有乐观态度的人,相信战争并非人类的宿命,他们或是认为"温和商业"(doux-commerce)能敦风化俗,或是认为科学技术的发展能带动道德的同步上升,或是相信经启蒙后的世界舆论能够谴责侵略、捍卫和平,或是寄希望于在各主权国家之上建立能和平解决各国纠纷的国际组织。本文无意探讨其他几项强调改造人性的和平方案,而是将目光聚焦于利用非战争手段解决国家间纠纷的国际组织方案上。

众所周知,对于一项纠纷解决机制来说,纠纷解决所适用的实体规则与程序规则固然重要,但倘若该机制缺乏必要的强制执行手段迫使争议各方尊重决议,那么一份好的谈判结果能否真正落地,就只能听天由命了。而这也正是国际纠纷解决与国内司法之间最重要的一个差别:通常而言,人们会认为,国际组织普遍缺乏强制执行力来捍卫国际秩序、保卫和平,无法像国内暴力机关惩戒罪犯一样将发动侵略战争的国家绳之以法。这一批评尤其可见于各种针对国际联盟的讨论之中,马克·马佐尔(Mark Mazower)称:"国际联盟只是要求各盟国遵守和平解决领土争端的规定,但是该组织缺乏执行决议的强制力。"[1]伊丽莎白·博

---

① [美]马克·马佐尔:《谁将主宰世界:支配世界的思想和权力》,胡晓姣、秦雅云、唐萌译,中信出版社 2015 年版,第 114 页。

格瓦特(Elizabeth Borgwardt)也强调,在联合国成立之前,"负责保障国际安全的组织没有任何终极的制裁措施来执行其裁决"。①然而,在为国际联盟(以下简称"国联")奠基的政治家看来,事情也是如此吗? 他们也会认为自己设计的国际联盟在面对可能的违法者时只能束手无策吗?

在为参议院以及美国民众解释《国际联盟盟约》(以下简称《国联盟约》)时,时任美国总统伍德罗·威尔逊(Woodrow Wilson)曾发表过这样一段言论,他将《国联盟约》中的经济武器描述为"比战争更可怕的东西",那是"一种绝对的孤立……在这种孤立之下,一个国家不得不清醒过来,就好像一个马上就要窒息了的人不可能再有任何战斗欲望一样","没有任何货物能够进出,除非利用无线电,否则没有任何电报讯息能够被发出或被输入,其他国家的国民也不会与该国国民有任何形式的交往……没有任何一个国家能在这样的条件下坚持六个月"。②

乍看之下,这种论调似乎很是奇怪,尤其是对一个生活在经济制裁已然常态化③的世界里的人来说,威尔逊仿佛无限夸大了这一政策工具的威力。然而,类似的言论在当时并不少见,由此可以看出,在国联的设计者眼中,新生的国联的确能够通过经济制裁这一"比战争更可怕"但又不是战争的武器来保卫战后的国际秩序,让第一次世界大战真正成为"终结一切战争的战争",那么,随之而来的就有如下三个问题:第一,为什么在1919年,经济制裁登上了世界最高级别的政治舞台,并被寄予了如此高的期

① Elizabeth Borgwardt, *A New Deal for the World: America's Vision for Human Rights*, Cambridge, MA: Harvard University Press, 2005, p.154.

② Woodrow Wilson, *Woodrow Wilson's Case for the League of Nations*, Princeton, NJ: Princeton University Press, 1923, pp.67—71. 需要指出的是,包括威尔逊以及罗伯特·塞西尔等人在内的诸多国际主义者在当时也一再强调,依靠国际舆论即可确保各国遵守盟约,例如在第一届国联大会上,塞西尔就曾表示,"很显然,国联手中最强有力的武器不是经济武器,不是军事武器,也不是任何物质性的武器,国联最强有力的武器是大众的舆论"。与此同时,威尔逊也将经济制裁发挥作用的机制与舆论压力关联在了一起,他强调,经济制裁的最大作用在于对违约国国民施加的精神压力,"当一个国家知道自己被全世界孤立时,这种打击更大",因为"灵魂受到的伤害比身体受到的伤害要严重得多",从而在经济制裁与舆论压力之间建立起联系。

③ 2015年,一位联合国官员曾估测,世界上大约有三分之一的人口生活在某种形式的经济制裁之下。

待？第二，经济制裁究竟有没有发挥作用？第三，为什么被寄予厚望的经济制裁最终还是没能阻止第二次世界大战的爆发？

需要指出的是，很多战间期以及之后的学者都注意到了《国联盟约》第 16 条中的经济制裁条款，但他们大多认为国联的制裁条款软弱无力，只是用来谴责侵略的一种手段而已。类似的论调或是认为经济制裁缺乏必要的武力支持①，或是认为缺乏有效的领导②。本文则试图聚焦于另外一个方面，以期构建出一套更为完整的解释。第一次世界大战期间经济制裁的表现给这一时期的战胜国与战败国都留下了极为深刻的印象，在人们的观念之中，经济制裁力量巨大，近乎可以被称为前核武器时代的终极杀器，然而，其发挥作用的前提在战间期并不具备：美国与苏联两个大国的长期缺席，背后支持的军事力量的缺失，积极的经济援助没能建立起来以团结小国，经济制裁本身的巨大威力与英法等国的决心之间的差距等都使得这样一台打击侵略国家、捍卫国际和平的机器无法正常运转。同时，经济制裁的威胁一直笼罩在修正主义国家，尤其是德国的头顶之上，第一次世界大战的战争记忆与战间期国联的威慑共同塑造了德国的战争想象，为了做好准备，掌握"粮食主权""原材料主权"，修正主义国家不得不诉诸自给自足的经济政策，而对于德、日、意三个本土面积不大，缺乏众多战略资源的国家来说，自给自足的目标必然意味着追求更大的生存空间，因而也就意味着对外扩张。至此，原本意在捍卫国际秩序、威慑潜在侵略国的经济武器反而摇身一变，成为推动修正主义国家发动对外战争、控制原材料产地的重要动力源。最终，经济武器非但没能"不战而屈人之兵"，反而在不经意间推动了第二次世界大战的爆发。

在进一步探究战间期的经济制裁究竟给人类带来了哪些意义深远的变革之前，首先需要解决的问题是，为什么发生在第一次世界大战中，为什么是 1919 年？

---

① ［英］爱德华·卡尔：《二十年危机（1919—1939）：国际关系研究导论》，秦亚青译，世界知识出版社 2005 年版，第 103—106 页。

② 参见 Charles Kindleberger, *The World in Depression*, *1929—1939*, Berkeley: University of California Press, 1973, p.240. Zara Steiner, *The Lights That Failed*: *European International History*, *1919—1933*, Oxford: Oxford University Press, 2005, p.358.

一、终结一切战争的战争与经济制裁的兴起

在 1918 年 11 月 11 日停战协议签署之后,斐迪南·福煦(Ferdinand Foch)元帅曾感叹道,在战胜德国的过程中,正面战场与经济封锁各起到了一半的作用,美军将领塔斯克·布利斯(Tasker Bliss)则认为封锁的贡献还要更大一些,似乎在当时的协约国眼中,经济制裁就是自己的制胜法宝。为了解释这一现象,就需要回答以下两个问题:一是为什么第一次世界大战之前,经济制裁没能发挥重要作用? 二是第一次世界大战中的经济制裁究竟发挥了什么样的作用?①

(一)第一次世界大战之前尚未成型的经济制裁

国际关系学界通常会将伯罗奔尼撒战争前雅典颁布的"麦加拉禁令"视作人类历史上第一次经济制裁,然而这实际上是将一切政治活动中的经济政策都划入"经济制裁"的范畴之中了,这样的定义无法展示出在经济相互依赖的现代世界中经济制裁的突出地位。之所以经济制裁在第一次世界大战前没能发挥重要作用,物质层面上的原因是,在第一次世界大战之前经济相互依赖的情况并不严重,绝大多数经济战都只采用了个别的、局部性的手段,例如封锁敌方某个特定的港口,或是在公海上搜捕敌方商船,这使得经济战所发挥的作用也较为有限,一场战争的胜利更依赖于正面战场上的决定性战役;而法律上的原因则在于,在第一次世界大战前欧洲公法体系之下的海战法包含几个不利于经济武器发展的特征:一是战和

---

① 有关一战期间英国对德实施的经济封锁的研究成果,参见 W. Arnold Forster, *The Blockade*, *1914—1919*, *Before the Armistice—and After*, Oxford: Clarendon Press, 1939; Henry William Carless Davis, *History of the Blockade*, HM Stationery Office, 1920; Archibald Colquhoun Bell, *A History of the Blockade of Germany and of the Countries Associated with her in the Great war: Austria-Hungary, Bulgaria and Turkey, 1914—1918*, HM Stationery Office, 1937; Eric W. Osborne, *Britain's Economic Blockade of Germany, 1914—1919*, London & New York: Frank Cass, 2004. Nicholas Mulder, *The Economic Weapon, The Rise of Sanctions as a Tool of Modern War*, New Haven and London: Yale University Press, 2022. 相关的国际法讨论参见 Isabel V. Hull, *A Scrap of Paper, Breaking and Making International Law during the Great War*, New York: Cornell University Press, 2014;郑雪飞:《"自由船、自由货":战时中立国海上贸易权利之争》,中国社会科学出版社 2004 年版。

界限清晰,这使得经济制裁缺乏在和平时期适用的必要法律架构;二是伴随自由贸易观念兴起的"军事—经济"分离主义原则(Separationism),该原则要求严格限制国家之间战争的范围,尽量不影响私人贸易的正常进行,进而打造一个"资本安全的世界",在这样的指导思想之下,诸如有效封锁、自由船自由货等保护中立国贸易权利以及民用物资安全流通的规则备受推崇,并经由 1856 年的《巴黎宣言》①得到了各方的承认。

然而,主要用来调整所谓"文明国家"之间关系的欧洲公法并不适用于列强与"半文明国家"以及"野蛮人"之间的战争,而恰恰经由后者,经济制裁所需的法律架构逐步生长了出来。一方面,"和平封锁"(pacific blockage)的出现标志着战和之间的分界线开始模糊②,以和平封锁为代表的经济战成为惩戒殖民地、半殖民地国家的低成本手段,欧洲列强将之视为"执法手段",自此,经济制裁开始从一种只有在正式宣战情况下才能动用的工具逐渐转变为无需宣战也可采取的行动。③另一方面,在与"非文明国家"的交战过程中,粮食等重要的民生物资开始成为绝对禁运品④,军事胜利的重要性开始漫过欧洲公法在战时政治国家与市民社会之间筑起的堤坝。

(二)第一次世界大战中大放异彩的经济制裁

1914 年 8 月,第一次世界大战爆发。尽管在整场战争中,英国内部一直断断续续地存在着"照常营业派"与总体战派、主张适当考虑中立国利益的外交部与主张将封锁网收到最紧的海军之间的冲突,但无可否认的是,随着战争的不断发展,以英国为首的协约国所发动的经济战烈度越来

---

① 《巴黎宣言》的核心内容为四项条款,分别是废除私掠、自由船自由货(战时禁运品除外)、敌船中立货免遭拿捕(战时禁运品除外)以及封锁必须有效。参见《国际条约集(1648—1871)》,世界知识出版社 1984 年版,第 427—428 页。

② 参见 N. W. Sibley, "Pacific Blockade," *The Westminster Review*, June 1897, pp.679—685; Albert E. Hogan, *Pacific Blockade*, Oxford: Clarendon Press, 1908; Albert H. Washburn, "The Legality of the Pacific Blockade. I," *Columbia Law Review*, Vol.21, No.1, 1921, pp.55—69; Albert H. Washburn, "The Legality of the Pacific Blockade. II," *Columbia Law Review*, Vol.21, No.3, 1921, pp.227—241; Albert H. Washburn, "The Legality of the Pacific Blockade. II," *Columbia Law Review*, Vol.21, No.5, 1921, pp.442—459。

③ 自 1827 年起,欧洲列强便开始在不正式宣战的情况下封锁那些根本无力抵抗的"非文明国家",以实现自身的战略意图,如迫使其偿还债务。到 1903 年时,欧洲列强至少实施了 21 次和平封锁,其中绝大部分被封锁的对象都是拉美国家。

④ 其中最为典型的当属中法越南战争期间法方对中国实施的"大米禁运"。

越高,这一方面体现在对中立国贸易权利的打压之上,一方面体现在对同盟国民用物资的封锁之上,两者相辅相成,最终让同盟国陷入铁壁之围中。

战争伊始,围绕英国是否批准《伦敦宣言》这一问题,英美之间已经展开了一场激烈的争锋,最终,美国方面并没能成功说服英国接受这一对同盟国较为友好且保护中立国贸易的文件①,这也预示着在之后战争的进程中,协约国方面对中立国逐渐强硬的态度。

1914 年 9 月开始,英国就采取了诸多措施,试图限制中立国向同盟国输入物资。11 月 5 日,海军部以报复德国在北海地区非法布雷为由,将整个北海划为战区,进而迫使所有经北海的中立国船只改道进入多佛海峡,接受英国方面的检查。同时,在外交努力之下,荷兰、瑞士等国先后建立了私人控制的信托基金,负责与英国沟通,保证进口到本国的商品不再出口至同盟国。1916 年,为回应国内的不满情绪,将经济战提升到更高的级别,英国政府在外交部下设立了由罗伯特·塞西尔(Robert Cecil)出任部长的封锁部。随着封锁部的建立,大量新的经济战措施得以施行,其中最为典型的就是在禁运品问题上,封锁部决定以适用"统计模式"的强制配给制代替原先的"证据模式",即英国政府不再试图证明某一批具体的货物是不是将被再出口给同盟国,而是基于战前中立国平均的进口数量,给各中立国设置进口配额,并认定一切超出配额的进口均为再出口至同盟国的禁运品。配合强制配给制,封锁部还推动了黑名单②、航

---

① 有关《伦敦宣言》具体内容的分析,参见 Elihu Root, "The Real Significance of the Declaration of London," *The American Journal of International Law*, Vol.6, No.3, 1912, pp. 583—594;"Status of the Declaration of London," *The American Journal of International Law*, Vol.9, No.1, 1915, pp.199—202。有关英国议会就《伦敦宣言》的争论,参见 Bruce Russell, *International Law at Sea Economic Warfare, and Britain's Response to the German U-boat Campaign during the First World War*, Open University PhD dissertation, 2007, pp 120—124。

② John McDermott, "Trading With the Enemy: British Business and the Law During the First World War," *Canadian Journal of History*, Vol 32, No.2, 1997, p.203; Daniela L. Caglioti, "Aliens and Internal Enemies: Internment Practices, Economic Exclusion and Property Rights during the First World War," *Journal of Modern European History*, Vol.12, No.4, 2014, pp.448—459; Daniela L. Caglioti, "Property Rights in Time of War: Sequestration and Liquidation of Enemy Aliens' Assets in Western Europe during the First World War," *Journal of Modern European History*, Vol.12, No.4, 2014, pp.523—545.

行许可证①、强制购买协议②等措施,并进一步完善了煤仓控制③等措施。除此之外,1916 年 4 月 13 日发布的枢密院令更是直接否认了有条件禁运品与绝对禁运品之间的分别。

> 鉴于目前战争的特殊情况,英国政府认为,就实际目的而言,这两类禁运品之间的区别已不再具有任何价值。敌国居民中有很大一部分直接或间接地参加了战争,因此现在无法真正区分武装部队和平民。同样,敌国政府通过一系列法令与行政命令,控制了有条件禁运品清单中的绝大多数物品,因此这些物品现在可供政府使用。只要这些例外情况继续存在,我国对这两种违禁品的交战权力是相同的,我们为它们提供的待遇必须相同。④

在抛开了原先国际法的束缚后,这一系列措施的实施显著提升了封锁的有效性,能够流入同盟国的商品越来越少⑤,而越收越紧的包围圈对德国造成了相当程度的影响,饥饿与营养不良反映在平民的死亡率以及体检指标上。1917 年至 1919 年间,柏林所有年龄段的人口死亡率都略高

---

① H. Ritchie, *The "Navicert" System During the World War*, Carnegie Endowment for International Peace, Monograph Series, No.2, 1938, pp.14—25.

② Marjorie M. Farrar, "Preclusive Purchases: Politics and Economic Warfare in France during the First World War," *The Economic History Review*, Vol.26, No.1, 1973, pp.118—119; Marjorie Milbank Farrar, *French Blockade Policy, 1914—1918: A Study in Economic Warfare*, Stanford University PhD Dissertation, 1968, pp.235—301. Michael Palmer, "Russia, Britain and the Blockade—Peter Struve and the Restriction of Enemy Supplies Committee," *Revolutionary Russia*, Vol.14, No.1, 2001, p.56.

③ Joseph Zeller, "British Maritime Coal and Commercial Control in the First World War: Far More Than Mere Blockade," *Canadian Military History*, Vol.24, No.2, 2015, p.41; Javier Ponce, "Allied blockade in the Mid-East Atlantic during the First World War: cruisers against commerce-raiders," *The International Journal of Maritime History*, Vol.32, No.4, 2020, pp.882—899.

④ Roger Howell, "Contraband Lists in the Present War", *Virginia Law Review*, Vol.4, No.5, 1917, pp.379—380.

⑤ 以美国为例,贸易统计数据表明,从 1916 年 7 月到 1917 年 7 月,美国对欧洲中立国的出口都在急剧下降。美国出口到荷兰的商品数额从 1915 年 7 月至 1916 年 7 月的 1940 万英镑下降到 640 万英镑;在瑞典,这一数字从 1040 万英镑下降到 480 万英镑;而在挪威,这一数字从 1060 万英镑降至 140 万英镑。

于巴黎,同时远远高于伦敦,营养不良在很大程度上增加了德国妇女因肺结核、流感等疾病死亡的概率①,同时影响儿童身高与体重的增长速度。②1918年10月和11月,德国国内月死亡人数分别为191320人和184896人,与1913年平均每月78820人死亡的情况相比,死亡人数增长较多,营养不良是一个重要原因。③经修正后,普遍为人们所接受的因封锁而导致的死亡人数大约在42.4万人。④可以说,协约国的经济封锁及其导致的饥饿记忆构成了一整代德国人脑海中挥之不去的阴影,而这一记忆也在很大程度上影响了之后纳粹的诸多政策。

二、《国联盟约》第16条的诞生

(一)对战后秩序的规划以及经济制裁在其中的位置

在执掌封锁部之后,塞西尔便开始思考,大英帝国目前掌握的对世界贸易施加干涉的权力能在何种程度上帮助建立战后的国际秩序。1916年9月,在递交给劳合·乔治(Lloyd George)内阁的一份备忘录中,塞西尔提出了这样一个问题:1914年的七月危机是否有可能通过谈判和平解决?如果可以,那么又该如何迫使奥匈帝国接受和谈结果?

　　然而,如果能够找到这样一种工具,既能够对一个冥顽不化的国

---

① Linda Bryder, "The First World War: Healthy or Hungry?" *History Workshop*, No.24, 1987, pp.141—157; Jay Winter, "Surviving the War: Life Expectation, Illness, and Mortality Rates in Paris, London, and Berlin, 1914—1919," in Jay Winter(ed.), *Capital Cities at War: Paris, London, Berlin, 1914—1919*, Cambridge: Cambridge University Press, 1997, pp.487—523.

② Mary Elisabeth Cox, "Hunger Games: or How the Allied Blockade in the First World War Deprived German Children of Nutrition, and Allied Food Aid Subsequently Saved Them," *Economic History Review*, Vol.68, No.2, 2015, pp.614—615.

③ Matthias Blum, "War, Food Rationing, and Socioeconomic Inequality in Germany during the First World War," *Economic History Review*, Vol.66, No.4, 2013, pp.1072—1073.

④ Brain Bond, *Britain's Two World Wars against Germany*, Cambridge: Cambridge University Press, 2014, pp.88—99.

家施加相当大的压力,同时又不至于给使用这一工具的国家带来过大的风险,那么我们就能解决这一困难了。我认为,在这场战争中大放异彩的封锁就是这样一种工具。毫无疑问,要想让封锁充分发挥作用,就需要拥有压倒性的海军实力。然而,仅依靠压倒性的财政实力也能实现很多目标,当这两者结合起来之时,没有任何一个现代国家能够真正承受其带来的压力。假设在1914年7月,协约国有可能对德奥两国说,除非修改针对塞尔维亚的最后通牒或召开会议,否则我们将切断与你们的所有商业与金融往来,那么同盟国是否还会继续采取军事行动就非常值得怀疑了。如果能说服美国加入这一声明,那么其效果还会大大增加。①

历史上第一次,身处权力中心的官员开始将经济制裁视作捍卫和平、强制执行决议的优秀工具。考虑到塞西尔本人在《国联盟约》起草过程当中发挥的重大作用,我们有理由相信,自1916年起,将经济制裁安放至战后秩序的核心位置这一观念就已经在塞西尔的脑海中生根发芽了。

与此同时,在第一次世界大战期间发展起来的经济武器并不仅限于剥夺同盟国获取资源的制裁,还包括协约国内部控制原材料、调动资源。从1915年起,协约国就着手搭建起一套卓越有效的内部经济合作体系,起初,相关的跨国组织只限于融资以及小麦采购,1916年,法国、俄国与意大利都需要依赖来自华尔街的资金以及英国的担保维持在美国的大规模军购。当年6月召开的巴黎经济会议更是希望能在战后将协约国战时建立的后勤协调机制永久化,并将德国孤立出世界市场。到1917年秋天时,协约国之间的合作体系已经覆盖大部分重要的战略物资调配工作了,例如,被誉为第二次世界大战战后欧洲统一运动"总设计师"的让·莫内(Jean Monnet)在这一阶段就在负责领导一个名为"协约国海运理事会"(AMTC)的跨国机构。②而这一通过调动全球范围内的资源以支持协约国战争的机制也进入高级官僚的视线之中,以法国工业、商业、邮政与电

---

① Robert Cecil, *A Great Experiment: An Autobiography by Viscount Cecil*, London: Jonathan Cape, 1941, pp.353—357.

② [英]亚当·图兹:《滔天洪水:第一次世界大战与全球秩序的重建》,陈涛、史天宇译,中国华侨出版社2021年版,第231页。

报部部长克莱芒特（Étienne Clémentel）的首席顾问亨利·豪瑟（Henri Hauser）为例，在一份提交给法国内阁与威尔逊政府的备忘录中，豪瑟写道，"协约国之间对原材料的控制可以为协约国提供帮助……这一控制是这场战争后必须建立的新国际秩序的基础以及最为有效的保障之一"，这一机制不仅能打击同盟国，吸引中立国，同时也是"协约国经济复苏与发展的互助手段"。①

相较于国家间和平层面的论述，威尔逊还希望经济武器能实现某种国内政制转变的目标。在 1917 年 8 月 27 日回复教皇本笃十五世发布的"致交战国首脑的照会"中提及的和平建议时，威尔逊宣称，由于战争期间德国的所作所为，"世界上所有的自由民族"都不会相信其所作出的承诺，除非"德国人民明确表达出自己的意愿"，建立起一个接受与其他国家平等共处的民主政府，否则德国人民将不能被允许"以公平的条件进入世界市场"。②可以看出，在这份回复中，威尔逊清晰地展现出对德国施加的经济压力意在达成的目标：要求德国人民以实际行动推翻奉行军国主义政策的德国政府，否则他们将一直生活在经济上受孤立的状态之下。③

这一点与约翰·霍布森（John Hobson）、诺曼·安吉尔（Norman Angell）等人对经济武器发挥作用的机制的设想不谋而合，在他们的设想中，一个现代人的行动逻辑几乎完全是经济理性的，一旦被世界市场孤立出来，就会面临巨大的经济损失，而为了避免遭受如此沉重的打击，他们就会竭尽全力阻止本国政府采取相应行动。在这一前提之下，威尔逊

---

① Nicholas Mulder, *The Economic Weapon*, *The Rise of Sanctions as a Tool of Modern War*, New Haven and London: Yale University Press, 2022, p.64.

② Ross A. Kennedy, "Woodrow Wilson, World War I, and an American Conception of National Security," *Diplomatic History*, Vol.25, No.1, 2001, pp.29—30.

③ 在 1918 年 1 月 8 日发表的《十四点计划》中，经济制裁就已经是其中重要的组成部分，第 2 条是有关公海航行自由的条款，包含了一条十分重要的但书条款——"除非为执行国际公约而采取的国际行动可能封锁全部或部分海洋"。有观点认为，威尔逊有关经济压力的观点受到了强制和平联盟的影响，该组织的赫伯特·休斯顿（Herbert Houston）认为，"经济制裁是确保和平的一个非武力的、强有力的手段，而国际警察部队则是一种可能挑起战争的武力手段"，另一位强制和平联盟的成员，波士顿富商爱德华·A.菲林（Edward A. Filene）指出，"有组织的断绝联系的手段带来的威慑作用……会降低战争爆发的可能性"。

寄希望于通过经济压力来促进德国的民主进程①,而霍布森则将经济武器的适用对象进一步细化为一国的工商业界,原先造成各帝国主义国家爆发战争的金融业与出口导向型工业方面的利益冲突②反而成为捍卫国际和平的武器,因为这些工商业主拥有巨大的影响力,而他们作为"经济人"的典型代表,自然不会允许本国政府作出可能严重损害自身利益的决策。

(二)《国联盟约》第 16 条的起草工作

事实上,从各种官方或民间的战后和平方案到《国联盟约》的文本之间,还有着相当长的距离。一方面,尽管制裁主义者自认为找到了既无需流血,又强大到足以捍卫世界和平的绝佳工具,但实际上,他们未能取得绝对优势,各中立国对于自身中立权利的捍卫、英美内部要求远离欧洲大陆事务的呼声都构成严重的阻碍,例如,莫里斯·汉基(Maurice Hankey)等英国内阁中的高级官员对以强制和平联盟为代表的共同捍卫国际安全的观点抱有强烈的怀疑态度,而 1815 年之后建立的欧洲协调机制也被证明不足以维护和平,因此汉基等保守派成员希望重新建立起欧洲大陆的均衡势力,依靠强大的英国海军进行离岸平衡,进而尽可能使英国远离欧洲大陆的纷争。③另一方面,英、法、美三国内部的制裁主义者所设想的经济武器方案也存在着巨大的差别。

英国方面有关经济武器的方案主要出自塞西尔之手,而同一时期扬·克里斯蒂安·史末资(Jan Christiaan Smuts)所撰写的影响力巨大的《国际联盟:一项切实的建议》也就经济武器的问题作了一定程度的讨论。考虑到塞西尔本人在第一次世界大战期间担任封锁部部长的经历以及劳合·乔治授予了其充分的自由以斟酌《国联盟约》制度设计的事实,应当说他是最有能力实现其计划的人。1918 年 3 月,英国政府先前组建的国

①　这一点与塞西尔、克莱芒特以及英法两国其他官员的设想并不一致,这些欧洲人并没有很强烈的兴趣将德国改造为一个民主国家,他们仅希望在今后维护国际秩序的行动中,通过经济武器所显现出的巨大威慑力来震慑那些试图颠覆国际体系的国家,进而实现国家间和平。

②　参见[英]约翰·阿特金森·霍布森:《帝国主义》,卢刚译,商务印书馆 2020 年版。

③　[英]马克·马佐尔:《没有魔法宫:帝国的终结与联合国的思想源起》,朱世龙译,广西师范大学出版社 2022 年版,第 46 页。

际联盟特别研究会向内阁提交了国联草案,即"费立摩尔草案",塞西尔则在这份草案的基础上进一步加入了以经济武器为重要角色的强制执行机制,同时,国联还有权力根据具体个案的情况决定组建武装部队,进而实施军事打击。史末资的国联方案则更是直接立基于战时协约国组建的国际会议以及协调机构之上,强调该组织将通过"有效的制裁"建立起"远超先前的和平保障机制",其核心在于设置一个禁止发动战争的期间,在此期间,任何争议都应以和平方式进行解决,而"如果一个国家在禁止发动战争期间发动战争……那么根据这一事实,该国即与国联所有成员国处于战争状态之中,无论这场战争规模是大是小,都会导致国联其他成员国切断与违约国的所有贸易与金融往来"。①

由于在第一次世界大战中,法国尤其仰赖其他协约国的资金支持与军需供应,与此同时,协约国之间军事上的合作也愈发紧密。自 1917 年11 月起,协约国最高作战委员会(Supreme War Council)成立,1918 年 4 月,英法两国的士兵开始接受统一的指挥,至 5 月,福煦元帅就已经能协调指挥从北海到地中海东部整个西线战场上的协约国军队了。因此,在法国方案中,积极的经济援助与国联常设总参谋部成为重点。

1917 年 7 月,法国政府组建了一个由布尔茹瓦(Léon Bourgeois)负责领导的部际委员会来研究战后国际组织的相关架构,其内部有两名在封锁部供职的法学家,分别是安德烈·韦斯(André Weiss)和费尔南·皮拉(Fernand Pila),在布尔茹瓦本人的大力推动之下,1918 年 6 月,该委员会向乔治·克里孟梭(Georges Clemenceau)提交了第一版《国联盟约》草案,除了上述有关积极的互助机制以及军事制裁的内容,有关制裁部分的条款也相当丰富,两位法学家制订了至少四种制裁模式,分别是终止与违约国所有商业往来的封锁,没收联盟成员国领土上的敌方货物、投资与财产,对重要原材料的控制以及金融封锁禁令。②

尽管在第一次世界大战尚未结束之时美国所建立的专家小组并没有

① Jan Smuts, *The League of Nations: A Practical Suggestion*, London: Hodder and Stoughton, 1918, pp.60—61.

② Peter Jackson, *Beyond the Balance of Power: France and the Politics of National Security in the Era of the First World War*, Cambridge: Cambridge University Press, 2013, pp.178—182.

就战后需要建立的国际组织的具体制度框架进行过多的思考,以至于马克·马佐尔等人认为"实际上,在巴黎和会上,威尔逊的绝大部分想法要么出自史末资,要么出自塞西尔"。①但在经济制裁等涉及如何维持国际秩序安全稳定的问题上,威尔逊本人、罗伯特·兰辛(Robert Lansing)以及大卫·亨特·米勒(David Hunter Miller)则有着与英法两国相差巨大的设想,英美法三者之间的分歧是围绕着美国《宪法》第 1 条第 8 款中国会有权宣战的内容展开的。

第一个分歧点是有关军事制裁的问题,在兰辛与米勒起草的国联盟约草案中并未出现以军事手段强制执行国联决议的内容,威尔逊本人无意卷入"欧洲旧大陆"的各种权力纷争之中,同时也受到了强制和平联盟成员思想的影响,即不能以可能引发战争的方式来阻止战争,兰辛与米勒则强调,只有美国国会才有权宣战,而此项权力不可能被事先转移给任何超国家组织。在此基础之上,美方的草案将经济制裁塑造成保障和平的唯一武器,即"强制执行措施只包括经济手段",国联既不会拥有常设的军队与总参谋部,也不会依照个案组织联军讨伐违约国。尽管布尔茹瓦一再强调,缺乏武装力量作为后盾的国联不可能真正威慑住想要破坏和平的国家,但威尔逊并不打算妥协,而塞西尔也没有打算坚持这样一项他确信威尔逊不会支持的议案。②

第二个分歧点在于,动用经济武器是否会导致成员国与违约国之间进入战争状态?就这一问题,塞西尔与史末资一样,最初坚持"事实战争"理论,即若在争议中有国家在禁止发动战争的期间内发动战争,那么该事实就会自动导致国联其他成员国与该国进入战争状态,而只有进入战争状态,英国才能实施经济制裁,将违约国孤立出去。然而,这一条款实际上也有违美国宪法,为化解这一冲突,米勒与塞西尔进行了一系列沟通,最终,在新一版的草案中,相关的措辞被改换为"则据此事实,应即视为对于所有联盟其他会员国有战争行为"。通过区分"战争行为"(act of war)与"战争状态"(state of war),新版草案成功地将经济武器从战争法的框架

---

① 〔英〕马克·马佐尔:《没有魔法宫:帝国的终结与联合国的思想源起》,朱世龙译,广西师范大学出版社 2022 年版,第 51 页。

② 参见 Phillip A. Dehne, *After the Great War: Economic Warfare and the Promise of Peace in Paris 1919*, London: Bloomsbury, 2019, pp.70—71.

下解脱出来,允许各国在面对"战争行为"时,不选择进入"战争状态",也可以对违约国实施经济制裁。

尽管法国方面将战时的联合指挥机构改头换面并入新生的国联的做法并未取得成功,但这也不意味着他们一无所获。在1919年2月初基本修订完毕的盟约草案中,法国为受侵略国提供集体援助的有关建议被吸纳,然而,相关条文并未得到进一步明确,相较于第1款中有关消极经济武器的细致规定,援助的条款就显得有些粗糙了。

最终,有关经济武器的条款体现为《国联盟约》第16条第1款与第3款:

> (一)联盟会员国如有不顾本盟约第十二条、第十三条或第十五条所定之规约而从事战争者,则据此事实,应即视为对于所有联盟其他会员国有战争行为。其他各会员国立即与之断绝各种商业上或财政上之关系,禁止其人民与破坏盟约国人民之各种往来,并阻止其他任何一国,不论其为联盟会员国或非联盟会员国之人民与该国之人民财政上、商业上或个人之往来。
>
> (三)联盟会员国约定当按照本条适用财政上及经济上应采之办法时,彼此互相扶助,使因此所致之损失与困难减至最低限度。如破坏盟约国对于联盟中之一会员国实施任何特殊措施,亦应相互扶助以抵制之。对于协同维护联盟盟约之联盟任何会员国之军队,应采取必要步骤给予假道之便利。

三、国联手中经济制裁的成与败

需要表明的是,由于最终美国并未加入国联,战间期国联经济制裁的核心问题就在于如何才能解决封锁要求的各国团结协作、共同采取措施与以美国为代表的中立国对中立权利的坚持之间的矛盾。1927年,时任英国外交大臣的张伯伦就在日内瓦表示,"除非美国参与制裁,否则,唯一合乎逻辑的结果就是与美国开战——我们很难说这一措施能维护世界和平",另外一位英国外交官也表示,"与美国的战争确实是最没有意义的、最可恶的,但这并非'不可想象'的"。①为解决这一矛盾,战间期的国际主义者做了大量的工作,如推动《日内瓦议定书》,将《非战公约》与《国联盟约》结合起来,用国联的武器去确保《非战公约》得到遵守②,推动美国国内立法以实现针对冲突当中的特定一方实施禁运等③,但这些修修补补终究无济于事,实际上,直到第二次世界大战爆发,这一问题才随着战争的到来得以解决。不过,由于这一部分已经得到了较为充分的讨论,且并非本文关注的重点,故在此不过多着墨。

尽管在国联存续期间,行政院仅动用过一次第 16 条中的制裁条款打击入侵阿比西尼亚的意大利,但这并不意味着从 1919 年到 1935 年,国联手中的经济武器一直处于休眠状态。事实上,和日后那句著名的"原子弹的最大威力是在发射架上"一样,在经济武器的设计师们的设想中,第 16 条的正确使用方式就是不使用,只要不落地,观念中经济武器的巨大破坏力就能慑止战争,而一旦落地,不光意味着威慑失败,还可能暴露自身的弱点。实际上,在这 16 年的时间中,英法两国或为调停冲突,或为维护帝国主义等级秩序、镇压反帝运动,以国联为平台,发出过多次经济制裁的威胁,且基本达成了自己的目的。

（一）作为威慑工具的经济武器

国联展现利用经济武器维护世界和平的能力的案例主要为两个:一是 1921 年对南斯拉夫的威慑,1921 年 7 月,南斯拉夫利用阿尔巴尼亚北部边界线尚未划定、各派势力争斗的契机,扶植当地一位名为马尔卡·戈乔尼(Marka Gjoni)的部族首领建立了"米尔迪塔共和国"(Republic of Mirdita),9 月,南斯拉夫政府直接派出军队参与战斗。由于担心此次冲突会再一次升级为一场巴尔干战争,新生的国联着手处理这一问题,在 1921

---

① Kori Schake, *Safe Passage: The Transition from British to American Hegemony*, Cambridge, MA: Harvard University Press, 2017, p.252.

② 参见[美]乌娜·A.海瑟薇、斯科特·J.夏皮罗:《反战之战:律师、政客与知识分子如何重塑世界》,朱世龙译,社会科学文献出版社 2021 年版;Viscount Cecil and W. Arnold-Forster, "The Freedom of the Seas," *Journal of the Royal Institute for International Affairs* 8, No.2, March 1929, p.89; Nicholas Mulder, *The Economic Weapon*, *The Rise of Sanctions as a Tool of Modern War*, New Haven and London: Yale University Press, 2022, chapter 4—6。

③ Robert A. Divine, *The Illusion of Neutrality: Franklin D. Roosevelt and the Struggle over the Arms Embargo*, Chicago: University of Chicago Press, 1962.

年 11 月 17 日召开的行政院会议上,英国代表赫伯特 • 费舍尔(Herbert Fisher)正式宣布,如果南斯拉夫不停止军事行动,英国政府将支持国联对其实施经济制裁。①金融市场随即作出反应,伦敦货币市场上的第纳尔被大量抛售,南斯拉夫政府也无力真正招架皇家海军的封锁,很快,由国联出面组织的边境勘定工作顺利完成,1921 年 11 月底,南斯拉夫的军队就已全面撤出阿尔巴尼亚境内。《经济学人》将其称为"国联动用特殊武器——经济封锁——的第一个案例"。②

二是阻止 1925 年希腊与保加利亚爆发的"流浪狗之战"进一步扩大。希腊统治者西奥多罗斯 • 潘加洛斯(Theodoros Pangalos)利用了 1925 年 10 月 19 日希腊与保加利亚在佩特里奇镇的一次小规模交火事件,主动将冲突升级,10 月 26 日,行政院召开会议讨论如何解决希保边境冲突,英法意三国代表就威胁采取的制裁方案达成一致意见,并将相关的威胁递交给希腊政府,要求其撤军,否则国联将逐步升级制裁措施,直至对希腊实施全面封锁。10 月 28 日上午,希腊政府宣布撤出保加利亚境内。③可以看出,与南斯拉夫事件一样,国联都是依靠公开威慑动用经济武器的方式解决了可能进一步升级的武装冲突。

而经济武器不仅被用在解决边境小规模冲突,还维护了欧洲列强在海外的利益,例如,1925 年前后,英国与土耳其就摩尔地区的归属问题发生了争议,国联将摩苏尔地区划归给英国委任统治下的伊拉克,为了迫使土耳其接受国联的裁决,英国代表威胁土耳其,若不遵守这一裁决,国联将对土耳其进行经济制裁,至 1926 年 4 月,双方最终达成协议。④

---

① Benjamin B. Ferencz, *Enforcing International Law: A Way to World Peace*, London: Oceana, 1983, p.316.

② Alexander Zevin, *Liberalism at Large: The World according to the Economist*, London: Verso, 2019, pp.177—185.

③ James Barros, *The League of Nations and the Great Powers: The Greek-Bulgarian Incident, 1925*, Oxford: Clarendon Press, 1970.

④ Quincy Wright, "The Mosul Dispute," *American Journal of International Law*, Vol.20, No.3, pp.453—464; Aryo Makko, "Arbitrator in a World of Wars: The League of Nations and the Mosul Dispute, 1924—1925," *Diplomacy and Statecraft*, Vol.21, No.4, 2010, pp.631—649; Peter J. Beck, "'A Tedious and Perilous Controversy': Britain and the Settlement of the Mosul Dispute, 1918—1926," *Middle Eastern Studies*, Vol.17, No.2, pp.256—276.

从上述案例可以看出,对于那些无力挑战国际秩序的国家来说,经济制裁的确能够实现其威慑的效果,实现"不战而屈人之兵",但这一威慑投射到那些对凡尔赛体系抱有足够强烈的恶意,同时又有能力挑战这一体系的国家时,情况依旧如此乐观吗?

(二)对意大利的制裁

很明显,意大利并不和先前遭受制裁威胁的南斯拉夫与希腊一样处于世界体系的边缘位置,而是一个处在第二梯队、深度卷入世界贸易体系的国家,贝尼托·墨索里尼(Benito Mussolini)有着足够的实力与意志和国联的制裁相对抗,因此,先前仅发出制裁威胁即可摆平的情况并不适用于此,以英法为首的国联不得不认真考虑采取何种具体措施来保证作为自身成员国的阿比西尼亚的安全。

首先需要明确的是,此次国联所采取的行动并非"零散的经济制裁"①,这一系列措施背后有着一套能够自圆其说的理论作支撑。与先前人们所设想的以战争资源禁运为核心的"海军部理论"不同,在大萧条刚刚结束不久的情况下,建立起一个庞大的资源控制联盟在外交上困难重重,一批出口导向型、拥有悠久中立传统的国家在外贸刚刚开始复苏的时间点几乎不可能接受这种方案,而英法等国也缺乏第一次世界大战时期强迫各中立国加入封锁的机制、意愿与舆论基础,而最为重要的一点在于,德国、日本与美国三个主要的经济体都不是国联的成员国,没有义务加入对意大利的制裁。因此,英法两国试图借助"财政部理论",即一系列以金融制裁为主的措施,以较低的政治成本来达到目的。

所谓"财政部理论",核心打击的是意大利为数不多的外汇储备,鉴于意大利经济结构长期以来存在的问题,保持国际贸易收支平衡是一件极为困难的事情,而为了在东非地区维持大规模军事行动,意大利就需要消耗大量的外汇储备,在国际市场上购买所需资源。这种制裁措施之所以能发挥效用,核心在于掐断意大利的收入渠道,进而让侵略者在成功达成自己目的之前花光手中的钱,而非直接禁止其在世界市场上进口物资。②

---

① [美]乌娜·A.海瑟薇、斯科特·J.夏皮罗:《反战之战:律师、政客与知识分子如何重塑世界》,朱世龙译,社会科学文献出版社 2021 年版,第 197 页。

② George W. Baer, "Sanctions and Security: The League of Nations and the Italo-Ethiopian War," *International Organization*, Vol.27, No.2, pp.165—179.

因此,"财政部理论"要比"海军部理论"见效慢、攻击性更低,与此同时,相应的措施也更容易为国联其他成员国所接受,且挑衅意味更低,进而尽可能避免了与意大利军队直接爆发冲突。

鉴于在正式发动战争之前,意大利已经耗费几个月的时间在东非集结军队,因此对于这场侵略,英法两国心中早有准备。[1]在 1935 年 9 月 11 日召开的国联大会之上,当时的法国总理皮埃尔·赖伐尔(Pierre Laval)与英国代表安东尼·艾登(Anthony Eden)先后公开表态,一旦意大利入侵阿比西尼亚,就将启用《国联盟约》第 16 条,对其实施制裁。当 10 月 3 日意大利三路大军齐出之时,国联仅用了 4 天就宣布意大利为侵略国,并宣布了以下的制裁措施:武器禁运、金融冻结、进口禁令以及对特定商品与货物的出口禁令,根据"财政部理论",其中最为关键的一条是禁止成员国从意大利进口商品,据乐观估计,这将使意大利丧失本国约 70% 的外汇收入。英国战时贸易与封锁事务咨询委员会在一份报告中对这些制裁措施进行了如下的解释:

> 意大利最有可能面临的困难就是缺乏购买基本物资所需的外汇,而非短缺什么特定种类的物资……因此,似乎没有必要采取特别严厉的措施来阻止意大利获得其必需的物资……只要能确保意大利必须为其所获得的任何必需品支付高昂费用就可以了。[2]

上述措施于 1935 年 11 月 18 日生效,国联 58 个成员国中,先后有 52 个成员国加入了对意大利的制裁,可以说,这是一次史无前例的为集体安全所作的巨大努力。国联的官员们估测,意大利的外汇储备大约只能维持 9—10 个月的进口,而意大利几乎不可能在 1936 年 5 月之前攻下整个阿比西尼亚,一旦进入夏季,阿比西尼亚将进入漫长的雨季,这将使得意大利无法发动大规模的军事行动,因此,墨索里尼注定无法赢得这场消耗战。

实际上,尽管消耗逻辑最终没能击败意大利,但进口禁令等制裁也绝

---

[1] Angelo del Boca, *The Ethiopian War*, *1935—1941*, Chicago: University of Chicago Press, 1969.

[2] Nicholas Mulder, *The Economic Weapon*, *The Rise of Sanctions as a Tool of Modern War*, New Haven and London: Yale University Press, 2022, p.243.

非"一系列半途而废、毫无效果的措施"。在制裁刚刚生效之时,里拉就大幅贬值,但由于先前里拉的币值一直被高估,因此即便汇率大幅跳水,也未能刺激多少出口,自 1935 年 11 月至 1936 年 7 月,意大利的出口总额只有 3770 万英镑,与同期相比减少了 35%。为保障东非的战争顺利进行,意大利不得不严格压缩了民用物资的进口额度,而这意味着国内平民生活水平的急剧下降。到国联取消制裁后的 1936 年 8 月时,意大利外汇储备仅剩 3750 万英镑。史末资对此的评价相当到位——"制裁正在让意大利流血"。①同时,也正是在 1935 年 11 月,意大利宣布了旨在抵御封锁的自给自足措施,意在实现粮食的自给自足,同时增加本国煤炭、石油与纺织品原材料的生产。

然而,就在人们认为墨索里尼毫无疑问会铩羽而归之时,"隧道尽头的光明变成一列呼啸而来的火车"。由于英法两国都没有足够的决心来支持进一步的制裁行动,也不愿冒风险将意大利逼上绝路、最终开战。与此同时,国联之外的美国也是进一步实施更有效力的制裁的巨大阻碍。在讨论石油禁运的可能性时,国联意识到,倘若没有美国石油商的配合,那么禁令将毫无意义,尽管目前为止美国石油公司在意大利的市场份额并不算高,但它们庞大的产量能够轻易填补禁令导致的空缺,因此,在没有美国官方的配合时,国联并不打算采取积极行动。②而关闭苏伊士运河的选项则面临着国际法与意大利开战威胁两个方面的压力。一方面,根据 1923 年由常设国际法院裁决的温布尔登案(Wimbledon Case),当某一水道的中立地位受国际条约保障时,各国政府有义务在战时保证该水道的开放③,尽管众多制裁主义者认为维护国际秩序的《国联盟约》第 16 条效力高过保障苏伊士运河中立地位的《君士坦丁堡公约》,但在面对中立主义者的发难时,支持制裁的国际主义并没能获得压倒性的优势。此外,

① W. K. Hancock and Jean van der Poel, eds., *Selections from the Smuts Papers*, Vol.6: *1934—1945*, Cambridge: Cambridge University Press, 1966, pp.389—390.

② Robert A. Divine, *The Illusion of Neutrality: Franklin D. Roosevelt and the Struggle over the Arms Embargo*, Chicago: University of Chicago Press, 1962, pp.136—138; G. Bruce Strang, "'The Worst of all Worlds': Oil Sanctions and Italy's Invasion of Abyssinia, 1935—1936," *Diplomacy & Statecraft*, Vol.19, No.2, pp.210—235.

③ J. H. W. Verzijl, *International Law in Historical Perspective*, Vol.3: *State Territory*, Leiden: A. W. Sijthoff's Uitgeversmaatschappij, 1970, p.238.

墨索里尼不断向国联释放信号,意大利会将关闭苏伊士运河的举动视为宣战。最终,国联也没能作出进一步升级制裁的决定。

意大利一边开拓新的出口市场,一边严厉地压缩开支,同时伴随着军事行动的意外顺利,在这场赌局中成功获胜。1936年5月5日,意军攻入阿比西尼亚首都亚的斯亚贝巴,海尔·塞拉西一世被迫流亡海外,显然,"财政部理论"立基的消耗逻辑没能在阿比西尼亚被征服之前迫使墨索里尼回到谈判桌前,而制裁措施本身还使得部分先前与意大利贸易关系紧密的国家受到了损害,当时的智利代表里瓦斯·维库纳(Rivas Vicuna)在阿比西尼亚沦陷之后说道,"制裁不再有任何目标,并且,制裁不仅影响到被实施制裁的国家,也影响到实施制裁的国家"。①因此,1936年7月,国联在一片哀叹声中宣布取消对意大利的制裁。毫无疑问,这标志着国联丧失了维护凡尔赛体系的基本能力,正如A.J.P.泰勒在《第二次世界大战的起源》一书中所作的论断,"国联的真正死亡时间是1935年12月,而非1939年或1945年"。②不过,这一次失败的制裁并没能将经济制裁本身扫入历史的垃圾堆,人们意识到,瞄准意大利的经济武器根本没有火力全开,因此,"针对意大利的封锁所显示出的并非国联机制的崩溃……而是国联领导层的崩溃"。③

四、困兽犹斗:笼罩在经济武器阴影下的德国自给自足政策

尽管国联实施的制裁没能成功阻止意大利吞并阿比西尼亚,但依旧让墨索里尼的法西斯政权伤筋动骨,而这还是在诸如关闭苏伊士运河、对意大利实施石油禁运等更具杀伤力的措施没有启动的情况下造成的。在

---

① [美]乌娜·A.海瑟薇、斯科特·J.夏皮罗:《反战之战:律师、政客与知识分子如何重塑世界》,朱世龙译,社会科学文献出版社2021年版,第198页。

② [英]A.J.P.泰勒:《第二次世界大战的起源》,潘人杰、朱立人、黄鹏译,上海辞书出版社2013年版,第86页。

③ Vera Micheles Dean, "A Farewell to Sanctions," *Foreign Policy Bulletin*, Vol.15, No.37, 1936.

目睹了意大利的遭遇之后,纳粹政权愈发坚信自己会成为下一个目标,为了不坐以待毙,希特勒进一步调整了纳粹的经济政策,朝着自给自足的目标迈进。1937 年 9 月 28 日,希特勒在柏林发表的一场演讲中就曾指出,"一个拥有强大军事力量的民族可能会成为经济封锁的打击对象。当国联中的 52 个国家决定将意大利视为罪犯,并对其进行经济制裁之时,我们就充分认识到了这一危险的紧迫性……我们永远不会忘记这一点"。①

在这里,首先需要将自给自足这样一种经济政策与宽泛意义上的贸易保护政策区分开来,地缘政治学者鲁道夫·契伦(Rudolf Kjellén)曾对自给自足下过一个十分经典的定义,"自给自足的目的是,在国家自己的领土内满足最重要的各项需求;自给自足设想一块具备完善的生产和消费的领土,必要时可以在封闭的国门内独自生存"。②通常而言,为满足贸易保护需求而采取的诸如关税壁垒、进口替代等政策并不能实现自给自足的目的,这些政策一般借助关税来尽可能阻碍外部商品的流入,以免击垮本国的生产者,其目的在于在本国境内建立起一套现代工业、农业生产体系,进而实现本国的现代化,促进本国经济发展。我们可以对比这两类政策目标下的进口政策与出口政策。首先,就进口政策而言,倘若一个实施贸易保护主义的国家意图实现工业化,那么该国一定不会拒绝从外部市场上采购价格低廉的原材料,而对于追求自给自足的国家来说,实现"原材料自由"是其中极其重要的一个环节。由于从海路进口的原材料在战时一定会被切断供应,因此追求自给自足的国家宁可承受更高的成本,也需要将原材料控制起来。以合成燃料的生产为例,英、德、日、意等国都在利用新发明的氢化技术将煤转化为液化燃料,但由于其成本高昂,英国在实验后不久便放弃了进一步的探索,但德、日、意三个修正主义大国为避免遭到以国联为代表的国际组织的石油禁运制裁,积极推动着相关技术的发展以及实践应用。③而从出口政策来看,贸易保护主义者与追求自

---

① Nicholas Mulder, *The Economic Weapon*, *The Rise of Sanctions as a Tool of Modern War*, New Haven and London: Yale University Press, 2022, p.412.

② [美]多尔帕伦:《地缘政治学的世界——行动中的地缘政治学》,方旭、张培均译,华东师范大学出版社 2021 年版,第 257 页。

③ Peter Hayes, *Industry and Ideology: IG Farben in the Nazi Era*, Cambridge: Cambridge University Press, 1987, pp.32—80;[英]迪尔米德·杰弗里斯:《致命卡特尔:纳粹德国的化学工业巨兽》,宋公仆译,社会科学文献出版社 2023 年版,第 252—295 页。

给自足的人士都希望能扩大出口,但两者的主要目的不相同,对贸易保护主义者来说,他们之所以希望本国在"作为生产者时实行保护主义,作为消费者时实行自由贸易",是因为其最终目标依旧是融入世界市场,并在世界市场上占据较为优势的地位,而主张自给自足的人们要求扩大出口,是因为对这些国家来说,外汇储备本身就是关键资源,从国联对意大利的制裁就可以看出,打击一国的外汇储备已经成为国联官方的举措,因此,为了在短时间内尽可能多地获得外汇储备,奉行自给自足政策的国家有强烈的扩大出口需求。

自给自足政策在德国有着悠久的历史,19世纪初,在拿破仑大陆封锁政策的影响之下,约翰·戈特利布·费希特(Johann Gottlieb Fichte)就提出了"封闭商业国"理论①,1914年至1918年的封锁更是塑造了一整代德国人的战争记忆,正所谓"世界大战也使轴心国中最后一个怀疑的多马,转而相信自足的必要"。

(一)经济武器塑造的战争想象

第一次世界大战以来,封锁以及随之而来的饥饿感似乎一直笼罩在德国的政治精英与普通民众身边。②1915年年初,粮食危机就有所显现,食品价格大幅上涨,1915年1月,柏林开始实行面粉的定量配给制,1915年1月24日,普鲁士内政部开始训练公共发言人以向公众普及英国的"饥饿封锁"计划,同时为了节约粮食推出了烹饪课程与建议食谱,教授民众

---

① Isaac Nakhimovsky, *The Closed Commercial State: Perpetual Peace and Commercial Society from Rousseau to Fichte*, Princeton, NJ: Princeton University Press, 2011.

② 针对战争期间德国面临的饥饿问题是否应归因于英国的封锁这一问题,阿夫纳·奥夫(Avner Offer)等学者认为第一次世界大战期间德国平民遭遇粮食短缺的核心原因在于德国粮食供应与分配机制的失灵以及官僚机构的好高骛远,而非所谓协约国的"饥饿封锁",参见 Avner Offer, *The First World War: An Agrarian Interpretation*, Oxford: Clarendon Press, 1989. Gerd Hardach, *The First World War, 1914—1918*. Vol.2, Berkley & Los Angeles: University of California Press, 1981. Gerald Feldman, *Army, Industry and Labour in Germany, 1914—1918*, London: Bloomsbury Academic, 2014。而与之相对的另一派观点认为,尽管德国的饥饿成因众多,但封锁的确是其中较为重要的原因之一,参见 C. Paul Vincent, *The Politics of Hunger: The Allied Blockade of Germany. 1915—1919*, Ohio: Ohio University Press, 1985. Belinda J. Davis, *Home Fires Burning, Food, Politics, and Everyday Life in World War I Berlin*, Chapel Hill & London: The University of North Carolina Press, 2000; [英]亚历山大·沃森:《铁壁之围——一战中的德国与奥匈帝国》,宋昊译,九州出版社2020年版。

如何利用现有的食材制作高卡路里的食品。①然而,这种"城堡和平"的局面很快就因粮食的进一步短缺而被打破。1915年2月,柏林警察局长就报告称,"令人不快的场面……越来越多地发生在肉店门口","数千名妇女与儿童聚集在安德烈亚斯街的市政市场大厅,以获得几磅土豆"。随着时间推移,情况越来越糟,1915年年底,德国媒体上已经充斥着对粮食危机的报道,《帝国报》责备政府对食品短缺的忽视,并评论称"不幸的是,我们的人民还不能完全依靠空气过活"。《德意志报》则表示,"毫不夸张地说,在柏林,每天都有成千上万的人在为获取一块肉或一小块猪油而挣扎"。到1916年,购买食物已经演变为一场内部战争。而在经历了三年的总体战之后,保罗·冯·兴登堡(Paul von Hindenburg)与埃里希·冯·鲁登道夫(Erich von Ludendorff)都意识到,"玉米、土豆和煤炭、铁一样,都是权力",因此,他们认为有必要永久控制德国在东部的占领区,并将此地打造为德意志人的粮仓,确保德国能成为"世界上最能抵抗封锁的地区",这一思想的集中体现就是《布列斯特—立陶夫斯克和约》。

当停战协议签署后,1918年12月中旬至1919年4月间,英国派遣了一批官方观察员到德国核实其在停战谈判中有关德国即将发生饥荒的声明,他们中的大多数人都报告说,整个德国正处于饿死的边缘,如果不从海外紧急运送食物,布尔什维克革命就会爆发。一位军人在复员后将自己在德国的见闻写了下来:"1919年年初,我所到的法兰克福的医院条件令人感到震惊,这里的婴儿死亡率极高,而成人则因肺结核、肾脏衰竭或胃病而死亡,10%的医院病人死于食物匮乏。没有人努力去拯救老人的生命,因为就连年轻人也在迅速死亡。我们在儿童医院里看到了一些可怕的景象,比如说那些头部肿胀的'饥饿婴儿'。"②在很大程度上,这一有关饥饿的记忆严重损害了魏玛政府的合法性基础,为日后德国平民的政治极化提供了土壤。

到了战后,无论是协约国还是同盟国,都将这场战争中同盟国战败的原因归结为封锁的巨大成效,协约国一方面希望利用停战后的持续封锁

---

① ［英］亚历山大·沃森:《铁壁之围——一战中的德国与奥匈帝国》,宋昊译,九州出版社2020年版,第216—217页。

② N. P. Howard, "The Social and Political Consequences of the Allied Food Blockade of Germany, 1918—1919," *German History*, Vol.11, No.2, 1993, pp.165—166.

来迫使德国签署和约,另一方面希望借用这一痛苦的回忆来威慑德国以及其他企图颠覆战后秩序的国家,同盟国则是将战争时期的饥荒归咎于协约国的非法封锁,进而撇清自己身上的责任。无论经济武器究竟在多大程度上发挥了作用,至少在这一时期世人的记忆之中,经济武器可以被称为某种终极杀器。纳粹上台之后,上述记忆伴随着国联动用经济武器打击意大利的行为,激发了德国人的战争想象。德国外交部的官员们确信,国联对意大利的制裁"毫无疑问是由某些国家主导的,它们之所以这么做,就是为了进行一场试验性的动员,以便在未来与德国发生冲突时知道该如何制裁德国"。[1]倘若不趁早开始备战,那么记忆中的饥饿、意大利正在遭受的困境就都会落到自己的头上。[2]正是这样的想象促使纳粹开启了自己的战争准备。为了能抵御封锁,纳粹大致采取了以下四项举措:一是进行战略储备,二是开发合成生产技术,三是以德国为中心打造一个陆上的大经济区,四是通过扩张将周边的原材料产地控制起来。

(二)自给自足要求的战争准备

就打造一个以德国为核心的大空间秩序而言,在理论建构上,卡尔·施米特(Carl Schmitt)的大空间理论与这一时期盛行的地缘政治学理论都在为这一目标服务,卡尔·豪斯霍弗(Karl Haushofer)就认为,自给自足是军事成功的先决条件,而这又基于两个因素:本国土地供养人口的能力与所掌握的不可或缺的军事原料。经济学家阿尔弗雷德·韦伯(Alfred Weber)也曾提出一个以德意志、法兰西北部、捷克斯洛伐克、意大利北部为工业核心,将周边国家打造为辅助的农业国的欧洲大经济空间计划。[3]此外,鲁道夫·契伦也认为,"自给自足原则并不满足于在贸易壁垒后面防护全国的家庭",而还需要发展成一个广布的系统,以"封闭的利益范围"取代开放的门户。德国希望确保自己拥有一个和大英帝国一样的特殊利

---

① Nicholas Mulder, *The Economic Weapon*, *The Rise of Sanctions as a Tool of Modern War*, New Haven and London: Yale University Press, 2022, p.409.

② 有关纳粹意识形态中的粮食安全问题,参见 Gesine Gerhard, *Nazi Hunger Politics: A History of Food in the Third Reich*, Lanham, MD: Rowman and Littlefield, 2015, pp.19—46.

③ [美]多尔帕伦:《地缘政治学的世界——行动中的地缘政治学》,方旭、张培均译,华东师范大学出版社 2021 年版,第 259 页。

益范围,来打造一个购买原材料、出售制成品的市场,只不过与英国已经拥有这样一个利益范围的情况不同,德国需要先建立这样一个空间,"但德意志由于空间狭小,不得不走上扩张道路"。

在实践中,为了实现本国的自给自足,将周边国家固定为农业生产基地,进而解决工业品的出口问题与原材料的进口问题,德国搭建了一套以货易货的贸易体系,试图借此减少外汇的消耗,同时通过以固定价格收购德国所需原材料的协议来改造周边国家的农作物种类,例如,德国与匈牙利 1933 年 10 月签署的收购 2.5 万吨亚麻籽的协议让匈牙利的小麦种植面积有所下降,同时亚麻籽的产量大幅提升,以同样的方式,德国将保加利亚改造为本国的棉花产地,而 1939 年德国与罗马尼亚缔结的贸易协定则是德国一系列手段的集大成者,罗马尼亚将自身大部分的剩余农产品都供应给了德国,且"罗马尼亚的农业产出与德意志帝国的需要完全协调一致",自身的工业消费也都仰赖德国的产品。通过一系列的贸易与外交手段,德国在英美海军无法封锁到的东南欧与中欧国家中建立了一个与德国关系足够紧密的贸易集团。由此,奥托·毛尔(Otto Maull)的断言成真了,"经济全面渗透与领土占领具有同等效果"。①

但德国也并未就此终止对外扩张的步伐,这一点在很大程度上可以归结于纳粹政权内部愈发严重的"时间上的幽闭恐惧症"(temporal claustrophobia)。②1936 年 4 月,希特勒任命戈林为原材料与外汇特别委员,专职负责解决经济武器旨在打击的两个目标,在戈林的监督之下,当年 9 月,德国公布了"四年计划",并为实现自给自足这一目标定下了明确的时间表:在 1938 年 3 月前实现燃料独立,在 1940 年 9 月前做好发动战争的准

---

① Albrecht O. Ritschl, "Nazi Economic Imperialism and the Exploitation of the Small: Evidence from Germany's Secret Exchange Balances, 1938—1940," *Economic History Review*, Vol. 54, No. 2, 2001, pp. 324—345. 阿尔布雷希特·里施尔(Alberecht Ritschl)发现,与德国商界的中欧主义者所希望的情况恰恰相反,在 1938—1939 年间,在与多瑙河流域的国家进行贸易的过程中,德国存在着较大的贸易逆差。这支持了这样一个观点,即德国之所以重视与这些中东欧国家的贸易,并非为了实现经济复苏,而是要建立政治上安全的贸易网络。

② 克里斯托弗·克拉克(Christopher Clark)以第一次世界大战为背景,将"时间上的幽闭恐惧症"定义为"一种不剩多少时间的感觉,在他们看来,他们处在一个资源不断减少、威胁不断增加的环境之中,任何拖延都肯定会带来严重的后果"。[英]克里斯托弗·克拉克:《梦游者》,董莹、肖潇译,中信出版社 2014 年版,第 87 页。

备。1938年3月,德奥合并,德国进一步加强了自身与东南欧各国的陆上经贸联系,慕尼黑会议后,纳粹政权不仅免于与捷克斯洛伐克的军队正面冲突,同时还进一步获得了价值35亿帝国马克的黄金、外汇以及储备的原材料。然而,正如当时的制裁主义者警告的那般,"捷克斯洛伐克不会是最后一个受害者",为了获得足够养活德国人口的农业用地,希特勒将目标转向了乌克兰的大片农田。①而在1941年春德国制订的"东方总计划"中,我们可以尤其明显地看到追求抵御封锁的能力与大屠杀之间的关联:

> 这片领土上的数千万人都是多余的,他们要么死,要么必须迁居西伯利亚。如果用黑土区产出的额外物资来养活这里的人口,那么欧洲部分就得不到充足的供应了。如此一来,德国就没有办法坚持到战争结束了,也没有办法让德国以及欧洲部分有效抵御封锁。在这一问题上,必须保持头脑的绝对清晰。②

借助查尔斯·蒂利(Charles Tilly)的经典理论——"战争塑造国家,国家发动战争"——我们可以重新审视当时的国际主义者所打造的经济武器为何反而造成了一个促使战争爆发的恶性循环这一问题。首先,勾连起上述命题需要借助两个中间环节,一是战争想象,二是战争准备③。战争想象的资源来自战争记忆与当时的国际环境,在战争想象的推动之下,国家为了追求安全,就会进行相应的战争准备。对战间期尤其是纳粹上台后的德国来说,颠覆凡尔赛体系是其既定目标,而在这一目标的指导之下,与英美法等国的冲突实难避免,一旦开战,十几年前的饥饿记忆就产

---

① 1939年8月11日,当瑞士外交官兼国联高级专员卡尔·布克哈特(Carl Burckhardt)在希特勒的巴伐利亚夏日居所拜访他时,希特勒告诉他:"我需要乌克兰,这样他们就没法再像上次战争中那样把我们饿死了。"有关这段史料的真实性问题参见 Nicholas Mulder, *The Economic Weapon*, *The Rise of Sanctions as a Tool of Modern War*, New Haven and London: Yale University Press, 2022, p.434。

② Alex J. Kay, *Exploitation*, *Resettlement*, *Mass Murder*: *Political and Economic Planning for German Occupation Policy in the Soviet Union*, 1940—1941, New York: Berghahn Books, 2006, pp.39—40。

③ 有关进一步的理论构建,参见郭台辉、曾敏:《战争想象:国家建构的动员机制——以攀枝花三线建设为例》,《理论与改革》2023年第2期。

生了极强的政治意义,与此同时,意大利被封锁的遭遇又让德国产生了足够强烈的现实紧迫感,在战争记忆与现实紧张气氛的推动之下,希特勒的"封锁恐惧症"日渐加重,而一个认为自己即将被水淹没的人会用尽一切办法抓住救命稻草。与其他防御性的战争准备活动不同,对德国一个本土面积狭小的国家来说,战争准备就必然意味着将尽可能多的周边土地置于自己的控制之下,以应对敌人的封锁,而这样的战争准备活动就演变为主动发起战争。由此可见,锻造经济武器的设计师们所设想的那样一个受成本收益分析决定的被制裁对象在这里并不存在,经济压力并不能让希特勒变得更理性,恰恰相反,正是制裁这一挥之不去的幽灵让他深感不安。

五、结　语

1939年9月1日,德国闪击波兰,欧战爆发,尽管《国联盟约》第16条已经随着这个国际组织一同覆灭,但经济制裁却没有成为陪葬,相反,其巨大的威力再一次得以显现。在战争爆发之初,英法两国就迅速成立了本国的经济战部门,利用海军封锁、黑名单、资源禁运以及战略轰炸来打击敌人的战争经济,与此同时,以《租借法案》为代表的积极经济武器为世界范围内的反法西斯阵营提供了不可或缺的战争资源,进而将各国团结在一起。1941年6月22日,巴巴罗萨行动将苏联拖入战火,1941年12月7日,珍珠港事件爆发,在国联这个资源控制联盟之外的美苏两个大国也不得不直接参与战争,将针对轴心国的封锁网进一步收紧。最终,经由《联合国宪章》第41条①,战间期的经济武器在第二次世界大战后的国际秩序中再次出现,并继续承担着捍卫国际和平的职能。

考虑到第一次世界大战期间协约国运用的经济武器取得的巨大成绩,在巴黎和会上,英、美、法三国代表都希望能将其纳入战后建立的国际

---

① 《联合国宪章》第41条:"安全理事会得决定所应采武力以外之办法,以实施其决议,并得促请联合国会员国执行此项办法。此项办法得包括经济关系、铁路、海运、航空、邮、电、无线电、其他交通工具之局部或全部停止,以及外交关系之断绝。"

组织中,威慑那些试图破坏和平的违约国,三方的分歧并不在于是否该将经济制裁塑造为国联手中的一把利剑,而在于它是不是国联手中唯一的一把利剑。很可惜,新生的国联不仅没能将军事力量作为强制执行自身决议的后盾,也没能将美苏这两个在世界经济中举足轻重的成员纳入其中,加上战间期反对将经济与政治绑定在一起的各派势力阻挠,就连国联最为重要的领导者英法两国也没有将经济武器的威力充分释放出来的意愿,在人们的言辞与想象中的"终极杀器",终究只能作为列强打击弱小国家的成本低廉的道具,而不能保卫创造它的凡尔赛体系。

然而,就经济武器何以失败这个问题,本文实际上更关注另外一个层面的故事,即在何种程度上,《国联盟约》第16条推动了第二次世界大战的爆发?为解释这一问题,本文借用了"战争塑造国家,国家发动战争"这一经典命题,并以"战争想象"与"战争准备"这两项作为中间环节将命题的前半部分与后半部分进行勾连。第一次世界大战期间协约国对同盟国实施的经济封锁与战间期国联动用或威胁动用的经济武器在很大程度上塑造了以德国为代表的修正主义国家的战争记忆与战争想象,作为国联唯一一次适用第16条的打击对象,意大利为东非的远征付出了惨痛的代价。

第二次世界大战结束之后,核武器的发明与联合国掌握的军事制裁手段都使得经济武器不再需要承担它无法承担的责任,经济制裁也彻底转变为一项和平时期的政策工具。在战间期阻挠国联动用经济制裁的美国到了第二次世界大战之后摇身一变,成为经济武器最为热衷的使用者,然而,与战间期相同的一点在于,经济武器并没能带领人类进入一个新的世界,正如《经济武器》一书的作者尼古拉斯·穆尔德(Nicholas Mulder)在该书中文版序中提到的那样,"制裁就像是外交政策中的一把钥匙,似乎能打开每场危机的锁,但这把钥匙并没有打开任何一扇通往新世界的大门"。

帝国想象与安全焦虑
——对印度国家意识形态的批判性话语分析*

张忞煜**

【内容提要】 英国殖民印度时期塑造了一个特殊的"殖民地帝国",即"印度帝国"。印度帝国既是欧洲全球殖民体系凭借海权向亚洲腹地扩张的产物,同时也是英国殖民者挪用16—18世纪南亚地区近代早期军事国家建设形成的成果。与行政和军事制度现代化相配套的是殖民官员和学者构建的帝国意识形态。英印帝国意识形态既包含了《印度帝国志》等英语著作构建的单一线性的宏大帝国史叙事,也沿袭了本地知识传统的印地语《治国术》中高度实用主义的碎片化权谋策略。在争夺政权的过程中,民族主义者以民族文化符号重塑并吸纳了帝国史。英国退出印度后,军政制度、人员和这些意识形态为独立后的印度所继承。缺乏对外政策实践经验的后殖民时代德里民选政府在处置内政外交受挫后,不仅修正了"去帝国化"的理想,还依靠这一知识传统巩固对国内和南亚地区的支配地位。然而,同样继承自帝国意识形态的"安全焦虑"也扭曲了印度对周边国家的认知,并持续困扰着印度外交。

【关键词】 印度政治,国家意识形态,帝国想象,中印关系,安全焦虑

【Abstract】 During the colonial period, the British shaped a unique "colonial empire", i.e., the "Indian Empire" in India. The Indian Empire was both a product of dual-process, the expansion of the European global colonial system into the Asian hinterland by virtue of maritime power, and the appropriation of the early modern military states in South Asia formed during the 16th and 18th centuries by British colonialists. Accompanying the modernization of administrative and military systems was an imperial ideology constructed by colonial officials and scholars. Anglo-Indian imperial ideology encompassed both the monolithic linear narrative of grand imperial history constructed by English writings like *The Imperial Gazetteer of India*, and the highly pragmatic and fragmented power tactics inherited from the indigenous intellectual tradition like the Hindi *Rajniti*. During their struggle for power, Indian nationalists reshaped and internalized imperial history with national cultural symbols. After the British withdrew from India, the military regime, its personnel, and imperial ideologies were inherited by independent India. The democratically elected post-colonial government in Delhi, which lacked practical experience in foreign policy, not only revised the ideal of "de-imperialization" after domestic and diplomatic setbacks, but instead relied on the imperial intellectual tradition to consolidate its dominance over the country and South Asia. However, the "security anxiety" simultaneously inherited from imperial ideology has also distorted India's perception of neighboring countries haunted India's diplomacy chronically.

【Key Words】 Indian politics, state ideology, imperial imagination, Sino-Indian relations, security anxiety

* 本文系国家社科基金重大项目"世界诸文明在印度洋地区的交流交汇研究"(编号:23&ZD324)的阶段性研究成果。

** 张忞煜,北京大学东方文学研究中心、北京大学外国语学院助理教授。

2005 年,中印两国政府签署的《关于解决中印边界问题政治指导原则的协定》第 1 条约定"边界问题的分歧不应影响双边关系的整体发展"。①事实上,在妥善管控异常复杂的边境问题分歧的前提下发展其他多领域关系,更是 1988 年时任印度总理拉吉夫·甘地(Rajiv Gandhi)访华以来两国关系破冰并稳步发展的重要前提。2020 年两军在边境发生冲突以来,中印关系急转直下。印度外长苏杰生(Subrahmanyam Jaishankar)多次表示边境问题将是中印关系正常化的首要条件。②可以说,回归"边境问题第一"意味着中印两国关系自 1988 年正常化开始的基本政治共识已经开始松动。

在现实主义国际关系理论对国家作为单一、理性行为体的基本假设的基础上,唐世平在 2000 年的论文中以多回合博弈理论分析中印关系后指出中印和解仍受限于多方条件,中国并不占据主动,而应"静观其变"。③叶海林也指出,虽然中国国力强于印度,但由于在西南方向上力量投射程度的限制,印度反而可以采取更有进攻性的对策。④唐世平和叶海林都注意到美国的介入也让中印关系进一步复杂化。随着美国不断利用印度对"一带一路"倡议的焦虑推进"印太战略"和印度的积极回应,胡仕胜将 2020 年以后的南亚形势称作"两大体系间对抗"。⑤

上述研究均指出困扰中印关系的根本性认知问题之一在于印度一直将南亚地区视为其他大国的"权力禁区"。然而,这一认知并非印度共和国的产物,而是英印时代殖民遗产的延续。进一步探讨这一历史问题需要回归基于第一手史料的历史主义考证。早在 1970 年,曾常驻新德里的澳大利亚记者内维尔·马克斯韦尔结合自己的见闻和尚未解密的印度档案,在《印度对华战争》中深入分析了独立后的印度政府如何在继承英印

① 《中华人民共和国政府和印度共和国政府关于解决中印边界问题政治指导原则的协定》。

② 苏杰生最近一次类似表态是在 2023 年 6 月 8 日印度外交部的吹风会上。

③ 唐世平:《中国—印度关系的博弈和中国的南亚战略》,《世界经济与政治》2000 年第 9 期。

④ 叶海林:《当代中印关系研究:理论创新与战略选择》,社会科学文献出版社 2018 年版,第 10—11 页。

⑤ 胡仕胜:《南亚地区:体系间的对抗日渐明显》,《世界知识》2020 年第 24 期。

的北部边疆政策过程中走向失控,并导致战争爆发。①2019 年印度政府宣布废除查谟和克什米尔地区特殊地位后,姚远梅便指出这一举措延续了19 世纪英印内政部制订的、旨在扩张领土的"科学边疆战略"。②这意味着,在印度独立七十多年后,无论是领导印度民族独立运动的国民大会党(以下简称"国大党"),还是取代国大党执政的印度人民党(以下简称"印人党"),在安全防务的问题上都没有真正摆脱英印殖民遗产。同时,曹寅在中—英—印三边关系的视角下通过对英印档案的研究指出,英印政府对第二次世界大战期间印度华人社区、中国驻印远征军和原本被用来规范远征军军纪的宪兵等存在过分的"安全焦虑"。印度独立后,英印军警档案和这种殖民"安全焦虑"又被新政府继承,影响了独立后的印度政府外交决策。③

然而,如果说独立之初通过和平方式夺取国家政权的印度国大党人无力纠正"历史惯性",在过分的"安全焦虑"之下延续"科学边疆战略"尚情有可原。那么,为什么即便在独立七十多年,执政党多次轮替后的今天,由与国大党针锋相对的印人党领导的印度政府依然受制于某种殖民遗产?本文将在已有的历史主义的研究基础上,进一步尝试从国家意识形态及其制度和实力支撑的角度,来探讨为何现代印度持续依赖某种"帝国想象"和与之配套的实用主义策略,并以此解释印度对南亚霸权的执着和过分的"安全焦虑"。

一、想象"印度帝国":殖民时代的
"莫卧儿—英印道统"建构

现今"孔雀帝国"(Maurya Empire)、"莫卧儿帝国"(Mughal Empire)等各类"印度帝国"概念已经耳熟能详。但是严格来说,作为"帝国"

---

① 参见[澳]内维尔·马克斯韦尔:《印度对华战争》,生活·读书·新知三联书店 1971年版。

② 姚远梅:《克什米尔再现印度"科学边疆"战略幽灵》,澎湃新闻,https://m.thepaper.cn/wifiKey_detail.jsp?contid=4196228&from=wifiKey♯,2019 年 8 月 19 日。

③ Cao Yin, *Chinese Sojourners in Wartime Raj*, 1942—1945, Oxford: Oxford University Press, 2022.

(empire)的印度尽管有其历史原型，但更是英印殖民知识生产的产物。在建构"印度帝国"概念的过程中，殖民官员和学者受到印度历史和本土史料，尤其是莫卧儿王朝时期波斯语史书的启发。"印度帝国"的宏大叙事不仅是一项服务于 1858 年后英国政府取代东印度公司治理印度殖民地的意识形态工程，更为英国在全球政治舞台上增加"帝国声望"提供必要的文化资源。

1881 年，由时任印度政府统计局长(Director-General of Statistics)的历史学家、统计学家威廉·亨特(William Hunter)主持编写的九卷本《印度帝国志》(The Imperial Gazetteer of India，以下简称《帝国志》)正式发行。第一卷的开头这样写道，"该书献给最仁慈的维多利亚陛下，英格兰的女王和印度女皇"(To her most gracious Majesty Victoria, Queen of England and Empress of India)。[1]这项庞大的统计工程始于 1869 年，彼时，印度的统治权已经由英国东印度公司转移至英王，而亨特笔下的"帝国"并非我们更熟悉的"大英帝国"，而是"女皇陛下的印度帝国"(Her Majesty's Indian Empire)。[2]亨特对维多利亚的敬称"英格兰的女王和印度女皇"也是 1876 年《王室头衔法》的新产物，根据这一英国议会立法，英王同时为"印度皇帝"(Emperor/Empress of India)。[3]

一年后，亨特又在《帝国志》基础上出版了缩写的单行本《印度诸民族简史》(A Brief History of the Indian Peoples，以下简称《简史》)。从现存资料可知，该书的首版亦由出版了《帝国志》的特昌布纳公司(Trübner & Co.)出版发行。三年后，该书的乌尔都语版《印度人简史》(Mkhtasar Tarikh-i Ahl-i Hind)也于 1885 年由印度安拉阿巴德(Allahabad)[4]的政府出版社(Government Press)发行。《简史》的问世适逢英国工业经济快速发展、成

---

① William Wilson Hunter, *The Imperial Gazetteer of India*, Volume I, London: Trübner & Co., 1881.

② Hunter, "Preface", *The Imperial Gazetteer of India*, Volume I, p.xvi.

③ 有趣的是，亨特笔下维多利亚女王的第一个头衔是"英格兰的女王"，而非更常见的、包含苏格兰在内的"大不列颠及爱尔兰联合王国女王"。在那个帝国事业蒸蒸日上的年代，"印度帝国"，而非"联合王国"更能凝聚起来自五湖四海的年轻人。出生于格拉斯哥的亨特也是彼时大量投身英印殖民帝国事业的苏格兰人中的一员。

④ 安拉阿巴德在莫卧儿王朝时期便是北印度重要城市。《帝国志》问世时，该市是英印西北省(North-Western Provinces)的首府，也是北印度重要的司法、行政、军事中心。

人识字率快速提升的阶段。经过 18 世纪的"阅读革命",报纸上的国际新闻和《简史》这样的书籍成为普通英国人想象庞大帝国的重要媒介,更是愿意前往亚洲"背负起"诺贝尔文学奖得主约瑟夫·吉卜林(Joseph Kipling)所说的"白人的负担"(white man's burden)①的年轻人的必读书之一。《简史》的英语本和乌尔都语本均一版再版。今天我们更容易读到的是 1893 年的第二十版英语本,仅这一版的印量便达到了八万册。

在《简史》的前言部分,这位《帝国志》的主编批评以往的各类印度史的内容薄弱并热衷于将印度刻画为"被征服的国度"。在亨特看来,"只要印度历史只能向印度的青年呈现一部关于分裂和征服的可怕记录,我们的英印学校(Anglo-Indian Schools)便无法培育一个有自尊的民族"。②不同于强调历史断裂的前人,亨特这样简要梳理印度历史的主线和英国在印度的角色:与欧洲人同源的雅利安人征服了非雅利安人,创造了独具特色的印度语言、宗教、文化;然而,温和的环境使印度人变得自由散漫,沉溺于精神生活,并屡遭外族入侵;最终,当莫卧儿德里帝国被叛乱者包围之际,英国人拯救了德里帝国(the Delhi Empire),避免了印度再次陷入四分五裂的状态。③

严格来说,印度的"帝国史"并非完全由亨特首创。尽管"伊斯兰征服印度"是前殖民印度波斯语史书的主流书写模式,但由莫卧儿皇帝阿克巴的重臣阿布-法扎勒(Abu'l-Fazl ibn Mubarak)编写的《阿克巴本纪》(*Akbarnama*)已经显露出了"印度帝国史"的端倪。阿布-法扎勒的历史书写主体是"国家"(daulat)④,重点关注莫卧儿明君与分裂势力之间的矛盾冲突。⑤相比"伊斯兰征服印度"的叙事,这种历史编纂可以更好地服务于

---

① Joseph Rudyard Kipling, *The White Man's Burden*, 1899. https://www.kiplingso-ciety.co.uk/poem/poems_burden.htm.

② William Wilson Hunter, "Preface", *A Brief History of the Indian Peoples*, Oxford: Clarendon Press, 1893.

③ Hunter, "Preface", *A Brief History of the Indian Peoples*。着重号为本文笔者所加。

④ Daulat 一词源于阿拉伯语,历史上的阿拉伯帝国以及与莫卧儿同时代的奥斯曼帝国均以此自称。将这三国均对应英语中的 empire,并不十分确切。

⑤ Noman Ahmad Siddiqi, "Shaikh Abul Fazl", *Historians of Medieval India*, Mohibbul Hasan ed., Delhi: Aakar Books, 2018 [1982], p.143. 阿布-法扎勒也因此被视为颇具现代意义的理性、世俗的史学家。

如阿克巴那样希望有效地驾驭信仰不同宗教的贵族和臣僚，进而巩固统治的君主。此后，沙·贾汗编年史《帕迪沙本纪》(*Padshahnama*)的作者拉合利(Abdul Hamid Lahori)、《精华选集》(*Muntakhab-al Lubab*)的作者哈菲·汗(Khafi Khan)均受到阿布-法扎勒的影响。①这些史书均由英国东印度公司译为英语，启发了早期的英印史学研究。②熟稔莫卧儿波斯语史书的亨特更是将《阿克巴本纪》的作者阿布-法扎勒视为帝国统计工程的先驱。

不过，不同于广泛使用"国家"(daulat)、"帕迪沙"(padshah，波斯语对君王的称谓)称呼印度不同政治体和统治者的莫卧儿史学家，在《简史》中，只有两个政治实体被称作"帝国"(empire)，一个是也被称作"德里帝国"的莫卧儿王朝，另一个便是英王治下的"印度帝国"。无论是在莫卧儿王朝之前便已经以德里为都的历代德里苏丹，还是在莫卧儿末年有取而代之之势的马拉塔人，都只被称作"国王"(Kings)。《王室头衔法》颁布后的1877年元旦，英印政府在德里仿照莫卧儿王朝的宫廷朝会，举办了规模宏大的德里杜尔巴(Delhi Durbar)③，正式宣告维多利亚女王加冕为印度女皇。虽然直到1911年第二次德里杜尔巴后，英印政府才正式宣布将殖民地首都从加尔各答迁往古都德里，但无论是伦敦议会的《王室头衔法》、德里的杜尔巴仪式，还是印度统计局长亨特编写的《帝国志》和《简史》，都将欧洲的"王—皇"阶序植入了印度史，建构了这样一个新的印度史叙事：印度从莫卧儿开始成为"帝国"，而英印是"印度帝国史"的新篇章。

"印度帝国史"不仅使英国在印度的殖民统治合法化，更赋予英国"帝国"身份。《王室头衔法》中"印度皇帝"的印度语言译名"印度凯撒"(Kaisar-i-Hind)是一个完全脱离印度历史语境的阿拉伯语词组。印度历史上从未有君王以源于罗马的"凯撒"一词自居——莫卧儿君主使用波斯

---

① Mohibbul Hasan, "Introduction", *Historians of Medieval India*, Mohibbul Hasan ed., Delhi: Aakar Books, 2018[1982], p.vii.

② Blain Auer, "Early Modern Persian, Urdu, and English Historiography and the Imagination of Islamic India under British Rule," *Études de lettres*, Vol.2—3, 2014, pp.204—205.

③ 有关这一仪式的"发明"，参见 Bernard S. Cohn, "Representing Authority in Victorian India", *The Invention of Tradition*, Eric Hobsbawm and Terence Ranger, eds., Cambridge: Cambridge University Press, 1983, pp.165—209。

式的"帕迪沙／主君"(padishah)，马拉塔统治者希瓦吉使用梵语词"恰德拉帕提／华盖之主"(chatrapati)，历史上印度王朝统治者使用的头衔还包括转轮王(cakravartin)、苏丹(sultan)等——反而是与维多利亚女王治下的英国同时活跃在欧洲政治舞台、以罗马帝国继承者自居的奥斯曼帝国、奥匈帝国、德意志帝国、沙俄帝国依然在使用源于"凯撒"的头衔。这个"印度凯撒"的头衔和"被发明出来"的德里杜尔巴一样，都试图在莫卧儿印度的"尸体"上为英国复活罗马帝国"灵魂"。恰如印度的财富和人力支撑了英国在全球的霸业，"发明印度帝国"也为昔日的边疆不列颠尼亚行省赢得了一身被包装成"罗马帝国的现代继承人舞会"的殖民帝国主义世界体系的盛装礼服。

二、军事帝国转型：帝国史话语
之下的军政现代化

但是，在批判性地看待《帝国史》和《简史》发明的"帝国史"的同时，也不应走向另一种"殖民发明论"的极端。政治学家保罗·布拉斯(Paul Brass)曾调侃这种极端的后殖民主义为"一切都是 19 世纪发明的"(Everything was invented in the nineteenth century)。[①]不同于新大陆殖民地，英国在印度的殖民事业可以挪用本土国家建设的成果。亨特是一位出色的莫卧儿史研究者，他的帝国史建构重塑并挪用了莫卧儿的官方史学，并且这一挪用不限于意识形态，更在于此后几百年中深刻影响印度历史的军政制度和军旅文化。

16 世纪以来，得益于经济发展、军事技术扩散和国家治理能力提升，南亚次大陆先后出现了多个拥有强大军事实力的跨区域政治体，莫卧儿王朝便是其中最重要的一个。来自中亚的莫卧儿王室以帖木儿的后代自居，开国君主巴布尔在 1526 年率领从阿富汗带来的约 1.2 万人的军队彻底击败同样是阿富汗突厥人的德里苏丹易卜拉欣·洛迪后入主德里。

---

① 转引自 David N. Lorenzen, "Who Invented Hinduism?", *Comparative Studies in Society and History*, Vol.41, No.4, 1999, p.646。

在巴尼帕特战役中,巴布尔和洛迪的军队都有内亚式重装骑兵部队。但是,莫卧儿军拥有两样德里军没有的新式装备:火炮(top)和火绳枪(tufan)。①莫卧儿也因此和奥斯曼、萨法维被后世并称为伊斯兰世界"三大火药帝国"。②

莫卧儿王朝第三任君主阿克巴(1556—1605年在位)继位后巩固了国家统治,拓展了疆域,并成功地打造了一个建立在农业经济基础上的军国机器。其中,享有俸地收入的"曼萨卜达尔"军功贵族军团构成帝国骑兵主力。至1595年,阿克巴麾下共有"曼萨卜达尔"1823人,这些曼萨卜达尔至少控制着约14万—19万重骑兵。此外,他们也需要按照一定比例养护一定数量的战马、战象、役畜和车辆。至阿克巴统治后期,整个帝国的预算有80%—90%(9900万卢比中的约8100万卢比)用于曼萨卜达尔和他们的扈从的开销。③除了从自己的亲族中招募子弟从军,曼萨卜达尔也会选择一种更加便捷的方式——直接用现金从市场上招募有经验的骑兵。④此外,帝国中央军(包括炮兵、火枪手和皇家骑兵)的开销约占帝国预算的10%。⑤

在上述可以用于进攻作战的主力部队之外,莫卧儿王朝还有规模庞大的由被统称为"柴明达尔"的基层地主掌握的武装。许多柴明达尔其实是基层税务官员或者包税人,因此,柴明达尔武装更像是"税警"。不同于20余万的精锐野战军(中央军和曼萨卜达尔军团),柴明达尔武装人数众多,在沙·贾汗时期达到了约440万。⑥1698年,英国东印度公司以每年1195卢比的税收为条件从莫卧儿的孟加拉省督阿齐姆·尚(Azim-ush-Shan)处获得了苏达那提(Sutanati)、加尔各答(Calcutta)和戈宾德布尔

---

① Iqtidar Alam Khan, "Early Use of Cannon and Musket in India: A.D. 1442—1526," *Journal of the Economic and Social History of the Orient*, Vol.24, No.2, 1981, pp.146—164.

② Marshall G. S. Hodgson, *The Venture of Islam*, *Volume 3: The Gunpowder Empires and Modern Times*, Chicago: University of Chicago Press, 1977.

③ [美]约翰·F.理查兹:《莫卧儿帝国》,王立新译,云南人民出版社2014年版,第62—63页。

④ 同上书,第63—64页。

⑤ 同上书,第74页。

⑥ 黄思骏:《印度土地制度研究》,中国社会科学出版社1998年版,第185页。

(Gobindpur)三地的柴明达尔权(Zamindari)。总督理事会的三名成员分别被任命为三地的收税官(Collector),行使柴明达尔权,其中包括组织基层法庭和"税警"的权力。在 17 世纪,柴明达尔武装的训练和装备都无法和帝国正规军相提并论。但是,到了王朝中后期,随着火枪技术和战术的改良和扩散,柴明达尔的军事实力有所提升。莫卧儿王朝连年对外征战和反复爆发的王位继承内战也促使印度形成了一个规模可观的"雇佣兵市场"。各类"柴明达尔武装"便是王朝中央集权衰落的重要因素之一。

在这诸多"犯上作乱"的柴明达尔武装中,法国和英国东印度公司先后开始改变葡萄牙、荷兰等上一代殖民帝国倚重白人和混血雇佣军的做法,以欧洲的装备和战术训练武装本地士兵,以应对越来越激烈的军事竞争。①在 1757 年的普拉西战役中,为了对抗孟加拉纳瓦布与法国东印度公司的联军,英国东印度公司不得不雇用本地士兵作战。在帮助英国人赢得了一系列战争之后,这批来自北印度的士兵,尤其是识字率较高、方便指挥管理的婆罗门被英国整编为常备军,即孟加拉土兵第一团。印度富饶的农耕区拥有庞大的人力资源。公司稳定的兵饷、抚恤和退休金吸引了大量印度人加入公司军队。最终,这支发迹于孟加拉边疆的"柴明达尔雇佣军"发展成为印度次大陆,乃至当时亚洲最强大的一支陆军力量。

随着殖民势力日益深入印度腹地,18 世纪至 19 世纪的英国东印度公司白人职员开始扮演以下几类不同的职业角色的一个或者多个:直接管理印度土兵的军官、裁决各类民事刑事案件的法官和为收益负责的税务官。幸运的是,莫卧儿王朝、马拉塔人和其他地方势力已经建立起了有关税收、司法和军队的理性化知识体系。无论是印欧比较语言学的奠基人威廉·琼斯(William Jones)钻研的《摩奴法论》,还是令亨特赞不绝口的、由阿布-法扎勒等人主持的莫卧儿"帝国统计"都是其组成部分。另一个更加"基层"的例子则是一部被称作《治国术》(*Rājnīti*)的印地语故事集。

---

① 当时,英国派遣皇家军队前往印度的能力有限,而同为白人但是待遇远不如皇家军队的东印度公司白人军团又因作战意愿不足、不服管教令管理层头疼。反而是土兵(尽管也存在哗变和逃兵现象)对英国东印度公司来说相对更加可靠。总督康沃利斯曾在 1787 年的一封信中写道,"公司的欧洲人实在令我无语……我宁愿带着(土兵)第 73 团上战场,而非公司的 6 个(欧洲)团"。Arthur N. Gilbert, "Recruitment and Reform in the East India Company Army, 1760—1800," *Journal of British Studies*, Vol.15, No.1, 1975, p.101.

《治国术》的第一位编者是英国东印度公司威廉堡学院的印度籍印地语讲师拉鲁·拉尔(Lallu Lal)。威廉堡(Fort William)是东印度公司在北印度最初的要塞,也是日后孟加拉管区的军政中心。威廉堡学院(Fort William College)建立于 1800 年,系统教授、研究包括印地语在内的印度地方语言文学,首任院长是曾在东印度公司军队中任军医、编写了《印度斯坦语语法》(*A Grammar of the Hindostanee Language*)的苏格兰人约翰·吉尔克里斯特(John Borthwick Gilchrist)。莫卧儿王朝时期,德里的帝国军队南征北战,一种以德里附近随军行商的母语为基础,混合了波斯语等诸多语言的印地语方言(也就是殖民者所说的"印度斯坦语")成为军队和行政通用语。威廉堡学院提供的印度斯坦语课程正是为了培养可以管理士兵的英国军官。

然而,只学习语言并不足以管理士兵,并且,学习语言也需要必要的语料作为教材。在这种情况下,既能增进"本地人管理技能",又可以用于印地语教学的教诫故事就成为上佳之选。约成书于公元前 3 世纪的梵语故事集《五卷书》(*Pañcatantra*)是印度教诫故事的代表。根据《五卷书》的讲述,该书最初为国王为教导儿子委托大臣所写,旨在以寓言故事教导治国之道,尤其是高度实用主义的权谋和驭人之术。《益世嘉言》(*Hitopadeśa*,约成书于公元 9 世纪)改写自《五卷书》,并在 15 世纪先后被译为波斯语和印地语,成为不同宗教信仰的统治者共同的读物之一。①然而,印度的政治劝谕文学并不限于此。但是,与如巴拉尼(Ziyā' al-Dīn Baranī)的《治世之道》(*Fatawā-i-Jahāndārī*)等有思想性并带有较强伊斯兰色彩的著作不同,推崇实用主义的"术"的《五卷书》和《益世嘉言》具备了更强的跨文化传播能力。

就这样,在吉尔克里斯特的支持下,拉鲁·拉尔率先将《益世嘉言》译为当时通行的另一种印地语方言伯勒杰语。②拉鲁·拉尔翻译的书名没有

---

① 有关《五卷书》和《益世嘉言》在印度—伊斯兰世界的传播,参见 Auer Blain,"Political Advice,Translation,and Empire in South Asia,"*Journal of The American Oriental Society*,Vol.138,No.1,2018,pp.29—72。

② 伯勒杰语发源于莫卧儿核心区中以马图拉为核心的今北方邦毗邻拉贾斯坦、中央邦的西南部地区,在 20 世纪初以克利方言为基础的现代标准印地语完全成为主流文学语言之前,伯勒杰语广泛用通行于北印度,伯勒杰语文学亦受到王公贵族的青睐。参见 Allison Busch,*Poetry of Kings:The Classical Hindi Literature of Mughal India*,New York:Oxford University Press,2011。

沿用《益世嘉言》的原名或者其波斯语译本《心的喜悦》（*Mufarriḥ al-Qulūb*），而是定名为《治国术；或展现印度教徒道德教条和民政、军事政策的故事集》（*Rajneeti；or Tales，Exhibiting the Moral Doctrines，and the Civil and Military Policy of the Hindoos*），旗帜鲜明地点名了该书的定位。①从目前可以获取到的史料来看，该书至少在 1825 年、1827 年和 1843 年多次再版，可见这部"寓教于乐"的教材颇受欢迎。

1853 年，孟加拉土兵步兵第 11 团的英国军需官（quartermaster）J. R. A. S. 洛（John Robert Alexander Shakespear Lowe）少尉将拉鲁·拉尔的《治国术》首次被译为英文。②英译本完全沿用了拉鲁·拉尔印地语本的书名，于 1853 年在上文提到北印军政中心安拉阿巴德写下的序言中，洛少尉重申了该书旨在帮助军官（military officers）学习印地语。③洛少尉在加尔各答出生，自幼在印度长大。1906 年，他以上校身份在英国过世。虽然无从知晓《治国术》的翻译工作对洛的仕途影响如何，但考虑洛在 27 岁翻译出版《治国术》时依然只是最低一级军官，日后晋升到上校已经颇为不易，至少可以说，翻译《治国术》大概并没有让他给人留下"不务正业"的负面印象。

1869 年，另一名英军军官、第五皇家爱尔兰枪骑兵团（5th Royal Irish Lancers）的军需官贝尔（C. W. Bowdler Bell）中尉又翻译出版了一版《治国术》。④在此前的 1857 年反英大起义中，上一位译者洛所属的孟加拉土兵步兵第 11 团因为哗变而被英国取消了番号。也正是为了避免印度土兵再次动摇殖民统治，英国才重组了因参与 1798 年爱尔兰反英起义而被解散的第五皇家爱尔兰枪骑兵团并将其派往印度。⑤写下这版《治国术》的前

① Lulloo Lal Kub, *Rajneeti；or Tales，Exhibiting the Moral Doctrines，and the Civil and Military Policy of the Hindoos*, Calcutta：The Hindoostanee Press, 1809.

② Lallu Lal Kab, *Rajnítí；or Tales，Exhibiting the Moral Doctrines，and the Civil and Military Policy of the Hindoos*, tran. J. R. A. S. Lowe, Calcutta：P.S. D'Rozario and Co., 1853.

③ J. R. A. S. Lowe, "Preface", Lallu Lal Kab, *Rajnítí；or Tales，Exhibiting the Moral Doctrines，and the Civil and Military Policy of the Hindoos*, tran. J. R. A. S. Lowe, Calcutta：P. S. D'Rozario and Co., 1853.

④ C. W. Bowdler Bell, *Rājanīti of Lallū Lāla*, Edited by J. R. A. S. Lowe, Calcutta：Thacker, Spink, and Co., 1869.

⑤ National Army Museum, "5th（Royal Irish）Lancers", https://www.nam.ac.uk/explore/5th-royal-irish-lancers.

言时,贝尔上尉正在缅甸仰光。相比洛少尉已经令人印象深刻的仕途,贝尔中尉的仕途更胜一筹。1888 年,贝尔少尉已经回到伦敦,升迁至英国陆军部(War Office)的情报局(Intelligence Division)。①

　　洛和贝尔所属的部队就像是英国在印度统治的两个不同阶段的象征,但他们对《治国术》的共同爱好也传递着殖民帝国统治的某种延续性,即不同于一般的“武夫”想象,殖民军官实际上是帝国治理知识,乃至帝国意识形态的重要生产者。洛和贝尔在翻译《治国术》时都是部队基层军需官,这一职务要求军官具备较高的知识水平(尤其是语言和数学)、管理能力和良好的军纪,并需要能与本地人交涉周旋以方便部队就地补给。可以说,与需要良好知识水平以计算弹道并维护装备的炮兵指挥官一样,军需官是当时英印将近代早期的印度军队改造为现代军队的重要的“知识型军官”骨干。洛和贝尔的翻译工作看似只是传播某种技术性知识,但这些看似不起眼的工作恰恰与亨特的“帝国史”构成了“帝国意识形态”的两面:一面是英语《帝国志》中单一线性的宏大叙事和令人亢奋的“文明”伟业;另一面是印地语《治国术》中传授的“古老智慧”,也就是先发制人、分而治之、远交近攻等高度实用主义的权谋策略。

三、帝国史的“民族化”:
从德里帝国到“民族帝国”

　　随着英王加冕为“印度皇帝”,《帝国志》、各类“帝国史”和“帝国文学”的广泛传播,英印军队不断开拓在中亚、中东、非洲、东南亚和东亚的新边疆,将首都从东印度公司次大陆霸业的“发迹之地”加尔各答迁往莫卧儿故都德里的英印政府成功地从军政制度和国家意识形态层面塑造出独特的帝国形态。因此,印度的民族主义者在争夺殖民地国家的控制权的过程中,同样需要在意识形态层面将“帝国史”改造为“民族史”。

---

　　① 1888 年,贝尔参与编写了第二版《德意志帝国军事力量》,彼时其身份为陆军部情报局副助理官长。参见 J. M. Grierson, *The Armed Strength of the German Empire*, London: Harrison and Sons, 1888。

《简史》等"帝国史"仅以莫卧儿为英印的帝国前身,阿克巴和阿布-法扎勒被封为帝王和宰辅典范。但是,这一"帝国想象"又与殖民时代的一个重要现实之间存在张力。尽管如赛义德·艾哈迈德·汗(Syed Ahmad Khan)等改革家致力于推动印度穆斯林接受西式教育,以本尼迪克特·安德森(Benedict Anderson)所说的"双语知识分子"①身份进入殖民地政府,并积极参与公共政治生活。但事实上,受益于 19 世纪逐渐引入印度,并得到印度士绅和富商欢迎的西式教育的印度人绝大多数出身于高种姓印度教徒家庭——尤其是那些在殖民初期已经参与到东印度公司殖民活动中的商人和军人。其中之一便是孟加拉管区的"贤达"(Bhadralok)群体。孟加拉的"贤达"群体来自多个不同种姓,其中既有诺贝尔文学奖得主罗宾德拉纳特·泰戈尔(Rabindranath Tagore)那样的婆罗门种姓家族,也有属于传统以医生为职业的拜迪亚(Baidya)和传统多从事文书职业的卡亚斯特种姓的森(Sen)家族和鲍斯(Bose)家族等。在殖民时代,这些世家大族的子弟不乏大庄园主、富商、金融家、知识分子、殖民官员。得益于优渥的生活条件和较高的受教育水平,他们和受他们赞助的文人中出现了印度较早一批由依附于殖民地帝国的"双语知识分子"转化而来的民族主义思想家。

另一个代表群体来自孟买管区的吉特巴万婆罗门种姓。1713 年,彼时以南方德干高原为基地与莫卧儿王朝分庭抗礼的马拉塔"恰德拉帕提"萨胡(Sahu)任命出身吉特巴万种姓的巴拉吉·维什瓦纳特(Balaji Vish-wanath)为"佩什瓦"(Peshwa)后,这个家族逐渐掌控了马拉塔人的国家,成为事实上的统治者。吉特巴万种姓中既有巴吉·拉奥(Bajirao)这样出色的军事领导人,更不乏善于经商、读书之人。日后印度国大党的许多领导人都出自吉特巴万种姓中接受了较高西式教育,尤其是埃尔芬斯通学院的毕业生,其中便包括孟买高等法院法官、国大党元老马哈德夫·拉纳德(Mahadev Govind Ranade)。

1900 年,拉纳德的历史著作《马拉塔的崛起》(*Rise of the Maratha Power*)问世。在该书中,拉纳德指出以往的印度史关注西北方向的帝国,尤

---

① ［美］本尼迪克特·安德森:《想象的共同体:民族主义的起源与散布(增订版)》,吴叡人译,上海人民出版社 2011 年版,第 130 页。

其是"德里帝国",而忽视了德干高原的历史地位。在他笔下,由穆斯林在德干建立的巴赫马尼王朝(Bahmani dynasty)已是能与"德里帝国"分庭抗礼的德干帝国。①而随着印度教徒在德干帝国中扮演的角色越来越重要,最终由希瓦吉建立了被拉纳德称作"马拉塔帝国"的强权。拉纳德认为马拉塔帝国其实已经在着手将治下的民众以共同的语言、种族、宗教、文学凝聚成一个"印度教徒民族"(Hindu nationality),并以其爱国之情感染穆斯林等群体,进而形成"真正的印度民族"(true Indian nationality)。②通过引入源于欧洲的民族史(national history)书写模式,拉纳德在德干的"印度教徒帝国"——马拉塔帝国身上看到了印度教徒民族的断代史。

相比拉纳德,任职于加尔各答高等法院的历史学家、两卷本《印度教政体:印度教时代印度宪政史》(*Hindu Polity: A Constitutional History of India in Hindu Times*)的作者普拉萨德·贾斯瓦尔(Kashi Prasad Jayaswal)则拥有更大的知识抱负。贾斯瓦尔出生于西北省(今印度北方邦),先后毕业于安拉阿巴德大学和牛津大学。在加尔各答高等法院工作期间,他遇到了影响一代北方知识分子的孟加拉教育家(同时也是"贤达"群体的一员)、加尔各答大学校长(Vice Chancellor)阿舒托什·慕克吉(Ashutosh Mukherjee)③,并开始在法院工作之余研究印度古代历史。在《印度教政体》一书中,贾斯瓦尔将《他氏梵书》(*Aitareya Brahmana*)中提到的、由许多"王国"(rājya)组成的"王国集合"(sāmrājya)译作"帝国"(empire),其统治者便是作为"君主"(universal sovereign)的"皇帝"(samrāj)。④根据《他氏梵书》的说法,最初的"皇帝"是吠陀众神中的"神王"因陀罗。⑤通过这番"格义",贾斯瓦尔拓展了"帝国"的使用语境并将印度帝国史的起点从穆

① M. G. Ranade, *Rise of the Maratha Power*, Bombay: Punalekar & Company, 1900, p.28.

② Ranade, *Rise of the Maratha Power*, pp.6—9.

③ 由英国人于1857年建立的加尔各答大学沿用英国大学制度,大学校长(Vice Chancellor)是学校最高行政负责人。上文提到的亨特亦曾任加尔各答大学校长。到19世纪末,印度人逐渐开始出任校长,这也是英印国家逐步"印度人化"的表现之一。

④ Kashi Prasad Jayaswal, *Hindu Polity: A Constitutional History of India in Hindu Times*, Banglore: The Bangalore Printing & Publishing Co., 1943[1924], p.190. 感谢重庆大学朱成明老师分享其对贾斯瓦尔和古代梵语文献相关记载的研究。

⑤ Martin Haug, *The Aitareya Brahmanam of the Rigveda*, Vol. 2, Allahabad: Sudhindra Nath Vasu, 1922, pp.356—357.

斯林王朝前移至吠陀时期,从而将许多巅峰期统治疆域较大的古代王朝如古摩揭陀国的幼龙王朝(约公元前 5 世纪)、孔雀王朝(约公元前 321 年—公元前 185 年)、巽加王朝(约公元前 185 年—公元前 73 年)、笈多王朝(巅峰期约公元 4—5 世纪)、戒日王治下的普西亚布蒂王朝(约 590 年—647 年)均列为"帝国"。①

不仅如此,《印度教政体》尝试从现代政治学的视角解读古代印度国家制度,并将"sāmrājya"解读为"联邦式帝国主义"(Federal Imperialism)。这个概念并非贾斯瓦尔首创,而是 19 世纪以来以帝国联邦联盟(Imperial Federation League)、英帝国联盟(British Empire League)组织为代表的部分政治精英推崇的、为了让庞大的殖民国家充分发挥潜力的政治主张。②可以看出,贾斯瓦尔一方面将英帝国投射到了印度历史中,另一方面也在印度古籍中为英印帝国的未来寻找印度智慧的答案。

拉纳德在空间维度上打破了英印殖民史学的"德里中心主义帝国史",在宗教身份的维度上将印度教徒统治者纳入"皇帝"的序列中,并引入了民族史学。而当贾斯瓦尔又在时间的维度上打破了近现代对"帝国"概念的垄断后,一部"民族帝国通史"便呼之欲出了。在这方面最著名的代表便是印度开国总理贾瓦哈拉尔·尼赫鲁(Jawaharlal Nehru)在狱中写成的《印度的发现》(*The Discovery of India*)。尼赫鲁为中译本所作的序言认为,在诸多古代文明中仅有中国和印度的历史"连绵不绝,从未中断"。③支撑他这一观点的便是他在吸纳前人的帝国史基础上写成的印度史。被《印度的发现》冠以"帝国"之名的印度次大陆王朝包括孔雀王朝、西域游牧民族南下印度建立的贵霜王朝、笈多王朝、戒日王朝、南印度的朱罗王朝、拉其普特的德里帝国、突厥苏丹的德里帝国、莫卧儿帝国和英印帝国,形成了比亨特、贾斯瓦尔和日后被奉为印度教民族主义思想奠基人之一的

---

① Jayaswal, *Hindu Polity*, pp.53, 148, 202.

② 参见 S. R. Mehrotra, "Imperial Federation and India, 1868—1917", *Journal of Commonwealth Political Studies*, Vol.1, No.1, 1961, pp.29—40;宋念申:《地图帝国主义:空间、殖民与地球规治》,《社会学评论》2022 年第 1 期。日后,对独立后的印度宪法影响深远的 1935 年印度政府法也将印度帝国政府的正式名称定为"印度联邦"(The Federation of India)。*Government of India Act*, *1935*, Article 5.

③ [印]贾瓦哈拉尔·尼赫鲁:《印度的发现》,齐文译,世界知识出版社 1956 年版,第 1 页。

瓦纳亚克·达莫达尔·萨瓦卡尔（Vinayak Damodar Savarkar）所提出的更具连续性和包容性的印度帝国史框架。[1]

1942年，当尼赫鲁正在狱中创作民族主义史学代表作《印度的发现》时，富有传奇色彩的罗浮洛·桑克利迪耶那（Rahul Sankrityayan）[2]出版了他此前在监狱中写成的印地语著作《从伏尔加河到恒河》（*Volga se Ganga*）。[3]该书首版七八个月便售罄，很快再版，并由时任印共总书记P. C. 乔希（P. C. Joshi）建议于1946年译为英语。[4]此外，该书也被译为马拉提语、孟加拉语、泰米尔语等许多印度语言，足见这部"历史演义"的影响力。作为一名共产党人，桑克利迪耶那在该书的第十八章中提到了马克思、恩格斯对印度的关注和对印度终将走向现代化和民族独立的预言。[5]但其对古代史的叙述并没有跳出殖民史学和民族主义史学的"帝国史"框架。第十章中主人公提出希望印度诸共和国结成"联邦"（sangha/federation）[6]式的"帝国"（vishal rajya/empire）来对抗波斯入侵。[7]这一观点与贾斯瓦尔对印度帝国的起源探讨相似。书中也提到多个被称为"帝国"的王朝，包括摩羯陀的难陀王朝、孔雀王朝、笈多王朝、百乘王朝，同样与贾斯瓦尔等人的观点相似。

就这样，在几代印度教徒帝国公务员、知识分子和政治活动家的努力下，这一个日后执掌印度共和国的精英群体内化并改造了亨特的"印度帝

---

① 张忞煜：《长时段历史视野下的 Hindu 族群建构与印度历史书写》，《北京大学学报（哲学社会科学版）》2022 年第 2 期。

② 桑克利迪耶那既是一名游历世界各地的宗教学者、佛教徒，也是一名民族主义者、农民运动领导人、共产党人，还是现代印地语游记文学的奠基人。有关他的生平事迹参见 Alaka Atreya Chudal, *A Freethinking Cultural Nationalist：A Life History of Rahul Sankrityayan*, New Delhi：Oxford University Press，2016。

③ 该书共分为十九个按时间顺序排列的章节，虽然每一个章都是短篇小说式的虚构写作，但都讲述了特定历史语境中印度人的生活。中译者恰如其分地称该书"是一本文学书，也是一本历史书"，并将中译本标题定为《印度史话》。[印]罗浮洛·桑克利迪耶那：《印度史话》，周进楷译，中华书局 1958 年版，第 5 页。

④ [印]罗浮洛·桑克利迪耶那：《印度史话》，周进楷译，中华书局 1958 年版，第 12—13 页。

⑤ 同上书，第 402—407 页。

⑥ 独立后的印度宪法在描述联邦制时也使用 sangha 一词翻译"联邦"。

⑦ [印]罗浮洛·桑克利迪耶那：《印度史话》，周进楷译，中华书局 1958 年版，第 195—196 页。

国史",使之成为一部由印度教徒民族主导的"民族帝国史"。①但这种有限的改造也导致无论是左派、中间派,还是右派的民族主义史学实际上一直无法完全摆脱帝国史的影响。

四、"帝国幻肢痛":继承帝国意识形态的后遗症

1947年,印度通过艰苦的抗争赢得民族独立,但英国留下了一个烂摊子,不仅印巴分治为两个独立国家,即便在印度自治领内部,葡萄牙的果阿殖民地、法国的本地治理殖民地和不甘失去特权的土邦王公依然有待整合。在这种情况下,继承了约三分之二的原殖民军队的印度先后以武力兼并了海德拉巴土邦、葡萄牙殖民地,并在第一次印巴战争中击败巴基斯坦,控制了克什米尔地区三分之二的领土。不同于其他经历过武装革命洗礼的国家,印度国大党缺乏专业的军事、外交和情报人才和知识储备,因此在和平移交政权后不得不依赖殖民地国家遗留下的整套国家机器——尽管在此前不久他们中的许多人正在监控、镇压国大党领导的民族独立运动。独立之初,尼赫鲁一度通过"和平主义"外交话语和在军中提拔亲信相结合的方式削弱前英官员的影响,但1962年中印边境冲突中的失败打断了这一"改造"进程。到他的女儿英迪拉·甘地(Indira Gandhi)执政时期,更受总理信任的军事外交精英更是成为她的左膀右臂,并帮助她抓住机会"肢解"巴基斯坦,镇压反对势力,巩固个人政治权威。

英印时期的内政和军队系统便陷入了一种过分的"安全焦虑",担心俄国和中国向南亚扩张势力,与英国争夺印度殖民地,并不惜为此采用军事手段"预防"威胁。但是,毕竟不同于日后经历过数次军人政变的巴基斯坦,印度军人一直受制于民选政府。更严重的困扰在于印度执政精英——包括军政官员和政客自身的意识形态困境。

首先,印度民族国家的意识形态构建缺乏直接面向全体印度人的革

---

① 不同史学家对如何界定印度教徒在印度史中的作用的观点不尽相同,虽然如尼赫鲁等人均不认可印度教民族主义者将印度教徒民族视同印度国族,将印度教徒民族史视同印度国族史的观点,但两者之间的差别没有想象中那么大。参见张忞煜:《长时段历史视野下的Hindu族群建构与印度历史书写》,《北京大学学报(哲学社会科学版)》2022年第2期。

命事业支持。因此,在印度的国体由德里总督的殖民专制转向代表"印度人民"的议会民主制国家的过程中,在防范共产党人的革命议程的情况下,执政的国大党人不得不转而依赖两个矛盾的意识形态资源:其一是更加深入基层的宗教和种姓政治动员,其二是脱胎于殖民帝国史的"民族帝国史"宏大叙事。然而,宗教和种姓的政治动员固然有效地为最初只是一个"双语知识分子"精英俱乐部的国大党赢得了民众的支持,但也引发了激烈的教派冲突,并最终导致印巴分裂。因此,到殖民后期,不管是尼赫鲁这样的国大党人,还是桑克利迪耶那等共产党人,都转向了第二个意识形态资源,希望以此在各宗教、种姓之上构建一个既可以实质上继承殖民帝国遗产,又可以摆脱殖民史学束缚的"印度民族国家"。

然而,同时继承殖民学者构建的"殖民帝国史"和民族主义者用宗教神话改造的"印度民族帝国史",也就意味着印度共和国需要同时继承许多不同版本的国界想象。其中不仅包括英国在地图上划出,但并没有实际占领的"科学边疆",还包括了对古代婆罗门教和佛教的文化影响范围。[1]而在现实生活中革命事业的缺席也就意味着,无法用某个边疆地区的人民参与了某项全印共享的革命事业来界定边界。相反,东北地区的许多"非印度本部"民族认为自己与印度民族携手反抗英国殖民统治,有权在英国退出之后独立建国。[2]

面对独立后的国内外形势,印度共和国非但没能消除,反而进一步深化、具象化了英印的"安全焦虑":第一,英印已经被一分为二,巴基斯坦独立本身便是印度"被分裂"的现实结果,这意味着印度失去了西北的兴都库什山脉屏障,更让首都德里所处的北印度的平原地区直接暴露在一个随时可能"投靠"域外大国的巴基斯坦面前;第二,印度共和国境内依然存

---

① 有关印度民族主义与"大印度"想象,参见 Susan Bayly, "Imagining 'Greater India': French and Indian Visions of Colonialism in the Indic Mode," *Modern Asian Studies*, Vol.38, No.3, 2004, pp.703—744; Arkotong Longkumer, *The Greater India Experiment: Hindutva and the Northeast*, Stanford: Stanford University Press, 2021。

② 根据寻求独立建国的那加民族委员会(Naga National Council)的说法,圣雄甘地认可东北的那加兰(Nagaland)并非印度领土,那加人并非印度人的观点,但是甘地遇刺身亡后尼赫鲁违背了甘地的承诺强行兼并那加兰。这一说法缺乏其他史料印证,但可以代表那加分离主义者的观点。转引自 Arkotong Longkumer, *The Greater India Experiment: Hindutva and the Northeast*, Stanford: Stanford University Press, 2021, pp.140—141。

在大量分离主义运动,除了东北的那加人,南方的泰米尔人、西北的旁遮普人中都不乏分离主义者。如果说,殖民时代的不安全感是一种不必要的战略焦虑,那么独立后的印度的安全焦虑甚至可以说是一种严重的"帝国幻肢痛"——德里政府已经"退无可退",不得不在被迫收缩势力范围的情况下强化对国内、边疆地区和周边小国的控制,才能在暂时的安全感中缓解幻肢痛。①

相比之下,1963 年,同样脱胎于英印殖民地的巴基斯坦很快便与新中国妥善解决了边境问题。无疑,中印巴三边的现实关系,尤其是 1962 年中印边境冲突在促成中巴完成划界方面起到了重要作用。但是,也应当看到,巴基斯坦虽然并非严格意义上的"革命立国",却也是完全"从无到有"的创造性政治工程。更依赖伊斯兰主义,而非"印度帝国法统"的民族史想象使得巴基斯坦不必背负"帝国史"的包袱。所以,虽然巴基斯坦也面临对边境地区控制力不足的问题,但是在妥善解决了划界问题之后,并不会将这种内部焦虑转化为对华担忧。

相比之下,陷入"帝国幻肢痛"的印度踌躇不决,反而错失甩开殖民历史包袱与周边国家重塑地区格局的良机。印度国内外都认为 1962 年中印边境冲突的失败严重冲击了独立之初印度共和国作为新兴民族国家"领头羊"的外交事业。然而,印度国内对这一挫败的反思并没有指向不必要的"帝国幻肢痛",而是归咎于周边国家和独立初期的理想主义不结盟外交。②因此,在此后几十年中,印度的"补救方案"——无论是对内镇压、分化分离主义和共产党激进派,对外弹压、肢解巴基斯坦,兼并锡金,强化对不丹和尼泊尔的渗透和控制,还是对外借助苏联制衡美国和中国——其实都是在强化 20 世纪以来的"德里帝国式"战略,并确实成功地在"战略收缩"后巩固了其对印度本部、边疆地区和周边地区的控制。确保"南亚霸

---

① 历史上,英国东印度公司孟加拉管区还一度管辖着海峡殖民地(今新加坡及周边地区)和缅甸。然而,纵使强大如英印,也难以将这些历史上与印度次大陆之间政治关系疏远的地区纳入印度总督的统治范围。1851 年和 1867 年,海峡殖民地先后脱离孟加拉和印度,成为与印度平级的皇家殖民地。1937 年,缅甸也脱离印度成为英属缅甸。这些历史也正在被印度的民族主义者塑造为与印巴分治相似的"分裂创伤记忆"。

② [印度]克里希南·斯里尼瓦桑、张林:《印度的不结盟政策》,《东南亚南亚研究》2017 年第 2 期。此外,李莉也详细总结了学界对印度不结盟外交的各类观点,李莉:《印度偏离不结盟及其动因分析》,《国际政治科学》2017 年第 1 期。

权"实际上是收缩版的"帝国事业",也是印度国内意识形态迟迟无法超越殖民帝国意识形态的表征。

但是,被迫将"帝国事业"收缩为"南亚霸权"使得印度错失了发挥更大国际影响力和冷战后期通过对外开放实现经济发展、产业升级的良机。冷战结束后,在目睹东亚国家,尤其是中国发展所取得的巨大成绩之后,印度的政治精英产生了巨大的心理落差。然而,在反思国家战略时,印度的执政精英们依然更多地将国大党政府执著于第三世界团结,而非像中国那样更加灵活地处置国际关系视为症结所在。①尽管迫于形势,尤其是苏联以及后来的俄罗斯无法再像20世纪70年代那样提供安全保障,印度有限地调整了"绝对安全至上"的观念,比如本文开篇提到的《关于解决中印边界问题政治指导原则的协定》,但并没有从根本上解决已经从最初的外伤变成"慢性病"的"帝国幻肢痛"。在过去几年中,中印关系急转直下直至发生两军冲突,进而冻结大部分领域的交流与合作,也是这次"慢性病"的又一次发作。

五、结论:帝国意识形态的后殖民时代化身

通过上文的分析可以看出,在莫卧儿、英殖和印度共和国之间存在可以借助具体文本史料、人员、制度和现象考证的"帝国意识形态延续性"。在此前对印度国家意识形态的研究中,有影响力但也有争议的著作之一便是英国学者佩里·安德森的《印度意识形态》(*Indian Ideology*)。②该书重点对以圣雄甘地和尼赫鲁为代表的国大党领导层和政治继承人以及当代自由派学者(用安德森的话来说,主要是"美国自由派")的"造神"进行了意识形态批评。在安德森看来,甘地和尼赫鲁的不足主要在于四个方面:第一,将民族与宗教范畴绑定,进而限制了印度走向真正意义上的世俗建国的可能性;第二,基于一种神学信仰的非暴力主义信条,限制了印度民

---

① Stephen P. Cohen, *India*: *Emerging Power*, Washington, D.C.: Brookings Institution Press, 2001, p.43.

② Perry Anderson, *The Indian Ideology*, London: Verso Books, 2013.

族独立运动的发展;第三,有意识地为建立一个印度教徒主导的、中央集权程度更高的印度而选择接受印巴分治;第四,尼赫鲁在独立后延续了殖民地国家机器,继续矮化穆斯林,压制低种姓。

然而,这本由三篇刊载于《伦敦书评》(*London Review of Books*)的文章集结而成的书难以如其书名所致敬的《德意志意识形态》那样覆盖一国的方方面面。①如果说甘地和尼赫鲁代表了现代印度政治,尤其是民族主义政治的某种"中坚力量",那么本文的分析将对印度意识形态的讨论进一步向上下两个方面拓展,即高高在上的"帝国史"宏大叙事和深入基层的"治国术"教育,进而考察这两者共同塑造的安全认知如何一方面引导,另一方面又限制印度共和国的内外政策,并且被民族主义话语包装的"帝国怀旧"(imperial nostalgia)也可以帮助理解佩里·安德森和艾莎·贾拉尔(Ayesha Jalal)②等学者对尼赫鲁、萨达尔·瓦拉巴伊·帕特尔(Sardar Vallabhbhai Patel)等国大党人的质疑——为何他们不惜接受印巴分治也要建立一个"中央集权国家"?事实上,由于帝国式专制与英国殖民统治实际上是"一体两面",包括甘地在内的许多国大党人都希望通过不断推动德里政府权力的"去中心化"和地方自治来实现印度人自下而上的政治自由。其抗争成果之一便是1937年英属印度的各省选举。然而,1947年的印巴分治创伤让国大党领导层相信,相比"软弱的"甘地主义理想③,只有强势的"帝国式集权政府"才能避免国家再次分裂,所以开始压制党内外分权放权的呼声。

从主张彻底摒弃西方现代性(当然也包括帝国意识形态)的甘地主义

---

① 该书问世后许多印度学者纷纷撰文批评,例如 Partha Chatterjee, Sudipta Kaviraj, and Nivedita Menon, *The Indian Ideology：Three Responses to Perry Anderson*, Permanent Black,2015。

② Ayesha Jalal, *The Sole Spokesman：Jinnah, the Muslim League and the Demand for Pakistan*. Vol.31, Cambridge：Cambridge University Press, 1994.

③ 1946年,甘地主义经济学家什里曼·纳拉扬·阿加瓦尔(Shriman Narayan Agarwal)起草了一份宪法草案。因该草案以甘地主义为指导思想,且得到了甘地本人的认可,故被后人称作"自由印度的甘地主义宪法",其中便包括了在众多自治的"村社共和国"基础上建立印度邦联的政治设想。详见 Shriman Narayan Agarwal.(undated)［2022-06-01］*Gandhian Constitution for Free India*(*Shriman Narayan Agarwal, 1946*). https://www.constitutionofindia.net/historical_constitutions/gandhian_constitution_for_free_india__shriman_narayan_agarwal__1946__2nd%20April%201945.

到回归"帝国式集权政府"统治，印度在独立之初其实已经开始修正全面去殖的初心。因此，印度在 1962 年后对外逐渐调整，乃至实质上放弃自己提出的以不结盟主义重塑世界体系主张，对内不再对继承自英殖的军政体系进行系统性的意识形态改造，反而依靠他们的专业能力在收缩至南亚后成功地巩固了"帝国式霸权"，其实也是印度国家意识形态主动回归殖民帝国传统的又一表现。

冷战期间，印度最成功的军事外交行动之一便是在英迪拉·甘地执政期间，印度于 1971 年通过赢得第三次印巴战争成功扶持孟加拉国独立，"肢解"了南亚霸权最大的威胁巴基斯坦。在这一时期的许多对外决策中，印度国防部建立的智库国防分析研究所（Institute for Defence Studies and Analyses）的首任所长苏布拉马尼亚姆（Krishnaswamy Subrahmanyam）扮演了重要角色。苏布拉马尼亚姆大学毕业后便考取了精英云集的印度行政官（Indian Administrative Service）。该公务员序列的前身便是殖民时代的帝国公务员（Imperial Civil Service），被誉为英印政府的"钢架"（steel frame）。苏布拉马尼亚姆见证并参与了英迪拉·甘地执政时期如何通过"联苏制华，弹压周边国家"巩固南亚霸权，并部分摆脱 1962 年战败的阴影。今天，苏杰生搁置"开放与发展"，以安全防务为首要对外议题，并通过与域外大国的合作来制衡中国影响力的策略依稀可以看到苏布拉马尼亚姆的影子。

然而，印度并非单一理性行为体。在国内意识形态矛盾难以协调，国家又难以打破社会结构重塑共识的情况下，帝国想象——无论是最初的殖民版本，还是日后的多个民族主义版本——对维系目前的印度国家统一来说依然不可或缺，"帝国式外交"依然是凝聚印度"国家—社会"共识的议题。①而支撑这一"帝国式外交"的便是在过去几百年中形成的"帝国想象"和它的军事力量。但是，这味良药并非没有副作用，对帝国意识形态的依赖导致的"帝国幻肢痛"将在可预见的未来继续困扰印度的内政外交决策。

---

① 张忞煜：《有天花板的强人政治：国家—社会结构中的印度政党》，《文化纵横》2023 年第 3 期。

印度与俄罗斯、美国军事合作之比较 *

魏　涵 **

【内容提要】 军事合作同时是印度维持与美国和俄罗斯战略伙伴关系的基石,但近年来印美在"印太战略"框架内深化的防务关系使得两组军事合作关系在磋商机制、军队接触和军备合作等层面形成了不同程度的竞争特性。总体来看,美国与印度的军事合作以国内立法和双边协议为基础和保障,行政环节复杂但合作细节清晰,更具主动性、规划性、全面性和不确定性;而俄罗斯与印度的军事合作领域受限、缺乏长远的战略目标,但两国防务关系久经历史考验,稳定性较高。"印太战略"背景下,美印间趋强的军事合作将会挤压俄印传统的军事合作空间,加剧美俄对印军备市场的竞争,增强美国军事理念对印军的扩散影响,并改变俄罗斯与印度的战略平衡局面。然而,上述影响存在一定限度,美印军事合作中的技术阻碍和战略目标分歧、俄印传统防务伙伴关系的坚固性,以及印度多向联盟外交的固有属性都使得印俄军事合作难以在短时间内被冲破。

【关键词】 "印太战略",美印关系,俄印关系,军事合作,多向联盟

【Abstract】 Military cooperation is a cornerstone of India's strategic partnerships with both the United States and Russia. However, in recent years, the deepening defense relationship between India and the U.S. within the framework of the "Indo-Pacific Strategy" has introduced competitive characteristics between these two sets of military cooperation relationships, particularly in terms of consultation mechanisms, military interactions, and arms cooperation. Overall, U.S.-India military cooperation is underpinned and guaranteed by domestic legislation and bilateral agreements. Although administratively complex, it is characterized by clarity in cooperation details, greater initiative, planning, comprehensiveness, and uncertainty. Conversely, Russia-India military cooperation is more limited in scope and lacks long-term strategic goals, but the defense relationship between the two countries is historically robust and highly stable. Under the "Indo-Pacific Strategy," the increasingly strong U.S.-India military cooperation is likely to constrain the traditional military cooperation space between India and Russia, intensify U.S.-Russia competition in the Indian arms market, enhance the diffusion of U.S. military concepts within the Indian armed forces, and alter the strategic balance between Russia and India. However, these impacts have certain limitations: technological obstacles and strategic goal divergences in U.S.-India military cooperation, the resilience of the traditional Russia-India defense partnership, and India's inherent multi-alignment diplomatic strategy will make it difficult for U.S.-India military cooperation to completely displace Russia-India military cooperation in the short term.

【Key Words】 Indo-Pacific Strategy, U.S.-India Relations, Russia-India Relations, Military Cooperation, Multi-Alignment

---

* 本文系 2022 年国家社科基金优秀博士论文出版项目"印度的军政关系与对外战争行为"(编号:22FYB027)、2022 年江苏省"双创博士"资助项目(编号:JSS-CBS20220054)、2022 年南京大学亚洲研究项目的阶段性研究成果。

** 魏涵,南京大学国际关系学院国际政治专业助理研究员。

　　与印度展开军事合作是美国"印太战略"的重要内容。奥巴马在任时，美国正式将印度定义为"主要的防务伙伴"（major defense partner），突出了美印两国间重要的军事合作关系。这一关系在特朗普政府内得到延续和实质性深化：印度通过美国的"印太战略"扮演了更加突出的角色，美印国防贸易从2008年不足10亿美元的额度猛增到2019年的180亿美元。①特朗普政府《美国印太战略框架》文件在2021年年初解密，明确了印度在美国"印太战略"中主要承担着军事安全合作伙伴的角色，将印度的角色定义为"安全网络的提供者"及"主要的防务伙伴"，并计划通过美印军事合作强化两国的战略伙伴关系。②拜登上台后，印度同样延续了此前设定的角色定位：2022年2月12日，拜登政府公布《美国印太战略》文件，将印度定义为"观念相似的伙伴"和"主要的防务伙伴"，并第一次明确提出支持"一个强大的印度"。③尽管经贸合作和文化交流也是美印关系发展的重要驱动力，但国防和安全合作一直是两国关系的主要推动因素。④

　　美印在"印太战略"框架内的军事合作的深化，客观上将会影响以军事合作为基石的印俄关系。2022年4月11日，在俄乌冲突之际，美印两国国防部门及外交部门官员在华盛顿举办"2＋2"对话，承诺将深化太空和网络空间领域的防务关系，并讨论了两国军备贸易的融资方案。美国国防部长劳埃德·奥斯汀（Lloyd Austin）对此表示，商讨融资方案的目的是让印度可以负担得起美国的武器，从而摆脱对俄罗斯军事装备的依赖。⑤而印度，一边积极融入美国的"印太战略"，一边又积极执行军备市场多元化政策，这些都将客观上减少印度对俄罗斯的军事依赖。印度对俄罗斯形成了高度的军备依赖关系，军事合作是印俄双边关系发展的主要驱动

　　① "US India News: US Deal to Supply High-Tech Weapons to India Could Further Destabilise Region: Pakistan," *The Economic Times*, February 28, 2020.

　　② The White House, "U.S. Strategic Framework for the Indo-Pacific," *White House Archives*, January, 2021.

　　③ The White House, "Indo-Pacific Strategy of the United States," *The White House*, February, 2022.

　　④ Cara Abercrombie, "Realizing the Potential: Mature Defense Cooperation and the U.S.-India Strategic Partnership," *Asia Policy*, Vol.14, No.1, 2019, pp.119—144.

　　⑤ Joe Gould, "Despite Russia Tensions, US and India Deepen Defense Ties," *Defense News*, April 11, 2022.

力;同时,在美国"印太战略"框架内,防务关系又是印美合作的关键,这将对印俄的军事合作带来怎样的影响?本书将在梳理印俄、印美军事合作内容的基础上,分析"印太战略"框架内的印美军事合作将会如何挤压印俄军事合作的空间,并评估其中的影响及其限度。

一、印俄军事合作的主要内容

印俄军事合作在印俄整体双边关系的框架内发展变化,逐步成为两国战略关系的黏合剂。冷战时期,印俄军事合作以政治战略权衡为主轴:苏联多从地缘政治和意识形态层面衡量与印度军事合作的战略地位,而印度则以战略依附这一"准结盟"式的双边关系为代价,换取实际的物质利益。冷战结束后,俄罗斯摆脱了过去以意识形态为准绳、不计经济代价的合作方式,主要受经济因素驱动来维持印俄间的军事合作关系。而印度在多向主义的战略自主外交政策指引下,一方面不舍俄罗斯慷慨而又开放的高性价比合作,另一方面又以多元化军备进口市场策略为诱饵来争取更多的战略利益。印俄间的军事合作以军备合作为基础,辅以军事训练、磋商机制等内容。而在磋商机制和军队接触方面,印俄间合作进展缓慢,未有实质性突破,两国的军事合作基本靠军备合作这一单一引擎驱动。

(一)磋商机制

印俄间的军事对话机制主要由定期对话和不定期对话两类构成,其中定期军事对话包括首脑会晤和军事技术合作委员会制度。印俄首脑会晤制度始于2000年普京访印,约定每年轮流在莫斯科或新德里举办,其间军事合作是重点话题。例如,2000年普京访印,两国签订了价值约30亿美元的军备合作协议;[1]2010年梅德韦杰夫访印,两国就战斗机、防空系统等又签订了大量合作订单;[2]2021年12月,普京访问印度期间,与印度再次签署了为期十年的《长期军事技术合作协议》(*Long-Term Program*

① B. M. Jain, "India and Russia: Reassessing the Time-Tested Ties," *Pacific Affairs*, Vol.76, No.3, 2003, pp.375—397.

② Gulshan Sachdeva, "India's Relations with Russia," *Handbook of India's International Relations*, David Scott ed., London: Routledge, 2011, p.213.

for Military and Technical Cooperation），并承诺将进一步促进两国军事技术开发和联合生产合作、强化定期联合军演，以及为两军的后勤支持作出制度性安排等。[1]印俄政府间军事技术合作委员会（IRIGC-MTC）也肇始于2000年印俄确立战略伙伴关系期间，用于协调两国十年军事技术合作协议的进展，两国的国防部长每年就工作细节展开对话。印俄间也常展开不定期的军事对话活动，例如，2018年10月，印度陆军参谋长率领代表团访问俄罗斯；2019年3月，俄罗斯陆军司令率代表团访问印度；印度国防部长在2020年9月赴莫斯科参与上海合作组织国防部长联席会议期间，与俄罗斯国防部长举行了双边会谈。[2]印俄之间的军事对话机制基本围绕两国的武器贸易和军备技术合作展开，机制化和常态化的对话形式有助于及时回应和解决两国军备合作中的问题，确保两国维持长期健康的军事合作关系。

（二）军队接触

印俄间的军队接触主要包括军事教育和军事演习两大类。印度在国际军事教育方面拥有保守主义的传统：独立以来，印度国防机构积极参与输出型军事教育，如向乌干达、赞比亚和莱索托等国家委派专业人员协助军事培训或提供本土军事培训名额[3]，但印度对输入型的军事培训较为谨慎。例如，冷战期间，虽然印苏军事合作达到"准同盟"的水平，但印度仍旧拒绝苏联在本土派遣军事顾问或建立军事基地，只允许几百名苏联专业人员在印度开展军备操作培训和设备维护等必要的工作，只派遣极少数的印度军官前往苏联参加军事培训，这与其他苏联阵营国家的受训情况形成鲜明对比。[4]冷战结束后，印俄维持了一定限度的军事培训项目，如两

---

① Government of India, *India-Russia Joint Statement Following the Visit of the President of the Russian Federation*. December 6, 2021.

② 综合参考综合印度国防部2014—2019年年度报告、印度外交部2019—2021年年度报告所得。

③ Kishore Kumar Khera, "International Military Exercises: An Indian Perspective," *Journal of Defence Studies*, Vol.11, No.3, 2017, pp.17—40.

④ Alex Alexiev, *The New Soviet Strategy in the Third World*, Santa Monica: RAND Corporation, January 1983, pp.20—22; Sameer Lalwani, Frank O'Donnell, Tyler Sagerstrom, and Akriti Vasudeva, "The Influence of Arms: Explaining the Durability of India-Russia Alignment," *The Journal of Indo-Pacific Affairs*, Vol.4, No.1, 2021, pp.2—41; Ramesh Thakur, "The Impact of the Soviet Collapse on Military Relations with India," *Europe-Asia Studies*, Vol.45, No.5, 1993, pp.831—850.

国在 2014 年签署协议,同意俄罗斯国防部下属的军事教育机构培训印度军官。①2017 年,印俄两国国防部长还签署了双边国防合作路线图,计划未来加强军事培训等不同主题的交流项目。②由于印俄军备技术合作规模的扩大,印度增派了军事专家前往俄罗斯受训。

通过联合军事演习分享军事训练方法是伙伴国间建立信任的有效措施之一,印俄定期的联合军演也是军事合作的重要方面,其中海上军演是主要项目。印俄"因陀罗"(Indra)海上联合军演始于 2003 年,每两年举办一次,并在 2017 年首次实现了三军联合演习。在海上军演的基础上,陆军和空军版本的"因陀罗"联合军演活动也应运而生。例如,印俄于 2014 年和 2018 分别开展了"空中因陀罗"(AviaIndra)空军联合军演③,2021 年 8 月在俄罗斯伏尔加格勒举办了陆军联合军演。④除上述定期军演外,印俄间还会参与其他军事演习和竞赛活动,如 2014 年符拉迪沃斯托克海上军演、2015 年陆军和海军双边演习、2021 年"西方"(Zapad)多边演习等,印度陆军 2014 年还首次参加了在俄罗斯举办的坦克冬季两项比赛以及 2017 年在俄罗斯举办的国际陆军比赛等。

军事演习是两国关系的晴雨表之一。2011 年,印度的 5 艘军舰出现在符拉迪沃斯托克,准备参加与俄罗斯太平洋舰队的联合海上演习,但俄罗斯方以"技术问题"为理由拒绝了印方的参与,这使得印度颇为不快。外界对此事的普遍看法是,印度此前拒绝了俄罗斯米格-35 的大订单,俄罗斯因此一气之下取消了这次演习。⑤印度近年来加强了与其他国家的联合军演,除了五个联合国常任理事国,还与澳大利亚、日本、东盟等国家和地区开展了演习。但与此形成对比的是,与俄罗斯共同举行联合军演的国

---

① Ministry of Defence, Government of India. *Annual Report Year 2014—2015*. 2015, p.164.

② Ministry of Defence, Government of India. *Annual Report Year 2017—2018*. 2018, p.170.

③ Press Information Bureau, Government of India, "*Ex Aviaindra 2018 Commences on 10 Dec 2018*," December 9, 2018.

④ Dinakar Peri, "Indian, Russian Navies Conclude Exercise Indra Navy in Baltic Sea," *The Hindu*, July 30, 2021.

⑤ Rod Thornton, "India Russia Military Cooperation: Which Way Forward?", *Journal of Defence Studies*, Vol.6, No.3, 2012, pp.99—112.

家较少。此外,和印美联合军演的频次和主题相比,印俄间的联合军演频度更低、主题更加单一、建设性内容较少。[1]印度官员曾表示,与俄罗斯间的军事演习的象征意义大于实际意义,举办联合军演是两国友好关系的重要符号。[2]

（三）军备合作

军备合作是印俄防务关系的支柱性领域,印俄在军备合作方面建立了久经历史考验的深度联系。在武器交易方面,印度各军种的关键武器系统,如主战坦克、战斗机、空中加油机、航空母舰、导弹驱逐舰、核动力和常规潜艇等,大部分从俄罗斯进口。此外,印度本土的国防工业也严重依赖俄罗斯的技术设计,核心操作模式都源于俄罗斯的设计框架。俄罗斯对印度的常规和核威慑能力的建立,发挥了至关重要的作用。

俄罗斯是印度武器进口的最大来源国,印度对俄制武器形成了高度的依赖关系。当前,印度军队内高达85%的现役武器源于俄罗斯。[3]印苏军备贸易在1962年中印武装冲突后逐步增长,又在1971年签订《和平友好合作条约》后迅猛增长。1961年以来,印度从俄罗斯(苏联)所进口的武器数量占其进口总量的69%,而排名第二的英国只占10%,排名第三的法国仅有5%。[4]从海陆空各军种视角来看,1961年以来,印度海军进口的武器系统有62%来自俄罗斯(苏联),空军有50%,而陆军这一比例为43%。[5]具体来看,印度海军中,印度的第一艘潜艇就来自苏联,目前在役的16艘常规柴电潜艇中,有8艘是来自俄罗斯的基洛级潜艇。印度现役

① 综合印度国防部2014—2019年年度报告所得。

② Sandeep Unnithan，"Moscow Cancels Two Military Exercises with India，" *India Today*，May 27，2011.

③ Sameer Lalwani，Frank O'Donnell，Tyler Sagerstrom，and Akriti Vasudeva，"The Influence of Arms：Explaining the Durability of India-Russia Alignmen，" *The Journal of Indo-Pacific Affairs*，Vol.4，No.1，2021，pp.2—41；Dipanjan Roy Chaudhury and Manu Pubby，"More than 60%—70% of India Armed Forces Equipped with Russian Origin Weapons：Indian Envoy，" *The Economic Times*，July 11，2020.

④ 根据斯德哥尔摩国际和平研究所军备进出口数据库数据统计，Importer/exporter TIV tables，SIPRI Arms Transfers Database. https：//armstrade.sipri.org/armstrade/page/values.php。

⑤ 根据斯德哥尔摩国际和平研究所贸易登记数据库数据统计，Trade registers，SIPRI Arms Transfers Database. https：//armstrade.sipri.org/armstrade/page/trade_register.php。

的航空母舰由俄罗斯的基辅级舰改制而来,唯一的弹道导弹核潜艇基于俄式系统改造而出,10 艘导弹驱逐舰中有 4 艘为俄制 61 型驱逐舰,17 艘护卫舰中有 6 艘为俄制塔尔瓦尔级护卫舰。印度空军中,在役的 700 架战斗机中有约 64% 源自俄罗斯,仅有的 6 架空中加油机全为俄罗斯的伊尔-78。陆军方面,66% 的主战坦克为俄罗斯的 T-72M1,30% 为 T-90S。①印俄长期的武器贸易关系,建立在冷战时期苏联对印武器出口的"例外主义"基础上,即苏联为非华约成员国的印度提供广泛的武器选择和支付优惠,在形成一定路径依赖后,又以较低的政治代价和开放的合作心态得以维持和巩固。

除了武器交易,俄罗斯也愿意与印度分享关键技术并合作生产,是唯一一个与印度建立制度化联合生产和技术转让合作的国家。冷战时期,在英美等西方国家拒绝与印度开展军备许可生产时,苏联率先允许印度进行组装类的本土许可生产,印度成为当时第三世界中唯一可以生产苏联武器的国家。②冷战结束后,印俄军备合作逐步升级,从过去简单的武器买卖关系转向更大规模的联合开发和生产合作,这是印度与其他国家军备合作的关键区别。印俄联合开发和生产的"布拉莫斯"(Brahmos)超音速巡航导弹是两国军备合作的典型代表,两国于 1998 年达成联合开发的协议,目前已经研制出陆基和海基导弹,正在研发潜射和空射型导弹。印度还被允许成为 AK-203 突击步枪、T-90 坦克和苏-30MKI 的生产商,将与俄罗斯共同研发导弹动力推进系统。印俄的联合开发和生产合作也促进了印度的军备出口,例如,印度近期向菲律宾出售了三套总价为 3.75 亿美元的"布拉莫斯"导弹,还向缅甸出口了一艘基洛级潜艇。③但印

---

① International Institute for Strategic Studies, *The Military Balance 2022*, London: Routledge, 2022, pp.265—271.

② Anupam Srivastava, "Indo-Russian Military Technical Cooperation: Implications for Southern Asia," *World Affairs*, Vol.161, No.4, 1999, pp.200—210; Ramesh Thakur, "India and the Soviet Union: Conjunctions and Disjunctions of Interests," *Asian Survey*, Vol.31, No.9, 1991, pp.826—846.

③ Anjana Pasricha, "India Gives Submarine to Myanmar Amid Growing Chinese Footprint in Indian Ocean Countries," *VOA*, 2020, https://www.voanews.com/a/south-central-asia _ india-gives-submarine-myanmar-amid-growing-chinese-footprint-indian-ocean/6197570.html; "India, Philippines Ink $ 375 Million Deal for BrahMos Missiles," *The Economic Times*, 29 January 2022.

俄的联合研发和生产并不总是一帆风顺的，例如，印俄合资开发的第五代战斗机（FDFA）及多功能运输机（MTA）曾被寄予厚望，但两国因为技术分歧最终不得不中止合作。

二、"印太战略"背景下印美军事合作主要内容

军事合作是印美战略伙伴关系的重中之重，美国"印太战略"更是突出了双边防务关系的战略重要性。特朗普执政后，主要基于三点原因升级了印度的军事合作地位：一是扩大美印军备贸易。2017 年至 2021 年间，印度武器进口量全球第一，占全球军备进口总量的 11%，而作为全球最大军售国的美国仅占印度军备进口市场的 12%。①特朗普上台后，在"反向旋转门"及"购买美国货"政策刺激下，具备广大军售市场潜力的印度自然受到美国政府和国会的重视。二是延伸美国海上力量。特朗普政府视印度为美国在印度洋地区的一个安全供应国，期望印度可以帮助美国分担军力部署，减少美国在西太平洋的军队部署压力。②三是平衡中国。美国和印度都将中国视为其全球和地区权力的威胁者③，美国期望通过"印太战略"对中国形成围堵、隔离局势，印美在平衡中国层面有战略共识。在上述因素驱动下，印美展开了涉及广泛领域的军事合作。

（一）磋商机制

印美军事对话机制化水平高，涉及高层互访、专家交流、媒体对话和国防研究合作等内容，由美国国内立法、定期高层对话和其他军事交流形式等方面构成。首先，美国国内立法是保障印美军事合作及对话机制的必要前提。例如，2017 年美国《国防授权法案》确立在国防部内启动专门负责印美 2012 年签订的《国防技术和贸易倡议》（Defence Technology and

---

① Pieter D. Wezeman，et al.，*Trends in International Arms Transfers*，*2021*，SIPRI Fact Sheet，Stockholm International Peace Research Institute，March 2022，p.2，p.6.

② Aman Thakkar. *U.S.-India Maritime Security Cooperation*. Center for Strategic and International Studies，8 Oct. 2019.

③ 特朗普政府时期，2017 年《美国国家安全战略》、2018 年《美国国防战略》及《美国印太战略框架》都将中国视为威胁来源和竞争对手。

Trade Initiative)的特别办公室,并设置一个专门负责印美军事关系的高级职位。美国《2018 年亚洲再保障法案》(Asia Reassurance Act of 2018)重申了印度重要的防务角色,明确了要推进印美间的战略和政策协调、军事交流、国防贸易和技术共享等合作内容。高层对话方面,主要由印美双边对话机制和美日印澳四国军事协调框架下的多边对话机制构成。双边对话中,印美"2 + 2"部长对话是重要的专门性对话平台。该平台于 2018年正式启动,是印度参与的第一个"2 + 2"部长对话。①在多边对话平台中,印美在四国军事协调机制下的军事对话在会议频率、级别和范围等方面都得到不断升级。四国机制从最早的司局级磋商会议逐步升级到部长级对话和首脑级对话,从过去的外交部门主导到由外交部门和安全部门共同推进,同时也确立了定期磋商机制,未来也有可能吸纳更多成员到机制中合作。其他军事对话形式包括军事部门官员互访、会议等,也是重要的磋商交流体制。例如,美印国防政策小组(Defence Policy Group)定期每年开会,主要由安全部门高级文官组成,是两国指导双边军事合作的最高官员级别机制;美印军事合作小组(Military Cooperation Group)是两国军事合作的最高论坛,由两国的将军担任主席,为双边军事合作提供总体指导;军事合作小组架构下,海陆空各军种成立了执行指导小组,每年举行会议讨论两军军事交流及联合军演事宜。

(二)军队接触

印美军队接触领域更加广泛,涉及反恐和情报、核不扩散、军事行动协调、军事演习、军事教育培训等。反恐和情报、核不扩散是印美军事合作的传统成熟议题,两国合作在"印太战略"背景下继续稳步推进。而在军事行动协调方面,印美已经完成签署四个军事合作的基础性协定,具备了军事同盟级别的合作潜能:2002 年签订《军事情报总体安全协定》,2016 年 8月签订《后勤交换协议备忘录》(LEMOA),2018 年 9 月签订《通信兼容与安全协议》,2020 年 10 月签订《地理空间情报基本交流合作协定》(BECA)。印美军事行动协调是美国"印太战略"内重要的长期安全规划,事关美国在印太地区的军事行动能力。从 2018 年开始,印度同意向美国

---

① 印度在 2019 年 11 月启动与日本的常规"2 + 2"部长对话,印澳"2 + 2"部长对话成立于 2021 年 9 月,印俄首次"2 + 2"部长对话开始于 2021 年 12 月。

位于巴林的第五舰队指挥部派遣军事联络员,以协助美国印度洋的海上活动。①此外,除了聚焦于传统军事安全议题外,美国还希望印美的军事协调行动能共同处理人道主义问题,如灾害救援等。

印美军事演习有助于增强互操作性(interoperability),增强印美军事行动的协调性,也是两国军事合作的重点。印美两国的军事演习呈现以下特点:第一,联合军演频次高。美国是印度举办联合军演最多的对象国,而印度也是美国除盟国之外开展军演最多的国家。始于1992年的年度性"马拉巴尔"海军演习是印美两军就海上救援和联合反恐开展的固定项目,日本、澳大利亚等国近年来也高调参与。印度现在还定期参加由美国牵头、两年一度的环太平洋多边军演,印美军队每年都会进行旅级野战演习(Yudh Abhyas),两军特种作战部队每年都会开展两次演习(Tarkash 和Vajra Prahar)。除上述定期演习外,印美还会不定期举办双边联合军演或共同参与其他多边军演。例如,2019年,印度海军护卫舰参与了了美国在吉布提举办的海上军演;2019年11月,印美还首次举办了"老虎胜利"(Tiger Triumph)海陆空三军联合演习;2021年及2022年,印美与日本、澳大利亚和加拿大举办了"海龙"反潜海上军演;印度海军和空军也加入了美国的航母战斗群,在印度洋开展了联合军事演习。第二,海军演习较其他军种频次更高。印美海军军事合作较其他军种发展更快、领域更广,联合军演频次也更高。一是因为印度陆军更加关注边境和国内安全,跨国合作动力较弱;二是因为空军演习对远程运输和部署要求高,空军演习较其他军种更受限于运输距离、燃料成本和飞机兼容性等因素;三是因为海军演习离岸操作性强,媒体关注度较弱,可减少印度国内反对派和媒体的过度舆论干扰;四是因为美国"印太战略"更加关注海上安全和力量部署,而印度也愈加重视海洋安全和海军现代化,因此海洋安全合作协调是印美军事演习重点。

军事教育培训也是美国解决双边官僚协调问题、增进观念沟通的重要途径。美国看重印美军官之间的接触和互动,希望这些关系能在未来派上

---

① 作为交换,印度还可以向美国国防创新实验室派遣一名军事代表。美国自2002年起就要求印度在美国印太司令部(前身为太平洋司令部)总部夏威夷派驻军官,但被印度拒绝。

用场。美国军事学校为印度提供了国际军事教育和训练课程（IMET）支持，印度还派高级军官参加了檀香山亚太战略研究中心、华盛顿东南亚战略研究中心以及其他美国一流军事院校的课程。印度军官参与的跨国军事培训课程大部分都由美国提供。①此外，印度为美国军官提供在印度参谋学院培训的机会，印美军官还曾联合为非洲维和人员提供了培训。②同时，技术培训也是未来的重要方向。例如，2022年印美"2＋2"对话所达成的国防协议中，两军确认未来将通过培训和演习深化双边网络空间合作。印度方面也乐于参与这些教育项目，因为这些培训有助于提高印军对军事安全及海洋领域的认知，方便他们向经验更加丰富、技术更加先进的美国学习。

（三）军备合作

军备贸易常常被看作是美国外交关系的核心构成部分，印度拥有巨大的军备贸易市场，通过双边战略关系推动军备贸易是美国深化印美关系的主要考虑。与印度政府签订《美印民用核协议》（以下简称《123协议》）时，小布什政府就有打开印度军备贸易市场的考虑。有美国国会议员将此形容为"123换126"的胜利，因为协议中包含了国防贸易的内容，美国通过默认印度的核能力，可以换取印度向美国进口126架战斗机的订单。③特朗普曾在总统竞选期间承诺通过对外军售来增加美国制造业就业机会，而特朗普成功当选后，就在2017年宣布启动大规模美国武器现代化计划。除了增加国内军备采购外，这一计划还通过放开常规武器转让政策鼓励对外军备出口。特朗普政府推动与印度的军备贸易，除了有经济

① Bureau of Political-Military Affairs, US Department of State. U.S. Security Cooperation with India. January 2021, https://www.state.gov/u-s-security-cooperation-with-india/; U.S. Department of Defense and U.S. Department of State. *Enhancing Defense and Security Cooperation with India*. Joint Report to Congress, July 2017, https://dod.defense.gov/Portals/1/Documents/pubs/NDAA-India-Joint-Report-FY-July-2017.pdf; Department of Defence, Government of India. *Training*. https://www.mod.gov.in/dod/training?page=8.

② U.S. Department of Defense and U.S. Department of State, *Enhancing Defense and Security Cooperation with India*, Joint Report to Congress, July 2017, https://dod.defense.gov/Portals/1/Documents/pubs/NDAA-India-Joint-Report-FY-July-2017.pdf.

③ Sanjaya Baru, "An Agreement That Was Called a Deal," *The Hindu*, 20 July 2015. https://www.thehindu.com/opinion/lead/India-USA-stand-in-nuclear-deal/article62116541.ece.

层面的考虑外,还希望借此降低印度对俄罗斯武器的依赖,使印度成为协助美国地区安全计划的安全产品供应者。

印美军备贸易主要以武器销售为主,技术转让程度较低。美国在2009年前对印军售额极低,但在近年成为印度的主要军购来源国。美国在2011年至2020年间对印军售总额比上一个十年增加了约17倍之多①,特朗普执政期间,美国对印度的"对外军事销售"(Foreign Military Sales)总额为43亿美元②,"直接商业销售"(Direct Commercial Sales)军备商品总额达30亿美元。③美国最近对印销售的武器订单包括价值28亿美元的MH-60R海鹰直升机、7.96亿美元的阿帕奇直升机及1.89亿美元的大型航空器红外线反制系统等,印方也正考虑采购F-21、F/A-18和F-15EX等型号的战斗机。④与武器贸易量猛增的态势形成对比,印美之间的军用技术转移合作进展较慢。美国认为印度国内工业存在不少机能问题,知识产权保护力度弱,本土技术转让和补偿的标准高,因此在技术转移和联合生产方面存在诸多顾虑。⑤出于印度对国防本土化生产的高需求,印美近年出台一系列措施为未来的联合研发和生产作铺垫。例如,2018年8月,美国授予印度"战略贸易授权1类"(Strategic Trade Authorization-1, STA-1)待遇,放宽了印美军备贸易的限制。2018年9月,在美印"2+2"部长对话期间,印美签署《通信兼容与安全协议》(COMCASA),为印度军方接受诸如精确制导武器、太空和导航系统等现代化互联网武

① 根据斯德哥尔摩国际和平研究所军备进出口数据库数据统计,Importer/exporter TIV tables, SIPRI Arms Transfers Database. https://armstrade.sipri.org/armstrade/page/values.php。

② U.S. Department of Defense. *Historical Sales Book*:*Fiscal Years 1950—2021*. 2021, https://www.dsca.mil/sites/default/files/dsca_historical_sales_book_FY21.pdf.

③ Bureau of Political-Military Affairs, U.S. Department of State. *U.S. Security Cooperation with India*. January 2021, https://www.state.gov/u-s-security-cooperation-with-india.

④ Bureau of Political-Military Affairs, U.S. Department of State. *U.S. Security Cooperation with India*. Jan. 2021, https://www.state.gov/u-s-security-cooperation-with-india.

⑤ Sourabh Gupta. *A US-India Strategic Reset*:*Getting Back to Basics*. 67, Pacific Forum CSIS, August 14, 2014; Daniel Darling, "Despite Reform Pledge, India's Military Modernization Lags Under Modi," *World Politics Review*, September 1, 2015, https://www.worldpoliticsreview.com/articles/16577/despite-reform-pledge-india-s-military-modernization-lags-under-modi.

器系统创造了条件。2019 年 12 月,印美还签署通过了 2002 年《军事情报总体安全协定》(GSOMIA)框架下的《工业安全附件》(Industrial Security Annexe),使得美国和印度的私企可以转让机密技术和信息。美国改变对《导弹及其技术控制制度》的解释,给予印度特殊的军购权限,使得印度成为该制度外第一个获准购买美国"海上卫士"无人机系统的国家。①

三、俄印、美印军事合作之对比

俄印、美印军事合作存在领域重叠,美俄抗衡背景下,印度和俄罗斯、美国的防务关系呈现出竞争态势。总体来看,美国与印度的军事合作更具主动性、规划性、全面性,较快地取得了实质性进展,但同时存在较大的不确定性。此外,美国对印军事合作以国内立法和双边协议为基础和保障,行政环节复杂但合作细节清晰。相比之下,俄罗斯与印度的军事合作领域受限、缺乏长远的战略目标,但两国防务关系久经历史考验,稳定性较高。具体来看,两组军事合作关系在军事对话机制、军队接触和军备合作方面存在形式、内容和效果上的差异。

在磋商机制方面,美印的磋商机制更具引领性和全面性。第一,美印的对话机制更具引领性。美印"2+2"部长级对话机制在 2018 年就正式启动,是美印处理防务关系的专门性高级平台,而于 2021 年年末才首次召开的俄印"2+2"部长级对话更像是印度为平衡与美国、俄罗斯的合作而对俄罗斯的补偿。第二,美印间的对话形式包含司局级、部长级、首脑级等多层级,涉及战略讨论、行政事务和技术合作等多领域,涵盖双边和多边机制,且各类对话活动举办频次更高,更具全面性。而相比之下,俄印建立对话机制的目的更多的是促进双边武器贸易和技术合作,主要通过首脑会晤和军事技术合作委员会制度实现,形式感和丰富度都不及美印合作。

在军队接触方面,美印合作的规模、频次和实质性都要高于俄印合

---

① Bureau of Political-Military Affairs, U.S. Department of State. *U.S. Security Cooperation with India*. January 2021, https://www.state.gov/u-s-security-cooperation-with-india.

作。美国非常重视军队之间的沟通交流和私人联系，投入了大量的资金和人力促进两国军队接触，使得两国军队接触领域更加广泛。美印军队接触以各种双边协议为基础，又以专门的工作小组为保障，联合军事演习、军事教育培训的范围、频次和稳定性都要大于或高于俄印的同类合作。俄印的军队接触以武器操作和技术学习为主要内容，军事演习更多的是为了发挥友好合作的符号作用以深化军备关系发展，俄罗斯的实质性投入少于美国。

在军备合作方面，两组防务关系的竞争性最强，但当前美印合作的规模、深度都不及俄印军备关系。首先，俄罗斯是印度最大的武器进口国。2017 年至 2021 年，印度从俄罗斯进口的武器量占其总进口量的 46%，而与美国的这一比例为 12%。①印度军队内目前还在大量使用俄罗斯武器平台，考虑到路径依赖及转换成本，印度对俄罗斯军备的高度依赖关系还将维持很长一段时间。其次，在联合研发和生产方面，美国难以和俄罗斯竞争。俄罗斯目前是唯一愿意和印度分享敏感技术的国家，且与印度建立了久经历史考验的合作关系，美国尽管有心和印度达成更深入的技术合作，但大概率无法达到和俄罗斯一样的开放程度。最后，俄罗斯在军事磋商机制和军队接触方面投入不足，也不会像美国那般精于议程设置，但不会放弃俄印军备合作这一核心关切。美俄对印军备合作的竞争态势较为激烈，尤其在海军领域。印度海军对俄罗斯的军备依赖程度最深，但近年来美国政府重视发展印度的海上能力，特别批准向印度出售 MH-60R"海鹰"多功能海上直升机、MK-54 鱼雷和 AGM-84L 反舰导弹，以提高印度的保卫海上航道的水面作战能力。

美印、俄印军事合作在上述层面的差异由诸多因素导致。其一，美俄对印合作的主要战略目标存在差异。美国在"印太战略"框架内与印度的军事合作，除了扩大对印的军备贸易，还希望以印度为支点延伸其海上力量部署，因此强化美印军队之间的互操性也是其合作重点之一。而俄罗斯与印度的军事合作除了主要考量武器贸易带来的经济效益，还希望以印俄军事关系换取多边平衡关系中更大的战略空间，在俄印军事协调关

---

① Pieter D. Wezeman, et al., *Trends in International Arms Transfers*, 2021, SIPRI Fact Sheet, Stockholm International Peace Research Institute, March 2022, p.2, p.6.

系方面考虑较少。其二,美俄间的战略文化差异。美国更加擅长议程设置和精细的合作管理,注重国际传播的效果,而俄罗斯似乎在这些方面意识较弱。其三,美俄的外交战略规划差异。"印太战略"内的美印军事合作主要针对的是中国这一假想威胁,美国近年来在亚太地区的外交战略都围绕围堵中国展开,因此设置了全面、长期的安全战略规划,与印度的军事合作也更具全面性和长期性。与美国对华"硬平衡"的态势相比,尽管俄罗斯也有平衡中国的需求,但与印度的军事合作更多地呈现了"软平衡"的样态(见表 1)。

表 1　美印、俄印军事合作对比

	美　印	俄　印
磋商机制	频次高、议题多、层级丰富、引领性强	以首脑会晤和军事技术合作委员会制度为主,以武器贸易和技术合作为主要议题
军事教育	涉及军事理念、技术合作和武器操作等;美国投入较高,印度受训意愿强,频次较高	主要涉及技术合作和武器操作;俄罗斯投入较低,频次一般
军事演习	频次高,主题和形式更丰富;海军演习为主,空军演习也有突破;注重培养两军互操作性及武器推销	频次较低;海军演习为主;注重演习过程中的武器展览和推销
武器贸易	总量较低,但增长趋势强劲;涉及常规武器;海军武器为主,飞机贸易也较多	总量高,高度依赖关系;涉及常规和战略武器;海陆空三军武器均有涉及,海军依赖最强,基础武器依赖也较高
联合开发和生产	程度低、范围小、历史短暂;美国国内立法和双边协议是合作前提,程序复杂,美印两国国内因素限制大	程度高、范围广、历史悠久,已有部分成效;俄罗斯国内因素限制较小
总体	更具主动性、规划性、全面性,存在一定不确定性;以国内立法和双边协议为基础和保障,行政环节复杂但合作细节清晰	合作领域受限,缺乏长远的战略目标,但两国防务关系久经历史考验,稳定性较高

资料来源:作者自制。

四、美印军事合作对俄印军事合作的影响

首先,美印军事合作的强化将会加剧美俄对印军备供应市场的竞争,挤压俄印军事合作的空间。美国、俄罗斯与印度的军备贸易存在着较大的竞争关系,尽管印度对俄罗斯的军备供应已经形成了高度的锁定依赖,但美国近年来强势进军印度的武器市场,必定会形成较强的竞争局面。一方面,俄罗斯和印度建立起了"特殊和特权"的战略伙伴关系,在军备和能源供应方面对印度继续发挥着关键的战略作用,但在其他经济和政治领域能为印度提供的支持越来越少。另一方面,美国在经济影响力、军事实力、全球治理议题设置和合作能力等方面建立起了全方位的优势地位,对印度实现国家安全目标、发展自身实力及提高国际地位可以发挥更积极的作用。美国军备的信息化、现代化程度似乎更加优于俄式武器,俄罗斯在 2022 年俄乌冲突中的疲软表现更加凸显了俄制武器的传统老旧,印度对先进武器的追求将可能进一步降低俄制武器的进口份额、提高美国武器的供应量。

其次,美印军事合作的强化将增强美国军事理念的影响力,加剧美俄安全观念的竞争。俄罗斯与印度从冷战早期就建立起了持久、历经考验的防务关系,通过军备合作、军事教育和联合军演等途径从多方面影响了印度的国防规划、军事战略思想和作战理念等。例如,印度的作战理念深受俄罗斯的影响,在印度的常规战略和核战略中可以发现俄罗斯的影响痕迹——"冷启动"(Cold Start)。军事学说中的快速打击概念就模仿自苏联"作战机动小组"(operational maneuver group)理念,而印度和俄罗斯似乎都倾向于对拥核威胁采取先发制人的限制损害战略,因此印度偏向于选择购买俄罗斯的 S-400 防空导弹系统。[①]然而,美国近年来加大了与印度的军事合作投入,在磋商机制、军队接触和军备合作方面建起了高频次、多领域、全面性的防务关系,试图促使印度建立起与自己相似的安全

---

① Vipin Narang, "Russian Influence on India's Military Doctrines," *The Journal of Indo-Pacific Affairs*, Vol.4, No.1, 2021, pp.65—74.

原则和行动,增强与印军的互操作性。这些都将促进美式观念规则的对印扩散,客观上会动摇俄罗斯此前对印度形成的既有影响。

最后,美印军事合作的强化将会改变俄罗斯与印度的战略平衡局面。对于俄罗斯来说,美印军事合作的强化将会冲击俄印的军备贸易,削弱俄罗斯对印度的战略优势。俄罗斯对印度长期、大量的军备供应使得印度对其形成了锁定型的依赖关系。通过这种不对称依赖关系,俄罗斯对印度也形成了不对称权力和战略优势。同时,印度在俄罗斯的军备贸易中占据了重要地位,俄罗斯对印度市场也形成了较大依赖:俄罗斯对印军备出口在 2011 年至 2020 年间占总军备出口量的 33%,而俄罗斯的军备出口总额近 10 年来又占总出口额的 3%—5%。①美印军备贸易的扩大将减少印度对俄罗斯的军备依赖,打破俄印间既有的力量平衡关系。对于印度来说,美国的军备供应将增强其军备来源的多元化,美俄的军备供应竞争有利于破除俄罗斯对其形成的军备锁定、加大印度的议价能力和战略砝码。但过度依赖对外军购或联合研发及生产,长久来看,将对印度的本土独立研发和生产不利。

五、美印军事合作对俄印军事合作的影响限度分析

尽管美印在“印太战略”背景下军事合作力度不断加强,冲击了既有俄印军事合作,但这些影响是有限的。首先,美印军事合作存在技术阻碍,主要包括技术分享限制、人权审查和价格高昂等问题。第一,美国有严格的知识产权保护制度,对武器转售也有严格的限制条款。尽管印度多次承诺不会与第三国分享美国的先进技术,但是美国仍然没有向印度提供所购武器的详细信息说明,这影响了印度的军购体验、限制了其国防本土化的设想。第二,美国的武器出口贸易常常会以人权问题或国内政治条件等为附加条件,还建立起了确保终端人权状况的行政和立法程序,并且

---

① 根据斯德哥尔摩国际和平研究所数据库及联合国商品贸易统计数据库计算整理得出。

容易在后期以此为理由施加政治条件。①人道主义风险是美国武器出口的重要考虑因素，美国会评估武器出口对美国形象、地区军备竞赛、武器扩散和军购国内部的政治稳定的影响。②1997 年，美国国会通过《莱西法》(Leathy Law)，限制美国可能造成严重人权侵犯的武器出口项目。2008 年，该法案拓展成为《外国援助法案》(Foreign Assistance Act)中的永久性规定。自美国卡特政府以来，历任总统都发布了行政指令强调对外军售的人道主义风险，其中特朗普政府也更新了《常规武器转让政策》(Conventional Arms Transfer Policy)，强调了美国对外军售应避免造成采购国内部的平民伤亡。③在冷战时期，由于印巴冲突加剧，美国也曾限制对印武器出口，才客观上使得印度转向寻求苏联的军备供应。第三，美国的军售武器价格较高。美国的武器出售价格较高，如美国国务院曾以 18.67 亿美元的批准向印度出售 NASAMS-II 防空系统，但这远超印度国防采购委员会此前批准的 10 亿美元的预算。④尽管特朗普政府放宽了军备"直接商业销售"的限制，但这客观增加了印度的军备采购预算压力，因为美国政府允许军工企业在直接武器转让中提高利润率。报告显示，2018 年美国"直

---

① Vladimir Isachenkov, "Russia Hoping to Boost Arms Sales after Syrian Usage," *Defense News*, August 13, 2017; Henry Foy and Eli Meixler, "Russia Seeks Deeper Ties with Myanmar Military Junta," *Financial Time*, March 26, 2021; Andrew S. Bowen, *Russian Arms Sales and Defense Industry*, Washington D.C.: Congressional Research Service, October 14, 2021; Anna Borshchevskaya, "The Tactical Side of Russia's Arms Sales to the Middle East," *The Jamestown Foundation*, December 20, 2017; Luke Hunt, "Russia Focuses on Arms Sales to 'Like-Minded' Generals in Myanmar," *Luke Hunt*, 2021; Andrew S. Bowen, *Russian Arms Sales and Defense Industry*, Washington D. C.: Congressional Research Service, October 14, 2021.

② A. Trevor Thrall and Caroline Dorminey. *Risky Business*: *The Role of Arms Sales in U.S. Foreign Policy*. CATO Institute, March 13, 2018, https://www.cato.org/policy-analysis/risky-business-role-arms-sales-us-foreign-policy.

③ Eugene Gholz, "Conventional Arms Transfers and US Economic Security," *Strategic Studies Quarterly*, Vol.13, No.1, 2019, pp.42—65; Donald J. Trump, "National Security Presidential Memorandum Regarding U.S. Conventional Arms Transfer Policy," *The White House*, April 19, 2018, https://trumpwhitehouse.archives.gov/presidential-actions/national-security-presidential-memorandum-regarding-u-s-conventional-arms-transfer-policy.

④ "India Concerned over 'very High Price' of American Missile Shield for Delhi," *Mint*, February 16, 2020, https://www.livemint.com/news/india/india-concerned-over-very-high-price-of-american-missile-shield-for-delhi-11581863130642.html.

接商业销售"的武器金额比 2017 年增长约 13%,美国军工企业净收入约为 1923 亿美元。①

其次,美印军事合作存在战略阻碍。对于"印太战略",美印存在多层面的战略目标分歧:第一,美印对两国在"印太战略"框架内双边合作战略目标存在根本分歧。美国希望利用军事合作与印度建立更紧密的伙伴关系,通过武器出口、技术合作和军队接触等增强印度的国防能力、强化两军的互操作性,并适时推动印度与美国一同应对共同的安全挑战。而印度对两国军事合作持有更加短期而务实的目标,即通过与军事强国的防务合作发展本土国防工业发展、增强本国军事能力。印度官员仅满足于与美军接触,而对美印军事合作如何促进两国在印太地区、全球范围的总体安全目标,似乎并没有想法。②第二,印度在印度洋西部有较大的战略利益,但"印太战略"的战略内涵要求印度的战略重点必须日益向东。对印度来说,西亚国家既有着重要的能源供应地位,也是印度重要的外汇来源,而跨境恐怖主义也从西部影响着印度的国家安全。在意识到印度对印度洋西部的利益考虑后,特朗普政府尝试作出了战略结构的调整:在 2020 年"瑞辛纳对话"(Rasina Dialogue)会议中,时任美国副国家安全顾问马修·博明(Matt Pottinger)宣布"印太战略"建设将延伸到非洲大陆的东海岸。③印度认为,这是美国对印度洋西北部战略重要性迟来的承认。④第三,美印并不是天然的军事伙伴,两国对双边战略走向有不同期待。相比俄印长期的军事合作历史,美印之间缺乏稳固久远的合作历史,并不是传统的军事联盟,印度警惕美国结盟似的伙伴关系。美印对于一些关键军

---

① Aaron Mehta, "The US Brought in $ 192.3 Billion from Weapon Sales Last Year, up 13 Percent," *Defense News*, November 8, 2018, https://www.defensenews.com/industry/2018/11/08/the-us-brought-in-1923-billion-from-weapon-sales-last-year-up-13-percent.

② Cara Abercrombie, "Realizing the Potential: Mature Defense Cooperation and the U.S.-India Strategic Partnership," *Asia Policy*, Vol.14, No.1, 2019, pp.119—144.

③ Ministry of External Affairs, Government of India. *Raisina Dialogue: 2020 Conference Report*. 2020, p.96, https://www.orfonline.org/wp-content/uploads/2020/07/RaisinaReport2020_Book_.pdf.

④ Press Trust of India, "India's Energy Trade with US to Jump 40% to $ 10 Billion in FY20: Pradhan," *Business Standard India*, October 21, 2019. *Business Standard*, https://www.business-standard.com/article/pti-stories/india-s-energy-trade-with-us-to-jump-40-to-10-bn-in-fy20-pradhan-119102100690_1.html.

事合作概念缺乏一致的定义,反映了两国对双边防务关系有不同认知。美国对印度在其"印太战略"中的军事合作角色创造了不少新术语,如"互操作性"、"安全网络提供者"(net provider of security)、"战略押注"(strategic bet)和"关键"(linchpin)等,尽管让印度对自己未来的国际地位充满期待,但常被认为是用来空谈的术语,常被印度媒体讽刺为结盟的诱饵。

再次,俄印军事合作难以轻易被美国冲破。一是因为当前印度对俄罗斯高度的军备依赖已经形成了一定的锁定态势。印度如果想要在一定时间内破除对俄罗斯军备的高度依赖,就需要彻底改造更新自身的国防武器系统,其高额转换成本难以预估。①在军备供应方面,俄罗斯仍然是印度的头号战略合作伙伴,俄印军备合作将长期无可替代。②二是俄罗斯与印度分享敏感技术的开放程度较高,这是美国难以实现的。俄印的联合生产早在冷战时期就已建立,印度当时还是第三世界中唯一可以获得生产苏联武器许可的国家。③除了联合开发"布拉莫斯"超音速巡航导弹,俄罗斯还向印度出售了航母以及具备发射巡航导弹能力的核动力潜艇,准许印度使用其格洛纳斯(GLONASS)全球定位系统,并使印度成为 T-90 坦克和苏-30MKI 的生产商。三是通过 60 余年的防务合作,已经证明俄罗斯是印度久经考验的战略伙伴。冷战时期,苏联通过支付优惠、许可生产、军事援助和国际支持等与印度维持了深度的防务合作关系,这一良好历史记录使得印度政府和民众都对俄罗斯产生了积极的情绪。印度领导人即使是像莫迪这样的政治强人,也难以推行疏远俄罗斯的政策。尽管印度近年来与美国日益走近,但印度仍然不会放弃俄罗斯这一重要合作伙伴。

最后,印度的外交战略也不会促使其放弃与俄罗斯的军事合作。印度奉行多向主义的外交战略,即在围绕政策偏好加强伙伴关系的同时,避免与任何政府建立结盟结构。广泛的外交接触、与特定大国加强战略伙

---

① Ramesh Thakur, "The Impact of the Soviet Collapse on Military Relations with India," *Europe-Asia Studies*, Vol.45, No.5, 1993, pp.831—850.

② Rod Thornton, "India-Russia Military Cooperation: Which Way Forward?" *Journal of Defence Studies*, Vol.6, No.3, 2012, pp.99—112.

③ Ramesh Thakur, "India and the Soviet Union: Conjunctions and Disjunctions of Interests," *Asian Survey*, Vol.31, No.9, 1991, pp.826—846.

伴关系以及规范性对冲是印度多向联盟战略的核心①,在这种外交对冲策略指导下,印度在不同国家间周旋以最大程度地实现战略偏好,而又不被特定的伙伴结构所束缚。在莫迪政府执政后,印度的多向联盟战略变得更加清晰:它将美国定义为更加积极的合作伙伴,把俄罗斯视为地缘政治、军备合作及对冲美欧的重要力量。②俄罗斯是印度多向联盟策略中的重要角色,在印度对冲美国及西方国家、平衡中国崛起的过程中会继续发挥积极作用。因此,军备合作作为俄印战略关系的基石,仍将继续长期存在。

六、结　语

"印太战略"背景下,美国雄心勃勃希望增强美印军事合作以增强两国军队之间互操性,并减弱印度对俄罗斯的军备依赖。2022 年俄乌冲突使得俄罗斯军备生产只能在短期内供应本国,印度不得不转向寻求美国的军备供应,这将继续加深美印的防务合作。然而,当前印度对俄罗斯高度的军备依赖已经形成了一定的锁定态势,美国现阶段还无法达到俄罗斯与印度分享敏感技术的开放程度,而俄罗斯在维护俄印军备关系上也投入较大精力,且历史记录良好,俄印坚固的军备关系短时间内很难冲破。

印度在美俄之间实行对冲外交策略,尽管增加了印度的战略砝码,似乎使其在美俄之间利益尽占,但长久下去对印度自身发展并不会有太多积极意义。一是尽管印度希望借助美俄两个军事大国先进的军事力量发展本国的国防工业,但美俄并不会毫无保留地与印度分享关键技术。大量军购只能缓解短期的国防需求,跨国联合研发与本国独立研发是两种

---

① Ian Hall, "Multialignment and Indian Foreign Policy under Narendra Modi," *The Round Table*, Vol.105, No.3, May 2016, pp.271—286.

② Rajendra M. Abhyankar, *Indian Diplomacy*: *Beyond Strategic Autonomy*, New Dehli: Oxford University Press, 2018; C. Raja Mohan, "India: Between 'Strategic Autonomy' and 'Geopolitical Opportunity.'", *Asia Policy*, No.15, 2013, pp.21—25;楼春豪、王瑟、李静雅:《俄印关系的新变化及其前景》,《现代国际关系》2021 年第 4 期。

截然不同的国防发展模式,发展独立研发和生产能力才是印度提升本土国防工业能力的长久之计。二是美俄国内已经出现不少质疑印度可靠性的声音。多头下注的外交策略尽管使得印度在当前国际环境下获得了不少战略优势,但长久来看对印度试图建立稳固的伙伴关系政策不利。

21世纪以来巴西的积极不结盟外交

——内在动因及前景

曹　廷[*]

【内容提要】 21世纪以来，西半球最大的发展中国家巴西跻身新兴大国行列，国际能见度与日俱增，面对大国博弈坚持不结盟政策，而且为缓和部分国际冲突发挥了积极作用，被视为"积极不结盟"外交的代表。尽管巴西国内政治生态多变，左翼、中间派和右翼政党博弈激烈，但面对大国竞争的立场趋于一致，均推行积极的不结盟外交政策，试图避免选边站，力求在大国间保持平衡。本文以进入21世纪以来巴西面对大国博弈时的立场为研究对象，探讨促使该国形成积极不结盟外交政策的内在动因，并尝试对未来巴西的外交政策走向进行前瞻性研究。

【关键词】 巴西，积极不结盟，俄乌冲突，中美博弈

【Abstract】 Since the beginning of the 21st century, Brazil, the largest developing country in the Western Hemisphere, has emerged as a major rising power with increasing international visibility. In the face of great power rivalries, Brazil has maintained a policy of non-alignment and has played an active role in easing certain international conflicts, making it a representative of "proactive non-alignment" diplomacy. Despite the volatile political landscape in Brazil, with fierce competition among left-wing, centrist, and right-wing parties, there is a consensus in their stance towards great power competition. All factions pursue an active non-alignment foreign policy, striving to avoid taking sides and seeking to maintain balance among major powers. This article focuses on Brazil's stance in the context of great power rivalries since the beginning of the 21st century. It explores the intrinsic factors that have led to the formation of Brazil's active non-alignment foreign policy and attempts to provide a forward-looking analysis of the future trajectory of Brazil's foreign policy.

【Key Words】 Brazil, proactive non-alignment, Russian-Ukraine Conflict, Sino-US Competition

---

* 曹廷，复旦大学国际问题研究院拉丁美洲研究室副研究员。

一、引　言

在大国博弈不断加剧的背景下,亚洲、非洲及拉丁美洲的部分发展中国家关注自身利益,拒绝在大国冲突中选边站队。2022 年,美国波士顿大学教授、智利前驻华大使贺乔治(Jorge Heine)提出了"积极不结盟"的概念。其认为,在全球经济复苏乏力和俄乌冲突持续的背景下,拉美国家应该采取"积极不结盟"的外交政策,将自身利益放在首要位置。积极不结盟不等于中立,而是在保持不选边站队的同时采取高度精密的外交,根据具体议题调整政策。[①]巴西作为全球重要的新兴大国和拉美最大经济体,对世界体系的发展和国际格局的演变发挥着不容忽视的作用。进入 21 世纪,巴西分处不同政治光谱的政党在面对大国博弈时均坚持不选边站队,同时积极斡旋部分冲突,可视为推行"积极不结盟"外交政策的典型案例。

究竟哪些因素促使巴西各届政府面对大国博弈的政策趋于一致? 未来巴西的外交政策将走向何方? 厘清这些问题可以帮助我们更深刻地理解巴西外交政策。为此,本文从巴西所处的地缘位置、国家实力和对外经贸依存度等角度出发,考察巴西面对中美博弈和美俄矛盾时的立场,解析影响巴西外交政策的重要因素并展望其未来。

二、巴西对外战略及研究现状

(一)巴西外交战略的演变

作为西半球最大的发展中国家和拉美最大经济体,巴西具备崛起为世界大国的资源禀赋和战略雄心。自 1822 年巴西宣布摆脱宗主国葡萄牙的殖民统治后,直至第一次世界大战爆发前,一度与英国保持着极为紧密的外交关系,后者长期是巴西最大经贸伙伴。[②]第一次世界大战结束后,美

---

① Jorge Heine, "Un no alineamiento activo", Clarin, 15 de agosto de 2022, https://www.clarin.com/opinion/alineamiento-activo_0_XKHw61X7nK.html.

② 转引自卢后盾:《巴西的多元化外交政策及其对外开放》,《拉丁美洲研究》1986 年第 1 期。

国取代英国成为巴西最重要的合作伙伴。第二次世界大战期间,巴美建立盟友关系。①20 世纪 50 年代瓦加斯、夸德罗斯和古特拉政府均采取相对独立的外交政策。1964 年若昂·古特拉(João Goulart)遭遇政变下台后,三届军政府均与美实行"自动结盟"政策。20 世纪 70 年代是巴西外交政策的转折期。埃内斯托·盖泽尔(Ernesto Geisel)总统主张建立国际经济新秩序,推行"负责任的实用主义外交",终止与美国"自动结盟"的政策,废除《巴美军事协定》。②其在美苏冷战期间采取了中立立场,为此后巴西的大国平衡外交奠定了理论和实践基础。

20 世纪 80 年代,若昂·菲格雷多(João Figueiredo)和若泽·萨尔内(又名若泽·里瓦马尔·费雷拉·德·阿劳霍·科斯塔 José Ribamar Ferreira de Araújo Costa)总统均部分延续了"负责任的实用主义外交",通过与美欧等国保持距离来维护外交的自主性。20 世纪 90 年代初,科洛尔政府和弗朗哥政府将外交重点转向西方发达国家,同时积极推进对华关系。1993 年巴西成为全球第一个与中国建立"战略伙伴关系"的国家。1995 年费尔南多·恩里克·卡多佐(Fernando Henrique Silva Cardoso)上台后推行"以整合谋自主"的外交战略,不断提升巴西在南美地区的影响力。

进入 21 世纪,拉美左右博弈愈发激烈,迄今先后涌现出两次粉红色浪潮。巴西的左翼、中间派和右翼先后上台执政,各自秉持不同特点的外交路线。路易斯·伊纳西奥·卢拉·达席尔瓦(Luiz Inácio Lula da Silva,2003—2010 年、2023 年至今执政)和迪尔玛·罗塞芙(Dilma Rousseff,2011—2016 年执政)代表左翼的巴西劳工党,倡导多元化外交路线,积极推动南南合作、参与联合国改革,主张融入全球。中间派政党巴西民主运动党出身的米歇尔·特梅尔(Michel Temer,2017—2018 年执政)试图通过提升与美欧的关系,在发达国家与发展中国家之间取得"新平衡"。代表极端右翼民粹势力的雅伊尔·梅西亚斯·博索纳罗(Jair Messias Bolsonaro,2019—2022 年执政)追随特朗普的孤立主义,对国际和地区事务缺乏兴趣。尽管各届政府外交战略差异较大,但均努力在大国之间保持平衡,

---

① 林被甸、董经胜:《拉丁美洲史》,人民出版社 2010 年版,第 372 页。

② "According to Silveira's words, in broadcasted speech, March 28, 1974". BRASIL. Ministério das. Relações Exteriores. Resenha de Política Exterior do Brasil, no.I, Brasília, Mar./Apr. 1974, p.24.

甚至部分政府在大国间展开积极斡旋,努力化解危机。

（二）既有研究观点

国内外学者对巴西多元化外交的成因进行深入探讨。部分学者用巴西外交传统进行解释,认为巴西的外交政策是为了实现其长期以来期盼的大国梦。巴西学者米里亚姆·戈麦斯·萨赖瓦(Miriam Gomes Saraiva)认为,独立自主、广交友邦和大国地位是支撑巴西外交政策连续性的核心理念。[①]巴西学者杜鲁·维也瓦尼(Tullo Vigevani)和加布里埃尔·塞帕鲁尼(Gabriel Cepaluni)提出,卢拉政府采取了"以多样化谋自主"的模式,其第三世界立场部分重现了 20 世纪 70 年代巴西自主性外交的追求。[②]张凡指出,卢拉政府并非以"颠覆"或"脱钩"的姿态面对国际政治和经济体系,但力主改变发展中国家对待和介入这一体系的态度和方式,并试图重新发现和塑造南方国家的自信力。[③]中国社科院拉美所课题组及周志伟认为,在全球战略环境大变局下,巴西国际战略的当务之急在于强化国家身份建设,提升国际社会对巴西国家身份的认可度,尤其是恢复巴西在国际舞台上的地位。[④]

一些学者从现实主义角度出发,认为国家经济利益是决定巴西外交政策的关键因素。冯峰称巴西的大国情结并非自命不凡的大国意识,而是体现在其基于国家基本现状谋求国家利益的务实外交政策和实践中,当其经济蓬勃发展、综合国力迅速增强时,这种大国情结往往会被强烈地唤醒。[⑤]丹麦学者斯汀·福莱博(Steen Fryba)认为,卢拉政府的外交目标是促进经济发展、加强在国际政治中的影响力以及在南美地区建立领导地位。[⑥]

还有学者从国际和国内层次来解释巴西多元化外交政策的成因。张凡认为,20 世纪 90 年代以来,在世界经济、政治格局的变化和巴西国内发

① Miriam Gomes Saraiva, "Brazilian Foreign Policy: Causal Beliefs in Formulation and Pragmatism in Practice," Gardini, G.L., Lambert, P. eds, *Latin American Foreign Policies*. New York: Palgrave Macmillan. https://doi.org/10.1057/9780230118270_4.

② Tullo Vigevani and Gabriel Cepaluni, "Lula's Foreign Policy and the Quest for Autonomy through Diversification", *Third World Quarterly*. Vol.28, No.7, 2007, pp.1309—1326.

③ 张凡:《20 世纪 90 年代以来巴西外交理念的演化》,《拉丁美洲研究》2013 年第 3 期。

④ 中国社科院拉美所课题组、周志伟:《巴西战略环境与战略选择——卢拉回归后的巴西国际战略展望》,《拉丁美洲研究》2023 年第 1 期。

⑤ 冯峰:《巴西的崛起对国际格局的影响》,《拉丁美洲研究》2005 年第 4 期。

⑥ Steen Fryba Christensen, "Brazil's Foreign Policy Priorities", *Third World Quarterly*, Vol.34, No.2, 2013, pp.271—286.

展面临的历史任务等因素作用下,其一度采取的内向型发展模式逐渐被一种通过融入国际体系追求自主和利益的国际议程所取代。①王诗思运用新古典现实主义对巴西盖泽尔政府的外交政策转变进行分析,认为国际格局的转变如美苏缓和、石油危机,拉美地区局势的变化,美国对拉政策和拉美国家对美政策的变化,以及巴西相对实力的提升等体系层次的变量是推动盖泽尔政府时期巴西外交转型的主要原因。②冯广宜等对卢拉政府的积极中东战略进行分析,认为巴西自古有之的大国情结、国内政治经济稳定发展以及全球多极化趋势加强都是其推行积极中东战略的重要动力。③

总体来看,国内外多数学者集中于探讨巴西外交多元化的成因,研究手段和视角十分丰富。国内外多数学者将巴西的大国雄心和战略作为解释该国开展多元化外交的抓手。然而特梅尔执政时期,巴西外交持续呈现收缩态势。博索纳罗作为反建制代表,秉持孤立主义,对全球治理和地区合作的兴趣更是直线下降。因此似乎无法以巴西的大国战略来解释特梅尔和博索纳罗面对大国博弈的不结盟政策。同时,由于巴西近年来政治形势瞬息万变,从国内政治角度来解释巴西左右翼政府的对外政策也缺乏强有力的支撑。

通过考察,本文提出两个核心观点:一是巴西面对大国博弈时的外交路线趋于稳定,外交的"积极不结盟"特点愈发明显;二是至少有三个因素推动巴西"积极不结盟"外交政策的形成,即"地理政治学""中等强国身份"和"复合相互依赖机制"。上述因素促使巴西与主要大国的关系走向稳定,并推动了巴西积极不结盟外交的形成。

三、21 世纪以来巴西的"积极不结盟"政策

冷战结束后,全球进入多极化时代,然而美国持续在全世界推行霸权

---

① 张凡:《20 世纪 90 年代以来巴西外交理念的演化》,《拉丁美洲研究》2013 年第 3 期。
② 王诗思:《巴西盖泽尔政府时期的外交转型(1974—1979)——基于新古典现实主义的解释》,外交学院 2019 年硕士学位论文,第 58 页。
③ 冯广宜、张长安、刘文会:《巴西卢拉政府的积极中东外交战略》,《拉丁美洲研究》2023 年第 1 期。

主义和干涉政策,以维护其全球霸主地位。近年来,美国重拾冷战思维,公开渲染国际政治身份差异,煽动国际政治经济观念的对立与对抗,国际社会日益显现出阵营化撕裂和集团化对抗趋向。①面对纷繁复杂的国际局势,巴西政府努力在中美、美俄之间保持战略平衡,而且积极呼吁大国减少冲突,为维护世界和平与稳定发挥了建设性作用。

（一）在中美之间保持平衡

1. 卢拉的"重华稳美"平衡外交

卢拉政府外交战略的重要目标是将巴西从"地区大国"变为"世界大国"。②其上台后推行多元化外交战略,将与发展中国家保持团结及南南合作提高到前所未有的高度。中国作为全球最大的发展中国家和崛起中的新兴经济体,成为卢拉实施大国外交战略的重要对象。

纵观卢拉前两届执政时期,中巴各领域合作突飞猛进。首先,两国高层交往频繁,政治互信不断增强。卢拉对华友好,钦佩中国共产党成就,认为中国可成为发展中国家的榜样。其积极推动中巴关系发展,前两届任期内三度访华(2004 年、2008 年、2009 年)。在 2004 年中巴建交 30 周年之际,两国领导人实现互访并签署《中巴联合公报》,就推动双边合作及国际协作达成一致。中巴还成立高层协调与合作委员会,加强与协调两国合作。

其次,两国经贸合作持续走深走实。随着全球进入大宗商品繁荣周期,加之双边合作机制不断理顺,中巴经贸合作快速增长。两国在油气资源、可再生能源、基础设施建设、航天等领域开展密切合作。2009 年中巴达成"石油换贷款"协议,中国向巴西提供约 100 亿美元贷款,巴西同意按市场价每天对华供应 10 万至 16 万桶石油,成为发展中国家政府间互利共赢的合作典范。③2009 年中国超越美国成为巴西最大贸易伙伴,并维持至今。

最后,国际协作日益密切。中巴均认为需采取广泛的国际体系改革,

---

① 葛腾飞:《大国博弈与区域秩序竞争》,《人民论坛》2023 年第 12 期。

② 吴国平:《从卢拉到罗塞夫:巴西外交的特点与政策调整》,《中国国际战略评论》2011 年,第 249 页。

③ 许嫣然:《试析中国与巴西的战略伙伴关系——以石油合作为例》,《现代国际关系》2017 年第 7 期。

促进国际政治经济秩序向更加公平、合理的方向发展。①两国在联合国、世界贸易组织、二十国集团、金砖国家和"基础四国"②等机制中加强合作,并在国际金融体系改革、多边贸易体制、气候变化及南南合作等议题上保持良好沟通和协调。尤其卢拉将金砖国家组织视作提升发展中国家话语权的重要平台,积极推动金砖国家组织建设。2009 年 6 月,卢拉及其他金砖国家领导人在俄罗斯首次举行正式会晤,并发表联合声明,宣布金砖国家组织正式成立。

在大力发展对华关系的同时,卢拉政府在坚持"和而不同"原则的基础上,推进与美国的务实合作。2003—2010 年,中巴在生物燃料、海地维和等诸多问题上保持密切合作。2010 年,巴西与美国签署了防务协定,成为 1977 年以来美巴签署的第一个防务协定。③2023 年年初卢拉重新执政后,访问的第一个非拉美国家就是美国,彰显对美重视。

卢拉政府坚持独立自主的外交原则,在部分议题上公开"反美"。在巴美关系方面,其反对美国对巴乙醇产品征收进口关税;在地区问题方面,卢拉反对美国利用在哥伦比亚的军事基地开展扫毒行动,并谴责洪都拉斯政变,允许洪总统何塞·曼努埃尔·塞拉亚·罗萨莱斯(José Manuel Zelaya Rosales)在巴西驻洪使馆避难;在国际层面,其积极斡旋中东问题,支持巴勒斯坦收复失地,呼吁巴勒斯坦两个主要政治派别法塔赫与哈马斯举行谈判,为 2011 年 4 月巴以达成和解发挥了积极作用;其还支持伊朗和平利用核能,2009 年促成伊朗和土耳其就交换核燃料达成协议。2010 年巴西担任联合国安理会非常任理事国期间,拒绝追随美国制裁伊朗。④

总体来看,卢拉作为积极的"国际参与者",一方面注重与中国在双边和多边领域的合作,反对西方主导世界体系,另一方面保持与美务实合作,呈现"重华稳美"的平衡外交特点。

---

① 《中巴两国签署联合公报 巴重申坚持一个中国原则》,中国新闻网,https://www.chinanews.com.cn/news/2004year/2004-05-24/26/440272.shtml,2004 年 5 月 24 日。

② 巴西、南非、印度、中国就气候变化议题加强协调合作的组织。

③ US. Department of State, "U.S.-Brazil Defense Cooperation Agreement(DCA)", April 12, 2010, https://2009-2017.state.gov/r/pa/prs/ps/2010/04/140059.htm.

④ Raymond Colitt, Andrew Quinn, "Clinton fails to win over Brazil on Iran", March 4, 2010, https://www.reuters.com/article/us-iran-nuclear-brazil-idUSTRE6225HN20100304.

2. 罗塞芙的"中美并重"外交策略

2011 年罗塞芙上台后,基本延续了卢拉的多元化外交理念,加强与广大发展中国家的关系。其对华友好,曾于 2011 年访问中国。2012 年,巴西成为第一个同中国建立全面战略伙伴关系的拉美国家,两国签署了《中巴十年合作规划(2012—2021)》,同意在政治上互相信赖和支持,共同推动公正合理的新秩序。罗塞芙还继续夯实金砖国家组织合作,支持成立金砖国家新开发银行和储备基金。

巴美合作持续推进。罗塞芙上台伊始,一度加大对美国的重视。2011 年奥巴马访巴,双方承诺将"共同推动建立公平、合理的世界秩序",并加强"全球伙伴关系对话"。[1]2012 年巴美建立防务合作对话机制,进一步深化两国安全合作。[2]但 2013 年斯诺登事件使巴美关系走低,媒体曝出罗塞芙电子邮件和电话遭美国国家安全局监听后,罗塞芙为表示抗议,不仅取消了原定对美访问计划,还在联合国大会上严厉抨击美监控举动,呼吁联合国制订网络监管规范。[3]2015 年,奥巴马力邀罗塞芙访美,双边关系有所转圜。两国达成了关于巴西牛肉出口美国的协议,还就扩大旅游、基础设施建设、减少非关税贸易壁垒等议题达成一致。[4]

总体来看,罗塞芙作为卢拉的"衣钵传人",在中美之间秉持务实的平衡策略。其第二任期内,巴西政治经济形势趋于复杂。中右翼政党在国会选举中赢得多数席位,对罗塞芙执政形成较大掣肘。尤其是 2015 年巴西经济陷入衰退,民众不满情绪加大,在 2016 年遭弹劾下台前,罗塞芙政府的外交战略呈现收缩态势。

---

① The White House, "Joint Statement by President Rousseff and President Obama", March 19, 2011, https://obamawhitehouse.archives.gov/the-press-office/2011/03/19/joint-statement-president-rousseff-and-president-obama.

② The White House, "Fact Sheet: U.S.-Brazil Defense Cooperation", April 9, 2012, https://obamawhitehouse.archives.gov/the-press-office/2012/04/09/fact-sheet-us-brazil-defense-cooperation.

③ Julian Borger, "Brazilian president: US surveillance a 'breach of international law'", 24 September, 2013, https://www.theguardian.com/world/2013/sep/24/brazil-president-un-speech-nsa-surveillance.

④ Esteban Actis, "La política exterior de Michel Temer", 31 de agosto de 2017, Foreign Affairs Latinoamerica, https://revistafal.com/la-politica-exterior-de-michel-temer.

3. 特梅尔的"新平衡"外交

2016 年特梅尔接替被弹劾的罗塞芙就任总统。在巴西经济衰退、社会不稳定因素增多的背景下,中间派政党人士特梅尔实施"新平衡"外交,减少对国际和地区事务的关注,加大对西方的重视,同时继续推进与华合作。

特梅尔时期,巴西与美英等西方国家的关系有所加强。2016 年 9 月,特梅尔携 7 名部长赴美访问,以加大吸引美国投资力度,得到美方响应。① 为了加强与西方发达国家的关系,2017 年特梅尔政府正式向经济合作与发展组织(OECD)提出巴西加入该组织的申请。

尽管特梅尔对南南合作及拉美地区一体化兴趣降低,但其依然重视发展对华关系。2017 年 8 月,特梅尔访问中国,中国国家主席习近平同特梅尔举行会谈,特梅尔呼吁中国企业参与巴西私有化改革。② 特梅尔还参加同年在厦门举行的金砖国家峰会,称赞中国在金砖国家组织中发挥重要作用,表示金砖国家可求同存异,实现优势互补和共同发展。

4. 博索纳罗的"亲美稳华"外交政策

博索纳罗上台后,组建以军人、福音教派和大企业主为班底的内阁,外交政策呈现"亲美反左"特点及民粹主义色彩。其与特朗普交往甚密,互动频频,不断加大双边合作;与智利、巴拉圭等国右翼政府互动密切,加入右翼的南美进步论坛,并退出南美洲国家联盟;对古巴、委内瑞拉等左翼国家态度强硬,主张对马杜罗政府加大施压,其极端右翼立场对拉美一体化造成不小冲击。同时,博索纳罗效仿特朗普单边主义和"退群"举动,消极对待气候、环保、移民等议题的多边合作,不仅放弃申办 2019 年联合国气候变化大会,还退出全球移民协议。

受意识形态和竞选因素影响,博索纳罗一度对华冷淡,但之后有所改变,如在外交部增设中国司,任命有对华工作经历的官员出任要职。③ 2019

---

① Esteban Actis, "La política exterior de Michel Temer", 31 de agosto de 2017, Foreign Affairs Latinoamerica, https://revistafal.com/la-politica-exterior-de-michel-temer.

② 孙梦文:《巴西总统特梅尔访华,吁中资参与巴西私有化改革》,澎湃新闻,https://www.thepaper.cn/newsDetail_forward_1781404,2017 年 9 月 1 日。

③ "Brazilian Foreign Ministry sets up China department", 17 January, 2019, https://www.forumchinaplp.org.mo/brazilian-foreign-ministry-sets-up-china-department.

年 5 月,博索纳罗派副总统莫朗访华,并重启中国—巴西高层协调与合作委员会。2019 年 10 月,博索纳罗对中国展开国事访问,并在中巴联合声明中强调"加强和深化全面战略伙伴关系"。①双边签署了关于加强可再生能源、农产品贸易、投资、人文等多领域的合作协议。博索纳罗还公开邀请中企参与巴西海上石油招标。上述举措显示其为了促进中巴经贸合作,对华态度向积极方向靠拢。

随着中美竞争加剧,美国不断对华发起攻势,在全球范围内打击中国高科技企业,对中巴合作高度警惕甚至进行干扰。2019 年起,美国持续向巴西高层施压,表示如果巴西采用华为设备,美国将停止与巴情报共享,双边合作协议亦将面临阻碍。2020 年 7 月,时任美国驻巴西大使托德·查普曼(Todd Chapman)表示,如果巴西允许华为参与 5G 网络建设,可能会面临"后果"。②8 月,时任美国副国务卿基斯·克拉奇(Keith Krach)呼吁巴西加入美国"清洁网络"计划,禁用华为。

博索纳罗本人一方面与特朗普家族关系密切,另一方面又怕得罪中国,损害巴西经贸利益,因而从未就华为问题明确表态,仅表示"这不仅涉及经济、技术问题,还涉及国家主权、信息和数据安全以及外交政策问题"。③2021 年 3 月,巴西政府宣布了 5G 招标规则,华为获准参加竞标。2022 年 2 月世界移动通信大会期间,华为与巴西 TIM 公司签署合作备忘录,决定合作将巴西城市库里提巴打造为 5G 智慧城市。④2022 年 5 月,巴西地区通信公司 Brisanet 宣布选择华为作为 5G 供应商。⑤也就是说,博

① 《中华人民共和国和巴西联邦共和国联合声明(全文)》。

② "Brazil may face 'consequences' if it gives Huawei 5G access, says U.S. ambassador", Reuters, July 29, 2020, https://www.reuters.com/article/us-huawei-tech-brazil-5g-idUSKCN24U20X.

③ Gabriela Mello, "Huawei says U.S. pressure on Brazil threatens long delays in 5G rollout", July 8, 2020, https://www.reuters.com/article/uk-huawei-tech-brazil-5g-idUKKBN2482X6.

④ Huawei, "TIM Brasil and Huawei Sign MoU to Transform Curitiba into the Country's First '5G City'", March 4, 2022, https://www.huawei.com/en/news/2022/3/mou-tim-5g-city-2022.

⑤ Bnamericas, "Brazil's Brisanet taps Huawei to supply 5G equipment", May 17, 2022, https://www.bnamericas.com/en/news/brazils-brisanet-taps-huawei-to-supply-5g-equipment.

索纳罗执政期间,华为实际上并没有被排除在巴西的5G合作名单之外。

值得注意的是,博索纳罗执政期间巴西对国际事务的参与度大幅下降,尽管其依然保持着在金砖国家组织框架下的多边合作,但在相关合作上展现出较为消极的态度。2020年金砖国家召开应对新冠肺炎疫情特别外长会时,巴西政府拒绝谴责将疫情政治化、污名化的行为。博索纳罗一度公开称,如巴西继续深化与金砖国家的合作,势必会损害巴美建立同盟关系。总之,巴西历届政府面对中美的态度如下表(见表1)。

表1　21世纪以来巴西历届政府面对中美的态度

	卢拉	罗塞芙	特梅尔	博索纳罗
与美外交关系	偏积极	偏积极	积极	积极
与美经贸合作	偏积极	偏积极	积极	积极
与华外交关系	积极	积极	积极	一般
与华经贸合作	积极	积极	积极	积极
金砖国家合作	积极	积极	积极	较为消极

按照合作意愿分为:积极、偏积极、较为积极、一般、较为消极、偏消极、消极。
资料来源:作者自制。

(二)卢拉和博索纳罗面对俄乌冲突的立场

1. 卢拉的积极斡旋政策

面对俄乌冲突,卢拉在竞选总统时就公开指责美国拜登政府推动战争,并认为乌克兰和俄罗斯在战争爆发方面负有同等责任。[①]卢拉不仅拒绝向乌克兰提供武器,还公开反对西方对俄制裁。2023年4月,巴西外长毛罗·维埃拉(Mauro Vieira)称对俄制裁"没有通过联合国安理会批准,并且对全球特别是发展中国家经济造成负面影响"。[②]同时,卢拉政府继续与俄罗斯展开多领域合作。2023年4月17—21日,俄罗斯外长拉夫罗夫

① "Brazil's Lula says Zelenskiy 'as responsible as Putin' for Ukraine war", May 5, 2022, Reuters, https://www.reuters.com/world/americas/brazils-lula-says-zelenskiy-as-re-sponsible-putin-ukraine-war-2022-05-04.

② Mauro Vieira, "Anti-Russian sanctions harm developing nations-Brazilian foreign minister", 18 April, 2023, https://tass.com/politics/1605569.

访问巴西等拉美四国。双方探讨扩大能源、农业、卫生制药及太空探索等领域合作。①

此外，卢拉积极在国际上奔走呼吁。2023 年 2 月，其提出建立由中国、巴西、印度等国组成的"和平俱乐部"来斡旋俄乌冲突。3 月，卢拉与乌克兰总统泽连斯基进行了 30 分钟的视频通话，劝说后者通过谈判解决冲突问题。当月，卢拉首席顾问塞尔索·阿莫林（Celso Amorim）赴俄并与普京会见。返回巴西途中，阿莫林又与法国总统马克龙的高级外交事务顾问就俄乌冲突等问题进行探讨。2023 年 5 月，卢拉赴日本参加 G7 峰会，向美欧提出和平倡议，并要求与泽连斯基会晤。

卢拉第三度上台后，面临俄乌冲突坚持中立立场，并试图斡旋危机，为促进世界和平稳定发挥了建设性作用。

2. 博索纳罗的务实平衡政策

面对俄乌冲突，博索纳罗并没有向西方"一边倒"，而是采取了较为中立的务实政策，拒绝追随美欧制裁俄罗斯。

2022 年 2 月 16 日，博索纳罗不顾俄乌冲突爆发的风险，坚持对俄罗斯进行首次国事访问，并与普京就国际事务以及深化双边贸易、能源、农业、国防、网络安全和科技等领域合作进行探讨。俄乌冲突爆发后，美洲国家组织会议出台谴责俄罗斯的联合声明，巴西拒绝在联合声明上签字。②博索纳罗还公开强调巴西对此保持中立立场，并称将尽可能帮助寻求解决方案。③随着俄乌冲突持续发酵，博索纳罗继续与俄罗斯互动。2022 年 6 月，博索纳罗与普京通话并讨论全球粮食安全问题，重申要加强战略伙伴关系和各层面接触，进一步扩大双方在农业、能源等

---

① Kirk Randolph，"Lavrov in Latin America：Russia's Bid for a Multipolar World"，United States Institute of Peace，April 27，2023，https://www.usip.org/publications/2023/04/lavrov-latin-america-russias-bid-multipolar-world.

② Carlos Malamud，Rogelio Núñez Castellano，"América Latina y la invasión de Ucrania：su incidencia en la economía, la geopolítica y la política interna"，30 de marzo de 2022，https://www.realinstitutoelcano.org/analisis/america-latina-y-la-invasion-de-ucrania-su-incidencia-en-la-economia-la-geopolitica-y-la-politica-interna.

③ Matthew Malinowski，"Brazil's Bolsonaro Backs Neutral View on Russia Invading Ukraine"，28 February，2022，https://www.bloomberg.com/news/articles/2022-02-28/bolsonaro-says-brazil-backs-neutral-stance-on-ukraine-invasion?leadSource＝uverify%20wall.

领域合作。①

　　卢拉和博索纳罗在面对俄乌冲突时，均一定程度上采取了中立立场。卢拉不惧美国，敢于发声；博索纳罗敢于拒绝美国，巧妙迂回。由此，两者均得以避免与相关大国在俄乌冲突议题上产生摩擦，确保自身国家利益（见表2）。

表 2　卢拉和博索纳罗政府对待俄乌冲突的态度

	卢拉	博索纳罗
谴责美国	是	否
制裁俄罗斯	否	否
向乌克兰提供武器	否	否
继续与俄罗斯合作	是	是
主张和谈解决危机	是	是

资料来源：作者自制。

四、巴西"积极不结盟"外交的内在动因

（一）地理政治学

　　1904 年，英国地理学家哈尔福德·麦金德（Halford Mackinder）在英国皇家地理学会发表《历史的地理枢纽》一文。其依据自然地理特征将世界分为三个区域：一是欧亚大陆中心由草原和沙漠为主的区域，即"心脏地带"；二是大陆边缘的"内新月形地带"；三是近海岛屿、南北美洲、澳大利亚构成的"外新月形地带"。1944 年，尼古拉斯·斯皮克曼（Nicholas Spykman）出版了《和平地理学：边缘地带的战略》，提出地理学是规范外交政策的重要因素，一国的外交政策必须根据其在世界中的位置进行检视。②他

---

① Kevin Liffey, Sandra Maler, "Russia's Putin and Brazil's Bolsonaro discuss global food security", 27 June 2022, https://www.reuters.com/world/russias-putin-brazils-bolsonaro-discuss-global-food-security-2022-06-27.

② ［美］尼古拉斯·斯皮克曼：《和平地理学：边缘地带的战略》，俞海杰译，上海人民出版社 2016 年版，第 73 页。

认为，欧亚大陆以及相关的非洲和澳洲大陆，隔着北冰洋、大西洋和太平洋，呈扇形将南北美洲包围起来。因此，美国的外交政策就是旨在阻止欧亚大陆出现一个压倒性、具有支配地位的强权。①上述关于欧亚心脏地带的论述至今依然成立。两次世界大战均源于欧洲，冷战时期美苏在欧洲展开激烈争夺。而美国亦持续将外交重点锚定在欧亚地区。奥巴马上台后提出"亚太再平衡战略"，特朗普将中俄视为全球竞争对手。如今的俄乌冲突战火不断，甚至存在转变为大爆发的风险。

从巴西的地理位置看，其位于南美洲中南部，远离欧亚大陆。加之巴西和中美洲加勒比地区有一定距离，因此尽管其与美国同处于西半球，但历史上巴西不是美国在全球范围内的关注重点。美国没有对巴西进行过直接军事干涉，美巴两国不存在主权争端，也没有尖锐的意识形态矛盾。尤其美苏冷战后，包括巴西在内的南美国家更是不再对美国国家安全构成重大威胁。同时，巴西与位于欧亚地区的中国、俄罗斯更是相距遥远。中巴和巴俄之间没有历史矛盾，也没有领土主权争端。同时，巴西广袤的大陆腹地和绵长的海岸线令其进可攻退可守。巴西曾参加第二次世界大战，但战火并未蔓延到其本土。冷战结束后，拉美地区总体处于较为稳定和平的状态，尽管部分国家之间围绕移民、领土主权等议题存在争端和分歧，但至今未发生过严重的国家间冲突。由于巴西不存在严峻的国家安全威胁，因此能够采取相对超脱的态度面对大国博弈。

（二）中等强国身份

14世纪，意大利哲学家乔瓦尼·波特罗（Ginvanni Botero）最早提出"中等强国"概念。他将国家分为帝国、中等强国和小国，指出中等国家"具备足够的实力和权威能够坚持自己的立场，无需他国的帮助"。②第二次世界大战结束后，加拿大率先以中等强国自居，并以该身份开展外交活动。随后，这一概念逐步被澳大利亚、西班牙等国接受和运用，学界开始加大对其理论探索。1969年，罗伯特·基欧汉指出中等强国"不能单独有效

---

① ［美］尼古拉斯·斯皮克曼：《和平地理学：边缘地带的战略》，俞海杰译，上海人民出版社2016年版，第130页。

② Dong-min Shin, "A Critical Review of the Concept of Middle Power", December 4, 2015, https://www.e-ir.info/2015/12/04/a-critical-review-of-the-concept-of-middle-power.

行动,但能够在小团体或者通过国际制度产生系统性影响"。①此后,又有多位学者分别从实力等级、国际地位、国际作用等不同视角来对中等强国的概念进行界定。

目前学界对于巴西是否属于中等强国存在一定争论。1984 年,英国学者卡斯滕·霍尔布莱德(Carsten Holbraad)从领土面积和人口数量的衡量标准出发,将巴西归入中等强国行列。②进入 21 世纪以来,以巴西、南非等国为代表的新兴国家群体性崛起。2007 年,巴西的 GDP 总量位居世界第十位,2009 年跃升世界第八大经济体,2011 年超过英国成为世界第六大经济体。③经济实力的上升带来了巴西的国家自信和国际影响力的提升。巴西不仅于 2006 年成为金砖国家组织创始国,而且积极参与联合国框架活动,谋求成为联合国安理会常任理事国。目前巴西在国际体系中有多重身份:拉美最大国家(领土面积、人口规模及经济总量均为该地区首位)、金砖国家和 G20 成员等。巴西前总统卡多佐认为巴西属于"地区强国",并"致力于成为世界政治博弈的参与者"。④西班牙学者马拉穆德、中国学者马宁和崔悦等人均将巴西归为中等强国。中国学者王翠梅认为巴西已经从中等强国中脱颖而出,成为新兴大国。⑤中国学者沈陈则将巴西定义为实力处于大国和中等强国之间的"次大国"。⑥认为巴西属于中等强国的论点仍然占据主导地位。笔者认为,新兴大国和中等强国的概念并不矛

① Keohane, R., "Lilliputian Dilemmas: Small States in International Politics," *International Organization*, Vol.23, Issue 2, 1969, pp.291—310.

② Carsten Holbraad, *Middle Power in International Politics*, London: Macmillan Press, 1984, p.80.

③ Anderson Antunes, "Brazil Overtakes Britain To Become World's Sixth Largest Economy", Dec 26, 2011, https://www.forbes.com/sites/andersonantunes/2011/12/26/brazil-overtakes-britain-to-become-worlds-sixth-largest-economy/?sh=1d5c0ac54873.

④ Fernando Henrique Cardoso and Humberto Campodónico, The Future of Latin America in the Global Economy: An Interview with Fernando Henrique Cardoso, *Alternative Pathways to Sustainable Development*: *Lessons from Latin America*, Book Editor(s): Gilles Carbonnier, Humberto Campodónico and Sergio Tezanos Vázquez, Published by: Brill, Stable URL: https://www.jstor.org/stable/10.1163/j.cttlw76w3t.9.

⑤ 王翠梅:《中等强国外交与三角关系理论的"区域转向"》,《世界经济与政治论坛》2022 年第 2 期。

⑥ 沈陈:《超越西方语境下的"中等强国":模糊性、特征化与再定位》,《太平洋学报》2022 年第 4 期。

盾,前者指的是对国际秩序产生重要影响的崛起中大国,后者范围更广,指的是经济、科技、军事等综合实力和影响力较强的国家。本文将从中等强国理论的角度对巴西的大国平衡外交进行阐释。

澳大利亚学者休·怀特(Hugh White)认为,中等强国有能力基于自身利益与某个大国谈判,甚至能在没有其他大国支持的情况下做出反对某个大国的行为。巴西的中等强国地位为其战略自主和"积极不结盟"外交提供了实力基础。其在本地区较高的枢纽地位不仅意味着拥有较大的战略自主空间和更多可调动的潜在战略资源,还意味着拥有更强的推动次地区秩序演化、应对地区安全威胁及影响其他行为体的能力。①由于巴西在拉美地区拥有较强影响力,美国亦视其为对拉外交的重点国家。同时,巴西因其在联合国、G20、金砖国家等国际和地区组织中的身份,也成为美国在国际体系中需要重视的对象。随着巴西的崛起,美国愈发需要谨慎处理与巴西的关系,无法像对待其他小国那样肆意打压和制裁。

(三)复合相互依赖机制

第二次世界大战结束后,全球经济和科技迅速发展,国家间和地区间相互影响、相互作用的趋势日益凸显。1977 年,美国学者罗伯特·基欧汉和约瑟夫·奈出版著作《权力与相互依赖》,提出西方国际关系学界的"相互依赖理论"。②随着经济全球化持续推进,经贸依赖成为研究相互依赖理论的重要路径。1984 年,基欧汉在《霸权之后——世界政治经济的纷争与合作》一书中从国际政治经济学的角度提出,权力分配影响财富分配,生产力及财富的变化也反过来影响权力关系。③由此,国际关系学界开始注重国际政治关系与国际经济关系之间的互动。

20 世纪 70 年代,巴西便形成了以促进本国经济社会发展为目标的务实外交。时任巴西总统盖泽尔将国家间的共同利益视为双边关系发展的

①　张耀:《中美战略竞争与亚太中等强国的行为选择——以美国"印太战略"升级为契机》,《东南亚研究》2023 年第 2 期。

②　[美]罗伯特·基欧汉、约瑟夫·奈:《权力与相互依赖》,门洪华译,北京大学出版社 2002 年版,第 14 页。

③　参见[美]罗伯特·基欧汉:《霸权之后——世界政治经济的纷争与合作》,苏长和、信强、何曜译,上海人民出版社 2006 年版。

重要动力及关键因素,包括贸易往来①、能源合作②、投融资合作等。③此后多届巴西政府的外交政策均受到该理念的影响。务实的外交政策给具备自然资源禀赋的巴西带来发展红利。随着巴西国际参与度的扩大,其对外经济依存的特征也在发生变化。进入 21 世纪,巴西与中国、美国和俄罗斯的经贸关系成为影响其外交政策的重要因素。

1. 巴西对中国和美国的经贸依存

本部分将从对外贸易、产品结构和投资等方面分别分析巴西对华和对美的经贸依存。

(1)巴西对中美的外贸依存度。从概念上看,一国对他国的外贸依存度是指两国贸易额在该国国内生产总值中的比重,表明一国国民经济对另一国外贸的依赖程度。美国曾长期是巴西第一大贸易伙伴。进入 21 世纪,中巴贸易增长迅速。2009 年中国取代美国并连续 13 年成为巴西最大贸易伙伴。2022 年中巴贸易额达 1528 亿美元,是 2003 年的 37 倍。④作者通过世界银行获取 2003—2020 年期间各年度中巴贸易额、美巴贸易额以及巴西国内生产总值等数据,并计算得出了外贸依存度指标数值(见表 3、图 1)。

表 3 2003—2020 年巴西对华及对美外贸数据

年份	中巴贸易额(亿美元)	美巴贸易额(亿美元)	巴西国内生产总值(亿美元)	巴对华外贸依存度	巴对美外贸依存度
2003	64.32	270.42	5582.3	1.15%	4.84%
2004	94.86	323.82	6692.9	1.42%	4.84%
2005	126.48	363.32	8916.3	1.42%	4.07%

① Ernesto Geisel, " Pronunciamento feito na primeira reunião ministerial ", Biblioteca da presidência da república, Mar. 19, 1974, http://www.biblioteca.presidencia.gov.br/presidencia/ex-presidentes/ernesto-geisel/discursos/1974.

② Ernesto Geisel, "Saudaçao ao presidente Figueres da Costa Rica", Biblioteca presidência da república, Abril 4, 1974, http://www.biblioteca.presidencia.gov.br/presidencia/ex-presidentes/ernesto-geisel/discursos/1974.

③ Ernesto Geisel, "Discurso pronunciado durante a cerimonia de assinatura de acordos entre o México e Brasil", Biblioteca presidência da república, Julho 24, 1974, http://www.biblioteca.presidencia.gov.br/presidencia/expresidentes/ernesto-geisel/discursos/1974.

④ Ryan Berg, CarlosBaena, "The Great Balancing Act: Lula in China and the Future of U.S.-Brazil Relations", April 19, 2023, https://www.csis.org/analysis/great-balancing-act-lula-china-and-future-us-brazil-relations.

（续表）

年份	中巴贸易额 （亿美元）	美巴贸易额 （亿美元）	巴西国内生产 总值（亿美元）	巴对华 外贸依存度	巴对美 外贸依存度
2006	169.79	401.17	11100	1.53%	3.61%
2007	244.38	450.24	14000	1.74%	3.22%
2008	382.58	540.96	17000	2.25%	3.18%
2009	379.32	369.3	16700	2.27%	2.21%
2010	585.77	481.74	22100	2.65%	2.18%
2011	793.28	617.83	26200	3.03%	2.36%
2012	776.93	610.3	24700	3.15%	2.47%
2013	856.55	628.19	24700	3.47%	2.54%
2014	799.64	640.73	24600	3.25%	2.60%
2015	671.54	521.94	18000	3.73%	2.90%
2016	595.47	485.33	18000	3.30%	2.70%
2017	765.83	564.36	20600	3.72%	2.74%
2018	1006.46	637.27	19200	5.24%	3.32%
2019	1008.22	664.95	18700	5.39%	3.56%
2020	1045.26	513.41	14500	7.20%	3.54%

资料来源：世界银行。

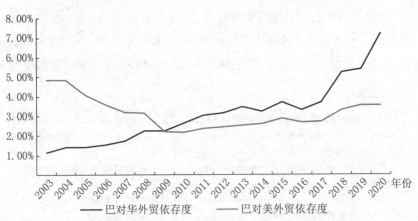

图1　2003—2020年巴西对华及对美外贸依存度变化曲线图

资料来源：作者根据世界银行数据整理。

可以发现,2003—2020 年间巴西对华外贸依存度总体处于上升态势,并且 2009 年以来持续超过美国。而同期巴西对美外贸依存度一度下滑,2009 年以来呈现缓慢上升趋势。但总体看,美国和中国一直是巴西最重要的两个外贸对象国。

(2) 中巴及美巴贸易结构比较。从巴西出口结构来看,大豆和铁矿石是其出口额最多的商品,2020 年上述两种商品分别占其出口总额的 13.7% 和 11.6%。从对华出口来看,其主要出口商品也是大豆和铁矿石。据统计,2022 年巴西对华出口大豆占该国大豆总出口量的 70%,铁矿石则占其对外铁矿石出口总量的 63%。①而巴西自华进口商品则集中于工业制成品,如半导体设备(占进口总额 5.64%)、办公机器零件(2.92%)、电话(2.62%)等,种类多达数百种。②2021 年中国对巴出口额占对外出口总额(3.55 万亿美元)的 1.5%。而且大豆有乌拉圭、阿根廷、美国等国作为替代来源,铁矿石有加拿大、澳大利亚等国作为替代来源,因此中国对巴西产品的依存度并不高。中巴在经贸上呈现不对称相互依赖关系。

从巴西对美出口来看,产品结构较为多元。2021 年巴西对美出口最多的是原油,占其出口总额的 10.2%,其次为粗加工铁矿石,占比为 6.19%,第三位是飞机等航天器,占 4.45%。③从进口产品结构看,精炼油是 2021 年巴西自美进口最多的产品,占进口额的 19.3%,第二位是石油天然气,占比为 9.37%,第三位是疫苗、血液、抗血清等医疗用品,占比为 6.4%。④双边贸易结构更为多元,与中巴贸易结构形成互补。

(3) 中美对巴西直接投资比较。巴西是全球重要的外资目的地。据联合国贸易和发展会议统计,2021 年巴西是全球第七大外国直接投资目的地。⑤美国对巴西投资历史久、存量大。早在 19 世纪,美国就开始对巴

---

① "Brazil leading exports depend on China: 70% of soybeans and 63% of iron ore", March 29th, 2023, https://en.mercopress.com/2023/03/29/brazil-leading-exports-depend-on-china-70-of-soybeans-and-63-of-iron-ore.

② "Bilateral Trade by Products", https://oec.world/en/profile/bilateral-country/bra/partner/chn.

③④ "Bilateral Trade by Products", https://oec.world/en/profile/bilateral-country/usa/partner/bra#bi-trade-products.

⑤ "Brazil—Country Commercial Guide", April 3, 2023, https://www.trade.gov/country-commercial-guides/brazil-investment-climate-statement.

西港口、铁路等基础设施进行投资。①得益于长期深耕巴西市场,美国在巴投资存量规模较大。尽管近年来美国对巴直接投资呈下滑态势,但美国仍然是巴西外国直接投资最重要的来源国(见图2)。据巴西中央银行统计,截至 2020 年年底美国占巴西外国直接投资存量的 24%,是对巴投资存量最多的国家。②美国对巴西投资集中于软件和 IT 服务业、金融服务、食品生产、化工制造、商业服务和通信部门。③

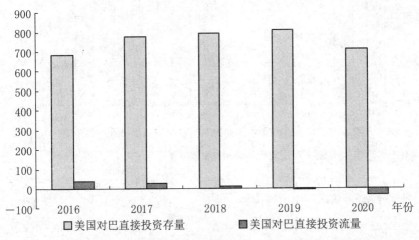

图 2　2016—2020 年美国对巴西直接投资变化(单位:亿美元)

资料来源:美国商务部。

中国企业对巴西投资较晚,但增长迅速。2005—2020 年,巴西是中国在南美洲投资最多的国家(见图3)。根据中国全球投资跟踪数据库调查,该时期中国对巴投资占其对南美投资总量的 47%,超过秘鲁(21%)、智利(11%)和阿根廷(9%)。④受疫情影响,2020 年中国对巴投资同比急剧减

---

①　Magnoli, D. *Relações internacionais*: *Teoria e história*. São Paulo: Saraiva, 2004.

②　"Brazil—Country Commercial Guide", April 3, 2023, https://www.trade.gov/country-commercial-guides/brazil-investment-climate-statement.

③　Foreign Direct Investment(FDI): Brazil, August 2021, U.S. Department of Commerce, https://www.trade.gov/sites/default/files/2021-09/Brazil.pdf.

④　Tulio Cariello, "Investimentos chineses no Brasil(2007—2020)", Conselho Empresarial Brasil-China, p.18.

少,但次年迅速反弹。据中国—巴西企业家委员会(CEBC)统计,2021 年中国企业在巴投资 59 亿美元,是 2020 年投资流量的三倍多。①

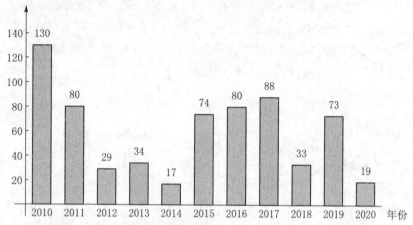

图 3　2010—2020 年中国对巴西直接投资流量(单位:亿美元)

资料来源:中国—巴西企业家委员会。

同时,中国对巴投资领域日益多元化。在 2011 年之前,中国对巴投资集中于能源、矿产开采以及农业领域。自 2012 年起,除了能源领域之外,电力、制造业等吸引中企的投资日益增多。2007—2020 年中国对巴投资的 48% 属于电力领域,28% 分布于油气开采领域,采矿业、制造业和基础设施领域吸引的投资分别为 7%、6% 和 5%。②

总体来看,美国和中国在直接投资方面均对巴有着重要影响力。美国在巴西投资的时间长、经验丰富,拥有一定优势。但近年来,中国在投资方面对巴影响愈发加大,尤其在电力领域的影响迅速扩大。

2. 巴西对俄经贸依赖

由于经贸互补性不足,俄巴经贸联系非常有限。③从贸易方面看,与中巴、美巴贸易相比,巴西与俄罗斯间的贸易额并不多。2021 年,巴西对俄

---

① Bnamericas, "Los cambios en la estrategia de inversión de China en Brasil", 01 septiembre, 2022, https://www.bnamericas.com/es/entrevistas/los-cambios-en-la-estrategia-de-inversion-de-china-en-brasil.

② Tulio Cariello, "Investimentos chineses no Brasil(2007—2020)," *Consejo Empresarial Brasil-China*, p.23.

③ 周志伟:《巴西在俄乌冲突中为何对俄罗斯更有"温度"》,《世界知识》2022 年第 8 期。

出口额为 16.8 亿美元,自俄进口额为 55.8 亿美元。①根据前面提供的方法进行测算,巴西对俄贸易依存度仅为 0.45%,俄罗斯对巴外贸依存度仅为 0.41%。从投资方面看,2019 年俄罗斯对巴投资为 1.8 亿美元,巴西对俄投资仅为 600 万美元。②

但从关键产品上看,巴西对俄罗斯的化肥有着较强的依赖。巴西是世界重要的大豆出口国,需要在农业中使用大量化肥。但其土地较为贫瘠,农业使用的化肥至少 70% 都需要从国外进口。据统计,2021 年巴西是全球化肥进口量最大的国家。③2017—2021 年,巴西 95% 的氮肥均依赖进口。④从全球化肥生产供给角度看,中国、俄罗斯、美国、印度以及加拿大等占据全球 60% 的肥料供给。磷和钾属于开采型矿物质,一些国家十分稀缺,中国、美国、印度、摩洛哥以及俄罗斯的磷肥供应量占到全球的 3/4 以上,钾肥供应则更为集中,主要集中在加拿大、俄罗斯和白俄罗斯等国。巴西常年自俄进口大量化肥。2017—2021 年,巴西进口的氮肥、磷肥和钾肥中分别有 21%、15% 和 26% 来自俄罗斯,其余重要供应国包括中国(氮肥)、摩洛哥(磷肥)。⑤2021 年巴西自俄进口产品中,复合肥料占 24.2%、钾肥占 20.5%、氮肥占 19.4%。⑥

2020 年年初俄乌冲突的爆发引发了外界对全球粮食危机和化肥短缺的担忧。美欧对俄罗斯制裁加码,加上俄乌两国是欧洲和亚洲货物运输的重要通道,该事件使得全球化肥价格上涨。加上俄乌冲突还导致全球能源价格波动,用于生产化肥的石油和天然气成本上升,因此 2020 年年初以来,全球化肥价格一度呈飙升态势,尤其在 2021 年下半年氮肥、钾肥和

① "Bilateral Trade by Products", https://oec.world/en/profile/bilateral-country/rus/partner/bra.

② André Pineli, Fernando J. Ribeiro, Flavio Lyrio Carneiro and Mateus de Azevedo Araújo, "Brazil and Russia: How to improve the economic relationship beyond resuorce-based industries", https://repositorio.ipea.gov.br/bitstream/11058/10885/2/TN_Brazil_and_Russia_Executive_Summary.pdf.

③ Daniel Workman, "Top Fertilizers Exports by Country", https://www.world-stopexports.com/top-fertilizers-exports-by-country.

④⑤⑥ Joana Colussi, Gary Schnitkey, Carl Zulauf, "War in Ukraine and its Effect on Fertilizer Exports to Brazil and the U.S.", farmdoc daily(12):34, Department of Agricultural and Consumer Economics, University of Illinois at Urbana-Champaign, March 17, 2022.

磷肥的价格急剧上升。2023 年以来,由于需求疲软,全球化肥价格有所下调,但仍高于俄乌冲突前的水平(见图 4)。而且据世界银行专家评估,全球化肥的供应问题依然存在。①

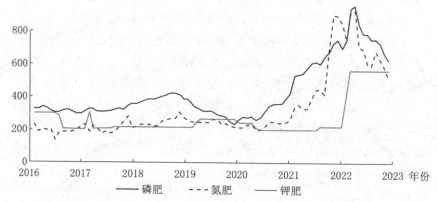

图 4　2016—2023 年全球化肥价格波动图(单位:美元/立方米)
资料来源:世界银行。

博索纳罗曾表示,巴西是包括大豆在内的世界上各种农作物的最大出口国,缺少化肥可能导致农作物减产和全球食品价格上涨。②2022 年,巴西为了绕过西方制裁,选择了用人民币结算从俄罗斯购买的化肥。此外,博索纳罗政府还尝试加大本国化肥生产以缓解短缺危机。但实现化肥国内生产需要政府详细评估政治、经济、社会和环境等因素,短期内实现的难度较大。③未来,巴西将继续保持对俄罗斯化肥的依赖性,这也决定了巴西将继续在俄乌冲突中保持中立立场。卢拉政府积极开展斡旋外交,试图促成俄乌双方进行和谈,也是基于对国家经济利益的考量。

---

① John Baffes, Wee Chian Koh, "Fertilizer prices ease but affordability and availability issues linger", January 5, 2023, https://blogs.worldbank.org/opendata/fertilizer-prices-ease-affordability-and-availability-issues-linger.

② "Brazil's Bolsonaro pushes fertilizer project as he warns of shortage", Reuters, October 8, 2021, https://www.reuters.com/business/environment/brazils-bolsonaro-pushes-fertilizer-project-he-warns-shortage-2021-10-07.

③ Mauro Osaki, "Fertilizer Sector in Brazil faces challenges due to its dependence on the international market", March 14, 2023, https://www.cepea.esalq.usp.br/en/opinion/fertilizer-sector-in-br-faces-challenges-due-to-its-dependence-on-the-international-market.aspx.

结合前面的分析可以发现,远离欧亚大陆的地理位置使得巴西可以在面对国际冲突时相对超脱,优越的资源禀赋和中等强国身份成为其外交上纵横捭阖的实力基础,而对外经贸依存特点则决定了其努力在大国之间保持平衡,与各方保持务实合作。上述三种机制共同作用,成为21世纪以来巴西历届政府坚持大国平衡外交的重要动因。相比巴西,印度同样是中等强国,而且与中国和美国都有着紧密的经贸关系。然而印度在亚洲的地缘位置以及与中国存在边界争端的历史和现实,导致印度面对中美博弈的态度趋于模糊和复杂。南非处于远离欧亚大陆的非洲,与中、美、俄均不存在领土或地缘争端,但由于其国家实力有限,因此在国际事务上积极发声的能力无法与巴西媲美。

五、巴西"积极不结盟"外交的影响及发展前景

(一)巴西"积极不结盟"外交的影响

1. 有利于缓解国际冲突

作为崛起中的新兴大国,巴西在发展中国家群体中有着较强影响力。由于远离冲突地区,巴西与世界主要大国之间均维持着良好的合作关系。2023年美国《外交政策》杂志刊文称,"巴西是乌克兰实现和平的最佳选择"。[①]

一方面,巴西政府积极介入并斡旋中东问题和俄乌冲突,对于缓解危机发挥了建设性作用。根据主要国际关系理论的逻辑推演,第三方通过在一定条件下的选边站、推动制度构建和协调、促进双方间良性认知,能够在管控大国冲突方面发挥一定的作用。[②]尽管巴西关于和平谈判的提议暂时没有被乌克兰政府所接受,但在美国和欧洲国家普遍坚持对俄打压的背景下,巴西作为新兴大国的代表,积极提出和平倡议,代表了部分发展中国家的声音,降低了危机急剧激化的可能性。同时,俄方积极会见巴

---

① Jorge Heine, "Brazil Is Ukraine's Best Bet for Peace", Foreign Policy, May 2, 2023, https://foreignpolicy.com/2023/05/02/brazil-russia-ukraine-war-lula-diplomacy-active-nonalignment.

② 李开盛:《中美东亚冲突管控:第三方的角色与选择》,《国际安全研究》2017年第4期。

方代表,表明俄罗斯对于和谈解决危机的渠道十分重视。这一动向为乌克兰以及美欧应对危机提供了新的选项,而巴西的斡旋为双方都提供了和谈的台阶。

另一方面,巴西的立场为其他拉美国家树立了榜样。作为拉美第一大经济体,巴西向来在地区事务中有着较强影响力。面对中美竞争,拉美大多数国家与巴西一样,坚持不选边站队的做法,与两国均保持务实合作。俄乌冲突爆发后,墨西哥、阿根廷等拉美多国拒绝加入制裁俄罗斯的行列。2022 年 2 月 25 日,巴西和阿根廷代表均拒绝在美洲国家组织会议谴责俄罗斯的联合声明上签字。①时任墨西哥总统安德烈斯·曼努埃尔·洛佩斯·奥夫拉多尔(Andrés Manuel López Obrador)对于美国不断向乌克兰提供援助的行为也表示不满。②同时,由于巴西、阿根廷、哥伦比亚等多国拥有一批俄制武器,美国和德国曾派遣高官赴上述国家游说,让这些国家向习惯使用俄制武器的乌克兰提供支援,遭到拉美多国拒绝。哥伦比亚总统古斯塔沃·佩特罗(Gustavo Petro)曾表示,"宁愿手上的俄制武器变成废铜烂铁,也不会交给乌克兰"。③以巴西为首的拉美国家拒绝在国际冲突中选边站队,有助于阻止国际阵营化对抗,为增进世界和平发挥了积极作用。

2. 巴西的国际能见度提高

博索纳罗执政后期,为了扭转低迷的国际形象,开始重视金砖国家的作用,并在俄乌冲突中坚持中立政策,与俄罗斯等国保持合作,一定程度上修补了巴西受损的国际形象。卢拉重返政坛后推行大国外交,与中国和美国密切接触,并且积极斡旋俄乌冲突,使得巴西在国际场合和国际媒体中的能见度急剧上升。

同时,巴西国际形象的改善对于促进其对外合作也发挥了重要作用。

---

① Carlos Malamud, Rogelio Núñez Castellano, "América Latina y la invasión de Ucrania: su incidencia en la economía, la geopolítica y la política interna", 30 de marzo de 2022, https://www.realinstitutoelcano.org/analisis/america-latina-y-la-invasion-de-ucrania-su-incidencia-en-la-economia-la-geopolitica-y-la-politica-interna.

② Jean Meyer, "Mexico and the war in Ukraine", https://www.wilsoncenter.org/collection/blog-mexico-and-war-ukraine.

③ "Colombia rejects US proposal to supply Ukraine with Russian weapons", Tass, Jan 25, 2023, https://tass.com/world/1566605.

2023年4月,卢拉率领200多人的代表团正式访华,与中国国家主席习近平亲切会晤。访问期间,中巴双方签署了贸易投资、数字经济、科技创新、信息通信、减贫、检疫、航天等领域多项双边合作文件,还发表了《中华人民共和国和巴西联邦共和国关于深化全面战略伙伴关系的联合声明》。由于巴西在俄乌冲突中积极斡旋,俄罗斯也加大了对巴西的重视。俄罗斯在《2023年外交政策概念》文件中单独提到了巴西,而不同于在2016年版本中将巴西列为南方共同市场和金砖国家成员。在最新版本中,俄罗斯将巴西与委内瑞拉、古巴和尼加拉瓜一起作为俄罗斯在拉美的优先合作伙伴。[1]

（二）巴西外交前景

当前世界局势紧张依旧,大国博弈持续展开。在强化对华战略竞争的思维指导下,美国不断限制在经济、科技、人文交流等领域的对华关系,不断加剧在外交、军事领域与中国的对抗。[2]同时,短期内俄乌冲突持久化恐成定局。[3]面对大国博弈长期化态势,巴西的外交战略选择对于未来其国家发展和国际地位均有着重要影响。

巴西远离欧亚大陆的地理位置决定了其在较长一段时间内不会面临严重的安全威胁,也不会成为美国外交的重点。而巴西的大国禀赋决定了其经济具有一定韧性,而要实现跨越式发展跻身大国行列,巴西仍需要进行结构性改革。因此,中等强国将在一段时期内继续成为巴西的身份标签。外贸依存度也是衡量巴西外交政策的重要因素,其与美国、中国和俄罗斯的经贸合作特点短期内不会发生变化。巴西将继续重视美国和中国这两大重要市场和投资来源地。中巴贸易互补性较强,未来双方将在互利共赢原则的基础上,继续加强在高新技术产业的合作,夯实务实合作。而俄罗斯化肥对巴西的重要性在短期内也难以改变,加上两国在金砖国家中有着密切配合协作,巴西将继续保持与俄罗斯的全方位合作。因此,在面对大国博弈时,巴西政府或将继续坚持现有的"积极不结盟"政策。

---

① "The Concept of the Foreign Policy of the Russian Federation", 31 March 2023, https://mid.ru/en/foreign_policy/fundamental_documents/1860586.

② 吴心伯:《探索中美战略博弈的边界》,《国际问题研究》2023年第2期。

③ 赵隆:《乌克兰危机持久化与中俄关系再调适》,《俄罗斯研究》2023年第1期。

六、总　结

冷战以来，面对美国与其他大国在全球和地区的博弈及冲突，大多数拉美国家保持中立态度，甚至积极斡旋化解危机。20 世纪 70 年代起，拉美国家纷纷加入不结盟运动，在美苏争霸中采取中立立场，并且积极斡旋地区危机。冷战结束后，以巴西为首的大多数拉美国家继续坚持中立政策，不介入大国冲突、不在大国之间选边站队。巴西还积极斡旋国际冲突，试图化解危机。

本文从"地理政治学""中等强国身份"和"复合相互依赖"等角度，对巴西"积极不结盟"外交的成因进行综合分析。同时，本文认为巴西的"积极不结盟"外交也为其进一步推进对外经贸关系多元化、促进本国可持续发展带来了有利机遇。未来，随着大国博弈长期化复杂化，卢拉政府将继续坚持现有的外交立场，积极参与危机调解和斡旋，为维护世界和平与稳定发挥建设性作用。以巴西为代表的中等强国如何参与国际政治将继续成为学界研究的重要课题。

以色列对巴以问题政策的思想溯源
——基于犹太"迫害—幸存"神话叙事的分析*

张　璇**

【内容提要】　在以色列的国家建构的过程中,神话叙事发挥了建构共同体、产生国家认同并巩固政治合法性的作用。犹太节期等象征符号构成了一系列维系犹太民族存续的文化意象,其中"迫害—幸存"叙事体现了犹太民族文化的核心内涵,并持续影响着犹太人对安全的感知以及以色列国家安全政策的制订。以色列将巴勒斯坦问题视为对抗外部敌人的延续,认为这种"迫害"和安全威胁仍然关系到犹太民族的生存和国家"犹太属性"的维护。在"迫害—幸存"神话叙事的影响下,安全话语在以色列国家议程中始终占据核心地位,以色列社会也呈现显著的右倾化趋势。近年来,以色列政府鲜有采取真正有效的措施推动巴以双方关系的改善,反而支持极右翼议员的激进化政策,并因此引发了巴以局势的再度升级,以色列对"迫害—幸存"叙事的关注再次上升。

【关键词】　以色列,神话叙事,巴以冲突,巴勒斯坦问题,右倾化

【Abstract】　In the process of nation-building in Israel, myth narratives have played a crucial role in constructing a sense of community, generating national identity, and consolidating political legitimacy. Symbolic elements such as Jewish holidays constitute a series of cultural images that sustain the Jewish nation. Among these, the "persecution-survival" narrative embodies the core essence of Jewish culture and continuously influences Jewish perceptions of security and the formulation of Israel's national security policies. Israel views the Palestinian issue as a continuation of the struggle against external enemies, considering such "persecution" and security threats as integral to the survival of the Jewish nation and the preservation of the state's "Jewish identity." Under the influence of the "persecution-survival" myth narrative, security discourse has consistently occupied a central position in Israel's national agenda, and Israeli society has exhibited a marked rightward shift. In recent years, the Israeli government has rarely taken genuinely effective measures to promote the improvement of Israeli-Palestinian relations. Instead, it has supported the radical policies of far-right legislators, which have contributed to the further escalation of the Israeli-Palestinian conflict. Additionally, Israel's increasing focus on the "persecution-survival" narrative has led to further violations of the legitimate national rights of the Palestinian people.

【Key Words】　Israel, myth narrative, Israeli-Palestinian conflict, Palestinian issue, Rightwing radicalization

＊　本文系教育部人文社会科学重点研究基地重大项目"对话视域中的以色列宗教与现代性研究"(编号:19JJD730001)、教育部人文社会科学重点研究基地重大项目"以色列宗教与政治、社会研究"(编号:22JJD730004)的阶段性研究成果。

＊＊　张璇,山东大学犹太教与跨宗教研究中心、山东大学哲学与社会发展学院助理研究员。

以色列的国家建构是在犹太复国主义运动中逐渐发展成型的,而这一进程的重要思想基础在于犹太人"回归故土"的合法性。因此,从犹太民族的形成到犹太人与"应许之地"的联系,再到犹太人建立民族国家的诉求,这些以色列国家建构所面临的基本问题,往往都会到《希伯来圣经》中寻求答案。时至今日,以色列国家领导人在重大政治活动和庆祝仪式上的发言仍然频繁引用《希伯来圣经》的文本,将现代犹太人、现代以色列与神话叙事中建立在"应许之地"的古以色列联系起来。这一联系旨在申明现代以色列的"犹太属性"(Jewishness)与古代以色列是一脉相承的,从而强调以色列国家重建和存在的合法性,并以此呼吁世界犹太人的团结与国际社会的支持。

强化国家的神圣性有两种方式,一是复兴带有神秘色彩的过去,另一种则是持续不断地攻击一个特殊的敌人。①在犹太复国主义运动时期,"一个没有土地的民族与一块无人居住的土地"成为犹太复国主义各派别广泛应用的口号。通过这一表述,可以看出当时以色列国家建构的两个政治目标:一个是要重新确立犹太人的民族地位,另一个则是要拆解在巴勒斯坦地区生活的当地人的共同身份。②在进行民族自我界定的过程中,要强调本民族的特性,就必然会突出同"他者"的差异,甚至要激发起同"他者"的对立与冲突。自犹太复国主义时期起,犹太人对于"民族自决"与土地的诉求,事实上都同已经在巴勒斯坦地区居住的阿拉伯人所拥有的"民族自决"权利和对土地的诉求相冲突。③

在此背景下,在以色列建国后,犹太复国主义运动的目标从建立犹太民族国家转为捍卫这个国家的合法性。一方面,以色列国需要以军事手段应对关系国家生存的战争;另一方面,以色列还需要在国际社会上引导公共话语,来使世界相信犹太国家成立与继续存在的合法性。因此在对外政策上,以色列对神话叙事的需求已经变成援引神圣文本来支持以色

---

① [美]戴维·E.阿普特:《现代化的政治》,李剑、郑维伟译,中央编译出版社 2011 年版,第 190 页。

② Lev Grinberg, "Opinion | It Isn't Apartheid—It's Worse," *Haaretz*, February 24, 2022, https://www.haaretz.com/opinion/.premium-it-isn-t-apartheid-it-s-worse-1.10630937.

③ Uriel Abulof, "The Roles of Religion in National Legitimation: Judaism and Zionism's Elusive Quest for Legitimacy," *Journal for the Scientific Study of Religion*, Vol. 53, No.3, 2014, p.523.

列对民族权利和土地的历史主张,通过神话叙事来维护其主权要求以及安全政策的合法性。

一、犹太"迫害—幸存"神话的形成与延续

在以色列国家建构的过程中,以"人—神—土地"为核心的犹太神话叙事发挥了建构共同体、产生国家认同并巩固政治合法性的作用。①从共同的神圣历史中衍生出来的民族认同和集体意识,为进一步构筑政治身份提供了基础;在共同的土地、历史、文化、宗教、价值观和感情的基础上,共同的社会归属感形成的集体身份将人们聚合在一起。

为了建立和整合民族共同体,犹太节日、仪式、古老的语言、希伯来日历、烛台等象征物品的使用,成为反映犹太人历史、宗教和文化的主要方式。在庆祝犹太节日和家庭活动的仪式上,历史话语被一遍一遍地重述,从而进一步塑造和强化犹太人的集体记忆,能够使民族神圣叙事的内容和主题代代相传。这些象征符号代表了神话叙事中的重要历史事件,以此构建一系列民族文化意象。因此,这些犹太历史能够在节期庆典中不断复现,犹太人的民族身份和民族意识也得到了不断提示和增强,以历史化的方式得到连续的呈现和强调。②

在宗教群体和世俗群体中,对于节日的庆祝方式存在着显著的差异,但在神话叙事的背景下,各个派别却能够保持节日主题的统一,通过庆祝节日的仪式显示文化的共性与融合。犹太民族的存续始终是犹太节日庆祝的核心,犹太人在各种各样的苦难和迫害中"幸存"的故事是绝大多数犹太节日的主题,也是犹太神化叙事的重要母题。犹太人时常自嘲,在犹太节日庆祝中亘古不变的主题和流程即是"他们想要杀我们,我们幸存下来了,现在我们吃饭吧"(They tried to kill us, we survived, now let's eat)。从法老、哈曼到哈德良,犹太神话中的历史叙事描述了一种一以贯之的受迫害者的生活模式,犹太人总会被奇迹般地救赎,享受短暂的平

---

① 参见张璇:《神话叙事影响下的犹太民族建构与国家想象》,《世界民族》2024 年第 5 期。
② 刘洪一:《犹太文化要义》,商务印书馆 2004 年版,第 61 页。

静,然后再次进入下一次迫害与救赎的循环。这种"迫害—幸存"的神话叙事中实际上隐含着对圣约的最终履行和得到最终救赎的信念,相信犹太人会履行"圣约",并最终会在神的救赎下获得荣耀和美满的结局。

犹太传统节日是犹太人时间维度的里程碑,对社会发挥着引导作用。12 世纪的拉比迈蒙·本·约瑟夫(Maimon ben Joseph)提出,犹太人不应该轻视任何的犹太传统,因此必须尽一切努力准备节日庆祝仪式活动和食物,以此来实践神曾经为这个民族所显现的奇迹和所恩赐的祝福。[①]对很多犹太人来说,《希伯来圣经》是维系犹太人认同和团结的最重要的历史因素之一;同时,也有一部分人将历史记忆简化为个人的家庭历史,从而保存其父辈或祖父辈的记忆。[②]而对节日的庆祝则能够将这两种认同结合起来,将宗教、传统内化成为每个犹太家庭故事的一部分。通过举行庆祝犹太传统节日的仪式活动,犹太人通常会将神话叙事中的重要故事重新讲述或者复现,并在长久的世代传承中向下一代讲述犹太神圣历史的故事。犹太人基本的仪式记忆仍然源自圣经和犹太律法,这些仪式提供了一个共有的惯例系统,围绕着整个民族的共同记忆。[③]

在庆祝犹太节日的过程中,作为个体的犹太人能够更深切地体会到其身份是作为犹太集体的一部分,能够将厚重的历史代代传承下来。节日反映了社会的集体身份,并构建了社会成员的身份,这种特殊的集体记忆成为犹太人保持民族认同、延续民族传统的有效文化手段。[④]因此,节日不仅是文化的表达,也是犹太人身份传承的渠道,在犹太复国主义运动中关于如何塑造节日的讨论,实际上是在探索如何塑造关于集体的话语,它们体现了犹太神话、文化传统和犹太身份之间的紧密关系。逾越节、圣殿被毁日和光明节是犹太神话叙事中具有象征性的三个重要节日,分别标

---

① David Geffen, "Hanukkah Customs And Experiences from around the World," *the Jerusalem Post*, November 25, 2021. https://www.jpost.com/judaism/jewish-holidays/hanukkah-customs-and-experiences-from-around-the-world-687011.

② [以色列]沙洛姆·萨洛蒙·瓦尔德:《文明兴衰与犹太民族:文明互鉴的视角》,卢彦名译,宋立宏校,浙江人民出版社 2022 年版,第 202 页。

③ [美]约瑟夫·哈伊姆·耶路沙米:《纪念:犹太历史与犹太记忆》,黄薇译,上海人民出版社 2022 年版,第 51 页。

④ 张倩红等:《犹太史研究新维度:国家形态·历史观念·集体记忆》,人民出版社 2015 年版,第 249 页。

志着犹太历史的三个不同的发展阶段,这三个节日的庆祝能够典型地体现出这种"迫害—幸存"叙事的内涵,以及该叙事对犹太民族建构和以色列国家建构的重要作用。逾越节(Passover, פסח)源于《希伯来圣经》中以色列人逃离埃及的故事,属于圣经规定的三大朝圣节(Shalosh Regalim)之一①,也是绝大多数犹太人在一年中最为重视并按照传统进行大规模庆祝的节期。在逾越节第一个晚上,犹太人会与家人团聚共同进行逾越节家宴(Seder)的哈加达(Haggadah)仪式,从长者到儿童在内的全部家庭成员都会参与和互动,讲述逾越节故事,对下一代进行民族历史教育和传承。这种传承使"民族""国家""宗教"的意义内化成了属于每一个家庭的私人化的记忆,从而能够建立起深入每个个体的精神连接,并能唤起犹太人共有的情感的共鸣和归属感。而在仪式的最后,逾越节家宴会以对最终救赎的期待作为结尾,共同祷告"来年在耶路撒冷"(Leshanah haba'ah b'Yerushalayim),这种对回归和重建家园的渴望在每个犹太家庭的逾越节家宴上年年都被回顾,而耶路撒冷作为一种精神所归之处的象征,即使在以色列已经建立之后,也依旧作为犹太民族的精神中心发挥着凝聚民族的作用。

圣殿被毁日(Tisha B'Av)是犹太历阿布月第九日,是犹太人哀悼圣殿两次被毁的纪念日。犹太人在圣殿被毁日哀悼的意义在于回顾古代以色列人引以为傲的圣殿与王国毁于一旦的历史、回顾一神教精神文明的核心象征的丢失,以及回顾犹太民族两千年流散的开端。通过每年的回顾与哀悼,能够使犹太人更加痛惜于犹太传统的散失,重新感受流放所带来的迫害和精神痛苦,更加渴望民族辉煌时代的重建,渴望重新回到以色列地、回归以色列人的精神家园。在犹太复国主义运动时期与以色列建国之后,圣殿被毁日被犹太复国主义者赋予了新的意义。被迫害的命运终于能够在以色列人共同的努力下看到终结的曙光,在以色列度过圣殿被毁日本身,就已然意味着犹太人民的胜利。因此,现代以色列人将圣殿被毁日视为对悲惨历史的回顾、对先祖牺牲的祭奠、对民族苦难的铭记,从而强化对犹太民族历史和以色列人共同命运的认同;以色列国的建立则

---

① 三大朝圣节指逾越节(Passover)、五旬节(Shavuot)和住棚节(Sukkot),在《希伯来圣经》中,古代以色列人需要在这三个节期中前往耶路撒冷的圣殿朝圣,参加庆祝活动和祭祀仪式。

被世俗犹太复国主义者隐喻为"第三圣殿"的出现。①

犹太光明节(Hanukkah)源自希腊化时代马卡比(Maccabi)犹太人反抗异族统治与同化的历史。②在光明节叙事中,马卡比人面对的敌人是企图破坏和否认犹太人身份和独立性的希腊入侵者;而对比在犹太人散居的几个世纪中所遭受的无处不在的歧视、迫害和同化,古代马卡比人的英勇战斗成为犹太人怀旧感情与民族自豪感的源泉。因此,犹太复国主义运动也将这一叙事中犹太人对希腊统治的反抗纳入其民族重生的叙述,使古代的胜利为现代犹太人争取民族自由的斗争提供了灵感。在犹太复国主义教育中,光明节的叙事被用于弘扬英雄主义传统和培育勇于牺牲、为国家奉献的精神,成为一种用于教育下一代的政治神话,从而为犹太复国主义运动未来的新战士做好准备,以此促进新公民身份的建构。③

除传统节日外,安息日是犹太人生活中最为寻常和频繁的节期,被认为是犹太传统的基础和精髓所在,对于保持犹太民族的独特性具有重要意义。文化犹太复国主义先驱阿哈德·哈姆(Ahad Ha'am)曾振聋发聩地提出,"与其说是以色列人守安息日,不如说是安息日守住了以色列"。④世俗的犹太复国主义诗人哈伊姆·纳赫曼·比亚利克(Hayim Nahman Bialik)也曾提出,在犹太国家的公共领域,安息日必须与一周的其他时间不同,公开遵守安息日对于犹太民族的存续至关重要。⑤

犹太历法和犹太节期反映了民族性与宗教性在犹太历史中的相互联动、相互支撑,"迫害—幸存"的主题叙事在犹太传统节日的庆祝中被反复

---

① Sam Lehman-Wilzig, "National Viability and Vitality: The Israeli Case(3)—Unified National Identity," *The Times of Israel*, July 15, 2022, https://blogs.timesofisrael.com/national-viability-and-vitality-the-israeli-case-3-unified-national-identity.

② Rina Hevlin, "The Jewish Holidays as A Platform for A Multicultural Discourse of Identity," in Avi Sagi, Ohad Nachtomy eds., *The Multicultural Challenge in Israel*, Boston: Academic Studies Press, 2009, p.254.

③ Ofra Amihay, "'A Candle of Freedom, A Candle of Labor, or The Candle of Judah': Lea Goldberg's Jewish Holiday Poems for Children," *Prooftexts: A Journal of Jewish Literary History*, Vol.28, No.1, 2008, p.43.

④ Ahad Ha'am, Al Parashat Derakhim(At the Crossroads), Tel Aviv and Jerusalem: Dvir/Hozaah Ivrit, 1964, vol.11, p.139;转引自[以色列]沙洛姆·萨洛蒙·瓦尔德:《文明兴衰与犹太民族:文明互鉴的视角》,卢彦名译,宋立宏校,浙江人民出版社 2022 年版,第 198 页。

⑤ S. Ilan Troen, "Secular Judaism in Israel," *Society*, No.53, Vol.2, 2016, p.160.

重述和重演。而在犹太复国主义运动和以色列国家建构的初期，这种叙事的重点从描绘以色列不断等待神圣拯救逐渐转变为犹太人积极努力实现自己的救赎和政治独立，犹太节日的庆祝也从以神为中心的概念向以人为中心转变。同时，自犹太复国主义运动时期起，犹太教育者就已经认识到向犹太人灌输社会文化价值观念的重要性，因此非常重视将节日纳入学校课程。伊休夫等犹太政治共同体的建制机构也为传承犹太历史、组织公共生活发挥了重要作用，使犹太历史和文化在政治共同体的公共生活中获得表达。

即使时至今日，古代神话叙事中的"迫害—幸存"叙事仍然被沿用到以色列面临的国际形势中。以色列希伯来大学历史学家尤瓦尔·诺亚·赫拉利（Yuval Noah Harari）提出，历史的诅咒在于它激发了修复过去的渴望。①在以色列的历史话语中，犹太人的犹太复国主义运动曾面临托管政府的阻挠和阿犹冲突，但最终并未成功阻止以色列国的建立；在以色列于 1948 年宣告成立时，周边强大的阿拉伯国家联军试图将这个新生国家扼杀在摇篮里，但以色列仍然幸存下来了；1967 年战争中以色列取得了前所未有的军事胜利；1973 年战争中以色列逆转战局，再次从灭绝的危险中幸存下来。甚至"因提法达"运动中的袭击事件和来自加沙的火箭弹也被应用到现代以色列的"迫害—幸存"叙事中，成为以色列人获得内部凝聚力和追求外部合法性的重要话语来源。然而，在这种自我界定和强化共同体身份的同时，也会存在对他者的身份和集体记忆进行边缘化甚至清除的倾向，从而突出其自身的记忆和心理塑造。这反映在以色列的民族建构和国家建构过程中，则表现为对自身民族身份的界定和对巴勒斯坦人民族身份的消解。

二、神话叙事影响下的巴以领土边界问题

在以色列国成立之前，巴勒斯坦地区的阿犹冲突已经使犹太复国主

---

① Yuval Noah Harari, "Opinio ︱ Is Hamas Winning the War?," *The Washington Post*, October 19, 2023, https://www.washingtonpost.com/opinions/2023/10/19/hamas-winning-political-goals.

义者意识到,如果需要在这个已经有"异族"定居的土地上建立一个犹太国家,他们将面临清晰的自我界定与融入周围环境之间的矛盾。如果以色列坚持其犹太特性、坚持与世界犹太人的联系,则必然会削弱其融入地缘政治环境的意愿;而如果要融入中东的地缘环境、要被当地阿拉伯人接受,则必然会降低其"犹太属性"所强调的内容。这种困境是永久性的,中东冲突局势越紧张,以色列人就越倾向于强调对犹太世界的归属感;只有当地区紧张程度降低,以色列才会倾向于强调对该地区的归属感。[①]

在以色列国成立之初,曾有人认为犹太复国主义运动已经实现了建立犹太国家、为受迫害的犹太人提供避难所、实现犹太人自决权的目标,因此犹太复国主义的历史使命已经宣告结束。然而事实上,在以色列历史的绝大多数时间里,该国的地区安全环境都在战争与备战交替的状态中循环,因此,对"犹太属性"的强调自然成为以色列国家属性最显著的特征,也相应减少了与周边的相容性和共存的空间。

（一）"大以色列"的神话

从其根源来看,"大以色列"思想源于宗教犹太复国主义派别对以色列领土边界的宗教文本解读,因此,该思想是在以色列外部环境发生变化的情况下,从以色列古代神话叙事中衍生出来的新政治神话。宗教犹太复国主义者用宗教术语定义犹太民族,要求对犹太复国主义进行宗教上的重新解释,将以色列建立在回归圣地的宗教叙事上,因此犹太复国主义被认为是一种宗教的命令。[②]拉比亚伯拉罕·艾萨克·库克（Abraham Isaac Kook）从民族、普适伦理与神圣性三个层面来解读犹太身份[③],而这种神圣性就包括神通过拣选和应许将犹太人与土地建立起来的联系,强调民族、宗教与领土的联系是犹太国家的核心所在。

"大以色列"是关于民族和土地的犹太神话叙事。拉比库克的儿子拉比泽维·库克用弥赛亚概念来解读 1967 年以色列在"六日战争"中获得的胜利,认为这场战争终结了自大屠杀开始的救赎阶段。在他看来,犹太

① Eliezer Ben Rafael, Yochanan Peres, *Is Israel One?*: *Religion*, *Nationalism*, *and Multiculturalism Confounded*, Leiden: Brill, 2005, p.34.

② Ibid., p.89.

③ Yehuda Mirsky, "How Do We Want to Live? The Meanings of Jewish Belonging in Our Time," *Eretz Acheret*, Summer 2015, pp.68—69.

人民的灵魂就是土地的灵魂，人民的神圣性与以色列的神圣性相同，因此犹太人不应该撤离任何在《希伯来圣经》中所记载的曾属于以色列人的土地，亦即"大以色列"的土地。他将拉比参与政治视为在世间施行神的律法①，而维护以色列领土的政治行动则是犹太人应当执行的神圣使命。

1967 年第三次中东战争后，以色列的领土扩大到包括耶路撒冷老城、约旦河西岸、戈兰高地和西奈半岛等地区，这一奇迹般的军事胜利被解读为神为以色列的存在打开的一扇门，使犹太人能够返回曾属于大卫和所罗门王的领土，而犹太人要做的就是抓住这个机会并秉承上帝的旨意。新的领土现实极大鼓舞了犹太人对犹太神话叙事中所描述的"人—神—土地"三边关系的认同，"人—土地"的联系也得到了再次强化。在"大以色列"思想的影响下，以色列宗教群体和右翼世俗群体共同利用政治神话为其立场进行辩护，并在巴以问题中将宗教诉求转化为外交诉求，进一步侵犯了巴勒斯坦人民对领土的历史权利。

1967 年战争胜利后，拉比库克成为 20 世纪最受重视的犹太宗教思想家之一，在以色列，其影响范围已经超出了宗教犹太复国主义派别的范畴，连宗教极端正统派犹太人都深受影响，开始以弥赛亚思想来思考以色列的军事胜利与以色列国存在的意义。②"六日战争"的胜利使犹太人终于能够被允许进入其历史圣地，而庆祝这一胜利的犹太宗教仪式也转变为国家文化的一部分。③对于极端正统派来说，尽管以色列是一个不符合犹太律法的国家，但以色列在军事胜利中夺回耶路撒冷和圣殿山、占领了"朱迪亚和撒玛利亚"，这些指向神圣干预的信号可以被解释为以色列的

---

① Moshe Hellinger, "Political Theology in the Thought of 'Merkaz HaRav' Yeshiva and its Profound Influence on Israeli Politics and Society since 1967," *Totalitarian Movements & Political Religions*, Vol.9, Issue 4, 2008, p.541.

② In the lecture of Rabbi Chaim Seidler-Feller, "Jerusalem and the Temple Mount: National Home or Universal Spiritual Center?" held by Younes and Soraya Nazarian Center for Israel Studies, University of California, Los Angeles, May 10, 2021. https://www.youtube.com/watch?v = 8kFTtXLKKxY&ab_channel = UCLAY%26SNazarianCenterforIsraelStudies.

③ Eness Elias, "Take a Journey Through Israel's Graves of Holy Men (And Women)," *Haaretz*, May 19, 2022, https://www. haaretz. com/israel-news/. premium. MAGAZINE-a-journey-through-israel-s-graves-of-holy-men-and-women-1.10809820.

存在展现出了神的旨意。在世俗派中,1967 年以来也出现了"传统主义"复兴的现象,开始有更多的人自我界定为"传统派"(Masorti)犹太人,他们可能并不严格遵守犹太律法,但对犹太神话叙事与上帝赋予犹太人的"圣约"和历史使命深信不疑。① 以色列士兵站在新占领的西墙边吹号角的传奇场景使犹太民族为之振奋和激动,即使是世俗犹太人,当时也将这一场景视为上帝对历史进程的明确干预,促使宗教情绪在犹太人中获得了明显的复兴,之前曾被世俗犹太复国主义意识形态拒绝的许多传统和思想开始被重新纳入犹太人和以色列公共生活中。

写于 1967 年 5 月 15 日的歌曲《金色的耶路撒冷》(Yerushalayim Shel Zahav)被认为在很大程度上发挥了鼓舞士气的作用。以色列著名剧作家丹·阿尔马戈尔(Dan Almagor)甚至指出,这首歌能激起各种强烈的情感,并且"它具有非凡的历史意义……如果没有这首歌,就很难有人准备好冲锋和征服这座城市"。② 当第一批以色列士兵攻占东耶路撒冷并到达西墙的时候,他们自发地在西墙唱起了这首描述犹太人对圣城向往之情的歌曲,创作者拿俄米·舍默尔(Naomi Shemer)也随即将"号角已在圣殿山吹响"等表述添加到歌词中。《金色的耶路撒冷》、以色列国防军首席拉比施罗莫·戈伦(Shlomo Goren)吹响的羊角号和喜极而泣的伞兵照片,这三个极具象征意义的意象共同组成了代表着以色列终于"收回"耶路撒冷的政治符号。③《金色的耶路撒冷》同时融合了犹太神话叙事与国防军的世俗英雄主义精神,而战争结束后爆发的弥赛亚情感浪潮和民族的狂喜情绪,也将这首歌推上了"第二国歌"的位置,使关于"回归"耶路撒冷的话语在以色列人中广为传唱。

在宗教犹太复国主义阵营中,"六日战争"的胜利既契合了该群体对土地的主张,同时也使"大以色列"思想获得了进一步生长的土壤。在以色列的对外政策方面,"大以色列"思想信奉者主张更为自信和进攻性的路

---

① Amnon Raz-Krakotzkin, "הארץ את לנו הבטיח הוא אבל ,אלוהים אין"(There is no God, but he promised us the land), *Mita'am*, Vol.3, 2005, p.71.(In Hebrew)

② Michal Palti, "Song of Peace, Song of War," *Haaretz*, April 15, 2002. https://www.haaretz.com/life/books/2002-04-15/ty-article/song-of-peace-song-of-war/0000017f-e890-df5f-a17f-fbdeecbf0000.

③ Dalia Gavriely-Nuri, "The Social Construction of 'Jerusalem of Gold' as Israel's Unofficial National Anthem," *Israel Studies*, vol.12, no.2, 2007, pp.111—112.

径,强调犹太神话中的约书亚征服叙事,认为当代的领土扩张即是圣经征服土地的神圣复现。"大以色列"信仰者相信犹太人对上帝赋予以色列人的所有土地都拥有专属权利,而被类比为邪恶的迦南民族(或亚玛力人)的巴勒斯坦人则不应该留在这片土地上。[1]在"大以色列"神话叙事的驱使下,宗教犹太复国主义者对犹太身份和以色列国家的认同产生了极化,强调以扩张和固守领土来加速救赎的实现,从而催生了极右翼定居点运动的发展。这些极右翼分子的定居点运动违反国际法和安理会决议,破坏被占领土的连贯性,严重侵蚀巴勒斯坦人民的生存空间。[2]

(二)"人—土地"联系的再次强化

许多持宗教犹太复国主义观点的人将约旦河西岸的领土视为犹太神话叙事中的重要历史遗迹,认为这是"圣约"中"应许之地"的重要组成部分,犹太人应该有权在这里的任何地方定居。[3]在此背景下,定居点运动成为激进派宗教犹太复国主义者实现其政治目标的主要手段。

对于以色列和约旦河西岸的宗教犹太复国主义者来说,隶属于宗教犹太复国主义社区的许多经学院已经从圣经文本的研究场所转变为教育教学和神学反思的主要场所。他们强调通过"回归"对圣经文本的直接接触、对圣经人物的人性化来直接理解神圣文本,而不是通过《塔木德》释经来理解文本,这种方法在宗教犹太复国主义社区中被称为"平视圣经"(Bible at eye-level,Tanach B'govah Einayim)。在这种方法论指导下,被认为是圣经叙述和禁令的力量优先于后来的拉比解释,从而使拉比犹太教在犹太复国主义叙事中被进一步边缘化。[4]

"人—土地"的联系是犹太神话叙事中关于以色列历史的重要基础。

---

① Yechiel Klar, "From 'Do Not Arouse or Awaken Love until It So Desires' through 'Return to Zion' to 'Conquest of the Land': Paradigm Shifts and Sanctified Reenactments in building The Jewish State," *International Journal of Intercultural Relations*, 2014, p.14.

② 《常驻联合国代表张军大使在安理会中东巴勒斯坦问题公开辩论会上的发言》,中华人民共和国外交部官网,https://www.fmprc.gov.cn/web/gjhdq_676201/gjhdqzz_681964/lhg_681966/zwbd_681986/202301/t20230120_11012989.shtml.

③ 张倩红等:《犹太史研究新维度:国家形态·历史观念·集体记忆》,人民出版社2015年版,第367页。

④ Nehemia Stern, "The Social Life of the Samson Saga in Israeli religious Zionist Rabbinic Discourse," *Culture and Religion*, Vol.19, No.2, 2018, p.182.

由于对"人—土地"联系的坚定认同,宗教犹太复国主义派别以及其他坚持国家"犹太属性"的以色列人在涉及领土边界问题上秉持更加强硬的立场。这部分人坚决拒绝归还以色列在 1967 年占领的约旦河西岸和东耶路撒冷地区,同时希望在这些地区继续为犹太人建造定居点,从而在这些土地上形成有利于犹太人的领土现实,使约旦河西岸和东耶路撒冷更加难以移交给未来的巴勒斯坦国。持这一政治立场的犹太人意识形态在以色列政治光谱上从温和右翼到激进的极右翼不等,占据了以色列选民中的多数。

这种右翼者越来越多的趋势,与 1993 年《奥斯陆协议》的签订及"最终地位谈判"的崩溃密切相关。在"土地换和平"的口号下,宗教犹太复国主义者与传统派、极端正统派乃至坚持"犹太属性"的一部分世俗派以色列人,都在担心涉及古代以色列历史的核心遗址会被移交给巴勒斯坦人。尤其是关于圣殿山与东耶路撒冷重要地点地位问题的讨论,使许多犹太人认为其历史权利受到了威胁。失去圣殿山的恐惧使宗教人士对圣殿山的渴望和重建圣殿的理想变得更加强烈,也使部分宗教犹太复国主义派别的思想更加激进。同时,在强烈的公众反应下,一些温和的宗教领袖也受到了更大的压力,他们不能再像之前一样公开反对或否定以及否认恢复在圣殿山的献祭等活动的合理性[1],从而使这些在巴以问题中带有挑衅性的行动更加不受控制,破坏了巴以和平谈判的前景。

目前在约旦河西岸有超过 50 万犹太定居者;若将东耶路撒冷的 34 万居住在以色列接管的巴勒斯坦私人土地上的犹太定居者也计算在内,其总人口将超过 70 万人。[2]尽管在这些定居点中,有部分人是出于经济原因而住到定居点的,因为以色列对定居点的住房价格实施了优惠政策,但在此环境中生活的定居者仍然会受到宗教犹太复国主义意识形态的感染,边境生活所面临的冲突环境也会使这部分定居者的利益发生变化,使原

---

[1]　Motti Inbari, "Religious Zionism and the Temple Mount Dilemma—Key Trends," *Israel Studies*, Vol.12, No.2, 2007, p.42.

[2]　Seraj Assi, "Opinion | The Oslo Peace Accords Killed Palestinian Independence," *Haaretz*, September 18, 2023, https://www.haaretz.com/opinion/2023-09-18/ty-article-opinion/.premium/the-oslo-peace-accords-killed-palestinian-independence/0000018a-a774-de77-a98f-efffb73a0000.

本不是主要受宗教因素驱使的定居者也成为极为关注安全政策、坚定维护以色列领土主张的右翼支持者。同时，近年来出于经济原因来到定居点的大多数犹太人都属于极端正统派，比例占所有定居者的40%。以色列专家预测在未来十年内，以色列占领的约旦河西岸领土中50%的人可能会是极端正统派犹太人，因为这是其解决住房问题的办法。①

极右翼撒马利亚地区委员会（Samaria Regional Council）主席约西·达甘（Yossi Dagan）在访问约旦河西岸的犹太圣地约瑟夫墓（Joseph's tomb）时宣称，"撒玛利亚的全部定居点……是点燃以色列土地、以色列人民和以色列妥拉的光芒……是全体以色列人民的忠实使者，将为以色列国带来犹太复国主义的伟大成就"。②在2023年9月联合国大会的发言中，以色列总理本杰明·内塔尼亚胡（Benjamin Netanyahu）展示的一张以色列地图也将约旦河西岸和加沙地带的领土全部置于以色列的边界内，展现了"大以色列"支持者所认定的以色列边界。

而在以色列国防军中，宗教犹太复国主义者特别是定居者在军队中的比例也在增加，使得以色列军队中的宗教属性和宗教氛围有所提升。根据以色列军官预测，在未来五年到十年的时间里，以色列军队可能会发展出完全由宗教犹太复国主义者和定居者士兵组成的军营，这些军人将全部支持扩建定居点的意识形态，而这些士兵如果在"朱迪亚和撒玛利亚"执行安全任务，则可能导致比目前更加紧张的局势产生。③

从整体来看，在以色列主流宗教派别中，绝大多数关于犹太宗教文本和以色列历史的解释都并不支持领土妥协和巴以和谈的思想。能够推动和平的宗教力量在以色列仍然只是少数，对巴以和谈也只起到了微

---

① Adi Cohen, "Go West Bank: Israel Is Using the Housing Crisis to Lure Israelis Into Becoming Settlers," *Haaretz*, February 15, 2023, https://www.haaretz.com/israel-news/2023-02-15/ty-article-magazine/.premium/go-west-bank-israels-housing-crisis-plan-turns-even-more-israelis-into-settlers/00000186-545c-de95-a1fe-f65f212f0000.

② Tzvi Joffre, "IDF, Islamic Jihad Clash in Nablus as MK Visits Joseph's Tomb," *the Jerusalem Post*, February 8, 2023, https://www.jpost.com/israel-news/article-730933.

③ Tom Levinson, "Israelis Don't Turn Up for Reserve Duty, and the Consequences Could Be 'Catastrophic'," *Haaretz*, July 14, 2022, https://www.haaretz.com/israel-news/2022-07-14/ty-article-magazine/.highlight/israelis-dont-turn-up-for-reserve-duty-and-the-consequences-could-be-catastrophic/00000181-fc83-db23-abf7-fce3ff750000.

弱的助力作用,而以色列的宗教犹太人普遍支持右翼甚至是极右翼的政治立场。

三、巴以冲突与当代神话叙事的新发展

作为以色列在任时间最长的总理内塔尼亚胡的父亲,著名历史学家本齐恩·内塔尼亚胡(Benzion Netanyahu)在其著作《15 世纪西班牙宗教裁判所的起源》①中曾经分析了纳粹式种族理论的兴起,并提出了关于反犹主义与文明威胁的理论。其认为,犹太历史是由多个存在外部敌人的周期组成的,每隔几个世纪,就会出现一个企图从物质上或文化上消灭犹太人和犹太教的敌人,包括巴比伦人、希腊人、罗马人、十字军、马穆鲁克人、伊比利亚半岛的宗教裁判所、奥斯曼帝国等,并最终在纳粹治下达到顶峰。②这种理论完全契合了犹太神话叙事中的"迫害—幸存"主题,将反犹主义纳入这一叙事主题中,并将其应用于对近现代犹太人面临的国际环境与政治形势的分析和解释。在这一理论的影响下,其子本杰明·内塔尼亚胡将当今以色列的外部威胁也视为这种历史周期的一部分,认为巴勒斯坦人是这种"邪恶"力量的新化身,而以色列对抗外部敌人的斗争仍然关系到犹太民族的生存和国家"犹太属性"的维护。③

---

① Benzion Netanyahu, *The Origins of The Inquisition in Fifteenth Century Spain*. New York: New York Review of Books, 2001.

② Alon Pinkas, "Analysis | Does Netanyahu Hate Israel? It Seems So," *Haaretz*, March 21, 2023, https://www.haaretz.com/israel-news/2023-03-21/ty-article/.premium/does-netanyahu-hate-israel-it-seems-so/00000187-0436-d3a9-a7df-ec3e8c380000.

③ Ruth Margalit, "Benjamin Netanyahu's Two Decades of Power, Bluster and Ego," *New York Times*, September 28, 2023, https://www.nytimes.com/2023/09/27/magazine/benjamin-netanyahu-israel.html?unlocked_article_code=qt3S2baPWD9A0pPBB7JfP_fT-ToAmb3zeNpZfcsWFxsSr6tmlEVX_goD-s9u_C-FCvhZopavbcRHFGK2NUBqfrWxNlPVm-ABo8dikb9Q8BE5UwD0PljrLJmtFSCpOzUMz1GnSfOotWatzi6oFIQ1GyUV0O7-m7cCLs-UPwxp7B-oysliDIfvHeUNVJC7bmUTIgbGYWIGUxdOj3kdqkUYxSG-HG3L2Q7CkHCRu-GFf_l6g94X2wryeY3tgno7u5UIULQ5qUgP62hfc3BDMAJIIV-_MWCEzHmvecGyO9QW2YhQZLHG4SoJUfhffQI2N2wjzZOYVQcgAeLqvGREXJjEZ7rpJmaO5Jw&smid=em-share.

（一）以色列的右倾化趋势

以色列民主研究所 2022 年 9 月民意调查的结果显示，在 18 岁至 24 岁的以色列犹太人中，70%的人自我界定为右翼，其中投票给宗教犹太复国主义的人数占比是投票给左翼工党或梅雷兹的两倍多；①同时有 81%的极端正统派犹太人自我界定为右翼。②近年来，以色列在"政党政治格局、国家性质定义、外交与安全政策和宗教多元性等方面，右翼宗教民族主义势力都日渐占据主导"。③尽管从经济政策来看，利库德集团和沙斯党等右翼政党的许多经济主张事实上都应当被划归为左翼的经济政策；然而，以色列的政治意识形态划分仍然是以安全问题为核心的，如经济安全、粮食安全、卫生安全等，非传统安全问题受到的重视远远低于传统安全所受到的关注。右翼阵营中的选民倾向于反对"土地换和平"原则、反对巴勒斯坦国的独立、反对巴勒斯坦难民进入以色列，并支持以色列在约旦河西岸的定居点建设。这种趋势呈现一个明显不符合普遍规律的问题：为什么世界范围内大部分国家的年轻人趋向于支持政治左翼，而以色列年轻人却存在着明显的右倾化、宗教化趋势？

在 20 世纪 90 年代末期，以色列大约有 40%的犹太人自我界定为右翼；这一数字在第二次"因提法达"开始时有了增长，在沙龙政府主张撤离加沙的"单边行动计划"实施后又有了更大的提升。2009 年内塔尼亚胡第二次胜选总理时，以色列犹太人中右翼所占比例大约在 50%左右，而内塔尼亚胡任期内的四次加沙战争使这一比例在 2015 年逐渐跃升到 55%左右，并在 2019 年开始的四年大选循环中越过了 60%的大关。2021 年的加沙战争和以色列内部的阿犹冲突使以色列人对安全的关注度再次攀升，到 2022 年以色列三年半内第五次举行大选时，已有约 64%的以色列犹太

① Judy Maltz, "Why So Many Young Israelis Adore This Racist Politician," *Haaretz*, September 13, 2022, https://www.haaretz.com/israel-news/elections/2022-09-13/ty-article-magazine/.highlight/why-so-many-young-israelis-adore-this-racist-politician/00000183-3743-db19-abcb-37fb61520000.

② Anshel Pfeffer, "Opinion | How the Haredi Street Turned Racist and Ultra-nationalist," *Haaretz*, February 5, 2021. https://www.haaretz.com/israel-news/.premium-how-the-haredi-street-turned-racist-and-ultra-nationalist-1.9513491.

③ 汪舒明:《美国犹太教"极化"进程中的以色列因素》,《阿拉伯世界研究》2021 年第2 期。

人自我界定为政治右翼。①

由此可以看出,在以色列面临的外部安全威胁上升的情况下,以色列对于其神话叙事中的民族领土重视程度会增强,同时对国家"犹太属性"的关注度也会提高,从而导致政策主张更趋向于右倾化。多年来,外部安全威胁在政治话语中的主导地位为以色列社会提供了团结的坚实基础,然而从长远来看,身份政治的持续存在却对社会的集体性与民族团结构成了威胁。②

2023 年年初,内塔尼亚胡领导的宗教右翼政府上台后,贝扎莱尔·斯莫特里奇(Bezalel Smotrich)、伊塔马·本-格维尔(Itamar Ben-Gvir)等极右翼议员随即开始大力推行政策挑战耶路撒冷圣地的现状、对关押在以色列监狱中巴勒斯坦人施加更严厉的限制,并制订了大规模扩建西岸定居点的计划。此届政府的施政纲领声称,"犹太人民对以色列土地的所有地区拥有排他性的、不可剥夺的权利"并致力于"在朱迪亚和撒玛利亚实施主权"。③管辖西岸民事事务的民政总署(The Civil Administration)被移交给新设置的国防部部长斯莫特里奇,由这位极右翼西岸定居者负责管理西岸的建筑、定居点审批、能源、水、交通和考古等事务。在其领导下,定居点审批和建设程序得到了简化,并使霍姆什(Homesh)和艾夫亚塔尔(Evyatar)等非法前哨基地的存在既定事实化,并向定居点转移大量资金以促进西岸的旅游和考古,通过制造新的人口现实加剧了以色列对巴勒斯坦领土的非法占领。

(二)"迫害—幸存"叙事与当代以色列的安全话语

以色列的神话叙事具备着维系民族认同和支持国家合法性的重要作用。在涉及国家生存与安全、领土与边界等问题时,从神话叙事出发而作

---

① Quoted from Dahlia Scheindlin's speech on panel "*Haaretz* presents: A Deep Dive on Israeli Politics(Hybrid)" in the *J Street* Annual Conference, Washington DC., December 5, 2022.

② Judith T. Shuval, "Migration to Israel: The Mythology of 'Uniqueness'," *International Migration*, Vol.36, No.3, 1998, p.19.

③ Aluf Benn, "Opinion | 30 Years After Oslo, Israel Has Vanished the Word 'Peace'," *Haaretz*, September 1, 2023, https://www.haaretz.com/opinion/2023-09-01/ty-article-opinion/. premium/30-years-after-oslo-israel-has-vanished-the-word-peace/0000018a-4cc4-d0ea-a7ab-dcef43e10000.

出的解释往往更容易被民众接受和支持,但同时,这种思想也会更加缺乏灵活性,因为被神圣化的政治解释往往更难以妥协和退让。

以色列自建国以来,其外部安全环境在多数时间里都处在冲突和动荡之中,以色列的国家建构中始终存在着清晰而明确的"他者"的概念,这种处于敌对状态的异族的存在是以色列界定"自我"、强化本民族历史叙事的重要动力,也是以色列强化内部凝聚力的强大动员力量。因此,尽管以色列内部各身份群体与政治派别之间龃龉不断,但正如犹太人的神话历史叙事始终以"迫害—幸存"为主题一样,共同应对外敌、确保生存的需求一直都是能够在整个国内获得支持的首要政治目标。

在这一推论之下,以色列政治力量也寻得了对选民进行动员的一种途径:当以色列内部各个派别之间的分歧无法弥合时,则可以通过试图渲染外部安全威胁的严重性,同时强化神话叙事中的民族主义成分,从而获得更大的民族凝聚力、争取民众对政权的更多支持。自1994年以来一直担任中东论坛(Middle East Forum)主席的美国历史学家丹尼尔·派普斯(Daniel Pipes)将以色列面临的安全威胁总结为六类:大规模杀伤性武器、常规战争、低烈度冲突或恐怖主义、人口威胁、经济危机以及去合法化。[①]其中,巴以之间的低烈度冲突和伊朗大规模杀伤性武器的威胁,是以色列政府最频繁强调的两个外部安全威胁。总体而言,以色列的安全话语即是必须使这两个方面的安全威胁处于可控状态。

然而,如果所有的外部威胁都显得较弱,而以色列内部的凝聚力呈现弱化、社会裂隙加深的时候,内部政治困局的出现则会催生对外转移视线的需求,这种对外部威胁的强调则具备了"没有困难创造困难也要上"的意味。由于犹太民族对其历史上经历的漫长而痛苦的反犹主义事件的集体记忆,周边国家对犹太复国主义的拒绝被视为历史性反犹主义的延续,消除以色列国的"犹太属性"也被视为对国家生存的威胁,同时也与以色列神话叙事中的"迫害—幸存"主题相吻合。这种敌对情绪以及由反犹太主义创伤塑造的犹太民族潜意识,使对外部威胁的渲染能够方便而有

---

① Seth J. Frantzman, "How can Israel Win the Palestinian Conflict? Historian Explains," *The Jerusalem Post*, January 9, 2023, https://www.jpost.com/arab-israeli-conflict/article-726743.

效地形成内部动员力量，从而通过恐惧宣传来散播右翼思想，如巴勒斯坦人和伊朗人等外部敌人会被以色列政客类比为亚玛力人、哈曼或纳粹，而相关的政治和外交挑战则会被夸大为类似"大屠杀"的民族灭绝的威胁。这种政治策略的常见应用有渲染伊朗威胁、以色列政客参观圣殿山、在约旦河西岸或加沙发起军事行动等。

将主要政治视线吸引到对外部安全威胁的关注中，是内塔尼亚胡在过去二十余年里政治成功的重要策略之一。在内塔尼亚胡 2022 年出版的自传《比比：我的故事》中，内塔尼亚胡有 488 次提及伊朗，671 次提及巴勒斯坦。①曾于 2024 年 9 月会见伊朗总统的以色列历史学家利奥尔·施特恩菲尔德（Lior Sternfeld）提出，以色列人对伊朗的大部分看法都基于焦虑，因为以方故意夸大了伊朗威胁的规模，从而为维持占领提供借口。②

以色列将巴勒斯坦和伊朗视为可能动摇以色列生存根基的安全威胁，并在以色列政治中划分了两个阵营：一个是捍卫国家生存的右翼阵营，另一个则是威胁以色列安全的软弱左翼。通过这种划分和对民族神话叙事的使用，内塔尼亚胡设法利用对外部敌人的恐惧和仇恨，在国内产生对左翼支持者的恐惧和仇视情绪。③这种恐惧则会使选民更加渴望一位右翼的强硬领导人，并能够将内部政治对手妖魔化，从而实现政治权力的获得与护持，这也成为内塔尼亚胡的政治生涯中的一项有效手段，并在过去为内塔尼亚胡的政治阵营提供了强大的右翼选民基础。

近年来，极右翼政治力量在以色列异军突起，犹太定居者和极右翼政客不断挑动巴勒斯坦人与以色列人的矛盾。迫于维持安全现状和防止国际谴责的需求，内塔尼亚胡只能在巴以问题上暂时踩下刹车，采取较为温

---

① Benjamin Netanyahu, *Bibi*：*My Story*, New York City：Threshold Editions, 2022.

② Hilo Glazer, "Inflating the Iranian Threat Is an Israeli Manipulation Meant to Justify the Occupation," *Haaretz*, November 14, 2024, https://www.haaretz.com/israel-news/2024-11-14/ty-article-magazine/.highlight/inflating-the-iranian-threat-is-an-israeli-manipulation-meant-to-justify-the-occupation/00000193-2c23-d56a-a59f-6fe7c4720000.

③ Eva Illouz, "Holocaust, Militarism and Machiavelli's Advice：How Fear Took Over Israel," *Haaretz*, January 2, 2021, https://www.haaretz.com/israel-news/.premium.HIGHLIGHT. MAGAZINE-holocaust-militarism-and-machiavelli-s-advice-how-fear-took-over-israel-1.9415093.

和的政策来平衡政府中的极右翼力量。然而，内塔尼亚胡却采取了对巴勒斯坦民族权力机构和哈马斯"分而治之"的策略，并在2019年3月的利库德集团会议上表示，"任何想要阻止巴勒斯坦国建立的人都应该支持加强哈马斯并向哈马斯转移资金……这是我们战略的一部分，将加沙的巴勒斯坦人与朱迪亚和撒玛利亚的巴勒斯坦人分开"。①斯莫特里奇也曾公开表示，"哈马斯是资产，阿布·马赞（Abu Mazen，指阿巴斯）是负担"。②然而，以色列在严密封锁加沙、将加沙人民的生活压缩到维持生计的水平的同时，秘密地为哈马斯提供资金和政治权力，这产生了一个危险的悖论：在加沙地带平民中产生的强烈反以情绪和愤怒，都将通过其日益强大的管理者哈马斯传达出来。

2023年10月7日，新一轮加沙冲突在以色列造成了重大伤亡，地区安全再次呈现紧张局势。对以色列社会来说，在近几十年来对国家军事、科技和情报能力的信任一朝崩塌，以色列作为犹太人"安全堡垒"的观念受到了极大的挑战。尽管在中左翼犹太人中出现了部分反思以色列政策的声音，但重大创伤性事件仍然使大量中右翼犹太人转而支持更加强硬的巴勒斯坦政策。被迫害的不安全感再次在以色列社会弥漫，犹太人在"不解决巴勒斯坦问题"的背景下也能够在中东地区享受相对安全、高质量生活的"幻想"被打破，以色列人再次暴露在对"他者"和"迫害"的感知和逻辑中。③这种思想认知反映在加沙战争中，则表现为以色列军队对作为"他者"的巴勒斯坦人民生命的漠视，以方实施了强制迁移、断水断电断油等针对加沙民众的集体惩罚，造成大量平民伤亡和人道主义灾难。

---

① Dani Bar On, "Is Hamas Really Like ISIS? Experts Explain," *Haaretz*, October 19, 2023, https://www.haaretz.com/israel-news/2023-10-19/ty-article-magazine/.highlight/is-hamas-really-like-isis-experts-explain/0000018b-493f-d1fd-a59f-edbfbe090000.

② Adam Raz, "Opinion | A Brief History of the Netanyahu-Hamas Alliance," *Haaretz*, October 20, 2023, https://www.haaretz.com/israel-news/2023-10-20/ty-article-opinion/.premium/a-brief-history-of-the-netanyahu-hamas-alliance/0000018b-47d9-d242-abef-57ff1be90000.

③ Michael Milshtein, "What Happens if Israel Topples Hamas in Gaza," *Haaretz*, October 26, 2023, https://www.haaretz.com/israel-news/2023-10-26/ty-article-magazine/.premium/what-happens-if-israel-topples-hamas-in-gaza/0000018b-6c66-d90b-a7df-7e6675600000.

四、结　　论

以色列国际关系专家伊曼纽尔·纳冯(Emmanuel Navon)指出,《希伯来圣经》是犹太人历史和犹太人身份的奠基文献,并作为一种民族文化影响着犹太人的行为方式,这些观念塑造了以色列的外交政策。[①]

从对外政策层面分析,以色列人与"应许之地"的历史性联系已经成为以色列支持国家存在的合法性、进行定居点扩张并在国际舞台上为以色列的政策进行辩护的重要论据。而在以色列国内政治中,"迫害—幸存"的神话叙事则成为促进社会右倾化的有力动员力量,以色列右翼领导人也曾多次通过对外部威胁的渲染来强化内部的凝聚力,促使选民支持政府强硬的对外政策。

新一轮巴以冲突的爆发,一方面是以色列近年来长期推行右翼政策、侵犯巴勒斯坦人民合法权益所造成的恶果;另一方面却又强化了犹太人所秉持的"迫害—幸存"叙事,使右翼力量进一步加强,从而形成了巴以地区安全局势的恶性循环,阻碍了巴以问题在"两国方案"基础上得到公正解决,进一步加剧了以色列对巴勒斯坦人民的建国权、生存权与回归权的侵犯。

[①]　Emmanuel Navon, in Podcast "ISRAEL IN DEPTH—With guest, Emmanuel Navon, author of The Star and the Scepter: A Diplomatic History of Israel," held by Younes and Soraya Nazarian Center for Israel Studies, University of California, Los Angeles, April 21, 2021. https://www.international.ucla.edu/israel/article/239924.

"全球南方"视域下中国与海湾阿拉伯国家在非洲之角的合作前景[*]

刘　畅[**]

【内容提要】　当前,"全球南方"国家集体崛起势不可挡,其战略自主意识与能力不断增强,成为理解当下世界格局与地区合作的一个重要视角,也给各方势力在非洲之角的竞争与合作带来复杂前景。作为影响非洲之角局势最重要的域外力量之一,中东国家的"新冷战"虽给非洲之角安全形势带来一定风险,但随着中东和解潮的到来,海湾阿拉伯国家有望成为非洲之角地区治理的积极合作伙伴。相比以往更多充当域外势力博弈的棋盘与棋子,如今的非洲之角国家正努力提升战略自主性,强化抱团取暖,以集体努力应对地区安全威胁。作为"全球南方"的当然成员与关键力量,以设立非洲之角事务特使为契机,中国提供了域外力量建设性参与非洲之角治理的新思路。中国加强与海湾阿拉伯国家在非洲之角的三方合作,有助于将域外力量的消极干预转变为积极协作,激发地区内生性变革动力,推动非洲之角地区治理朝更平衡方向发展。

【关键词】　非洲之角,"全球南方",中国,海湾阿拉伯国家

【Abstract】　Nowadays, the collective rise of the "Global South" is an unstoppable trend, with increasing strategic autonomy and capabilities, providing a crucial perspective for understanding the contemporary world order and regional cooperation. This shift also brings a complex outlook for competition and cooperation among various powers in the Horn of Africa. The "new Cold War" among Middle Eastern countries, while posing certain risks to the security situation in the Horn of Africa, could see a positive turn with the wave of reconciliation in the Middle East, potentially positioning the Gulf Arab states as proactive partners in the region's governance. Historically, the Horn of Africa has often served as a chessboard and pawn for external power struggles. However, the countries in this region are now striving to enhance their strategic autonomy and solidarity, collectively addressing regional security threats. As a natural member and key force of the "Global South", China has offered a new approach for constructive external engagement in the governance of the Horn of Africa by appointing a special envoy for the region's affairs. Strengthening trilateral cooperation between China, the Gulf Arab states, and the countries of the Horn of Africa can help transform negative external interventions into positive collaboration, stimulating endogenous regional change and steering the governance of the Horn of Africa towards a more balanced development path.

【Key Words】　Horn of Africa, Global South, China, the Gulf Arab states

*　本文系国家社科基金一般项目"传统大国与新兴力量的中东政策比较研究"(编号:23BGJ058)的阶段性研究成果。

**　刘畅,中国国际问题研究院发展中国家研究所助理研究员。

非洲之角地处非洲大陆东北部、亚丁湾南岸,扼守曼德海峡,狭义上包括吉布提、厄立特里亚、埃塞俄比亚和索马里,广义上还包括肯尼亚、苏丹、南苏丹、乌干达。该地区国家人口众多,国家间部族、宗教、边界等传统矛盾盘根错节。长期以来,由于战略位置重要,域外势力竞相介入地区事务,非洲之角局势长期动荡。

21 世纪以来,发展中国家群体性崛起势头持续抬升,由此衍生出的"全球南方"的兴起不断升温。其中,海湾阿拉伯国家既是"全球南方"的重要成员,也是非洲之角事务最主要的域外参与力量之一,对非洲之角国家有着独特影响力。而作为"全球南方"的当然成员,中国也有意同海湾阿拉伯国家加强联系,探索参与非洲之角治理的可能路径。随着"全球南方"国家战略自主性的提升及群体性崛起,非洲之角国家看到了通过新式南南合作破解地区安全困境的希望。

然而,海湾阿拉伯国家对非洲之角的介入,以及中东"新冷战"向该地区的外溢,正给该地区带来复杂影响。中国在全球南南合作中的影响力日益增长,也引发西方世界正失去"全球南方"的哀叹。西方国家在加大对"全球南方"投入的同时,还试图在中国与"全球南方"国家间制造隔阂与对立。因此,中国与海湾阿拉伯国家在非洲之角的合作,势必会经历一个曲折艰辛的过程。本文希冀以"全球南方"集体崛起为视角,对中国在"全球南方"中的作用、海湾阿拉伯国家对非洲之角的介入、非洲之角国家的独立自强进行多层次分析,从中探寻中国与海湾阿拉伯国家在非洲之角加强合作的路径。

一、"全球南方":一种理解当下世界格局与地区合作的视角

当前,"全球南方"地位与重要性不断上升,其概念热度持续升温。在当今世界正经历百年未有之大变局的背景下,"全球南方"成为我们理解当下世界格局与地区合作的重要视角。

（一）何谓"全球南方"

大部分学者认为,"全球南方"的前身是法国人口学家阿尔弗雷德·

索维(Alfred Sauvy)于 1952 年提出的"第三世界"(le tiers monde),他用法国大革命时期的第三等级(le tiers état)来反映国际体系中的"贫穷国家"和"殖民地"。①在此基础上,美国新左翼作家和社会活动家卡尔·奥格尔斯比(Carl Ogelsby)于 1969 年的越战高峰时期,首次提出了"全球南方"这一术语,认为"北方对全球南方的统治……已经产生了一种难以忍受的社会秩序"。②总体来说,"全球南方"在地缘上通常泛指亚非拉等欠发达地区,因大多位于南半球而得名,在内容上泛指那些在全球化和西方主导的治理体系中处于弱势的国家群体。

随着柏林墙的倒塌和苏联的轰然解体,世界各国(无论其政治制度如何)基本被整合进了自由制度主义世界经济系统中。因此冷战后,"南方"一词常被冠以"全球"的前缀。进入 21 世纪后,以金砖国家为代表的新兴市场国家经济快速增长,拉开了"全球南方"经济崛起的序幕,也使这一概念融合了新时代世界格局演进的两大特征:其一,"全球"凸显了全球化背景下各国不断增强的相互联系,以及发展中国家不断提升的整体性;其二,"南方"则凸显了世界经济中心加速向发展中国家转移,在亚洲、非洲和拉美等地区不断扩大经济和政治影响力。③

在众多关于"全球南方"的讨论中,许多研究者敏锐地捕捉到这一概念由经济性向政治性转变的重要趋势,"全球南方"的政治觉醒成为世界格局演变的重要表现之一。一方面,"全球南方"日益不满当前的国际政治与经济秩序,认为西方发达国家一直试图维护其"基于规则的自由主义国际秩序",但这只是西方用来限制发展中国家的地缘政治工具,并未改变"全球南方"的发展困境。④因此,"全球南方"愈发展现出对自身发展模式

① 刘德斌、李东琪:《"全球南方"研究的兴起及其重要意义》,《思想理论战线》2023 年第 1 期。

② Stewart Patrick, "The Term 'Global South' is Surging. It Should Be Retired," *Carnegie Endowment for International Peace*, August 15, 2023, https://carnegieendowment.org/2023/08/15/term-global-south-is-surging.-it-should-be-retired-pub-90376.

③ 徐秀军、沈陈:《"全球南方"崛起与世界格局演变》,《国际问题研究》2023 年第 4 期。

④ Jorge Heine, "The Global South is forging a new foreign policy in the face of war in Ukraine, China-US tensions: Active nonalignment," *The Conversation*, June 16, 2023, https://theconversation.com/the-global-south-is-forging-a-new-foreign-policy-in-the-face-of-war-in-ukraine-china-us-tensions-active-nonalignment-207078.

的自信与自觉,强调通过独立自主发展来推动自身在世界体系中的地位从边缘走向中心,谋求国际秩序的合理变革。

另一方面,"全球南方"寻求"积极不结盟",其对外战略的主观能动性日益增长。它们不仅拒绝在大国博弈中选边站队,还越发主动地强化南南合作与多边外交,争取为世界和平稳定作出贡献。这种"积极不结盟"与单纯的外交中立并不完全一致,后者仅是与大国保持等距,而前者则是一种颇为积极、具有战略自主意识和建设性的对外政策。①基于此,"全球南方"试图构建一个能给自身带来不同战略选项的多极世界,积极主张国际关系民主化,反对霸权主义、强权政治和阵营对抗,以自主外交牢牢掌握本国命运。

(二)中国与"全球南方":天然共生

无论如何定义,"全球南方"都有着鲜明的反殖民、反霸权政治基因。而中国在众多发展中国家里较早觉醒并彻底推翻了殖民主义和帝国主义,并庄严承诺"现在不是、将来也不做超级大国"。②中国还长期保持非洲、中东(阿拉伯国家)等地区第一大贸易伙伴的地位,与其他发展中国家建立紧密的经贸科技合作关系。因此毫无疑问,中国是"全球南方"的当然成员,都拥有独立自主的政治底色,都担负发展振兴的历史使命,都有维护公道正义的共同主张,是实实在在的命运共同体。③

在"全球南方"框架下,中国近年来加大了对中东—海湾和非洲之角的外交与安全投入并取得了新突破。在中东—海湾方面,中国于 2023 年

---

① Sholto Byrnes, "The new 'non-aligned movement' is an improved version of the original concept," *The National News*, August 31, 2022, https://www.thenationalnews.com/opinion/comment/2022/08/31/the-new-non-aligned-movement-is-an-improved-version-of-the-original-concept.

② "Chairman Mao Zedong's Theory on the Division of the Three World and the Strategy of Forming an Alliance Against an opponent," *Ministry of Foreign Affairs of the People's Republic of China*, https://www.fmprc.gov.cn/mfa_eng/ziliao_665539/3602_665543/3604_665547/200011/t20001117_697799.html.

③ "Wang Yi Puts Forward Four Proposals on Strengthening Cooperation Among Global South Countries," *Ministry of Foreign Affairs of the People's Republic of China*, July 26, 2023, https://www.fmprc.gov.cn/eng/wjb_663304/wjbz_663308/activities_663312/202307/t20230727_11118544.html.

3月成功斡旋沙特与伊朗恢复外交关系。①作为中东和解的里程碑事件,沙伊复交正产生深远影响。就地区和平安全而言,沙伊和解为中东国家通过对话协商化解矛盾分歧树立了新典范,例如沙特与也门胡塞武装举行了正式直接谈判并取得实质性进展,"也门比以往任何时候都更加接近和平"。②就地区发展而言,沙伊复交有望重启海合会—伊朗自贸区构想,并利好海合会与伊朗的能源合作,为地区经济释放可观的发展红利。就全球战略稳定而言,沙伊复交有助于伊朗同地区国家就核问题展开坦诚有效的沟通,推动国际社会解除对伊制裁,维护国际核不扩散机制。

在非洲之角方面,中国于2022年年初提出"非洲之角和平发展构想",并任命外交部非洲之角事务特使,旨在与地区国家广泛沟通,支持非洲之角实现长治久安与和平繁荣。对于中国的构想,非洲之角各国反响热烈。地区国家认为,中国长久以来帮助非洲国家发展而不谋求私利,中方构想支持地区国家探索符合自身国情的发展道路,是中方为地区和平、安全、发展作出的新的重要贡献,符合地区国家和人民的根本利益。地区国家真诚希望摆脱大国地缘争夺,探索属于自己的发展道路;希望充分利用资源,提高自主发展能力;希望突破治理瓶颈,以非洲方式解决非洲问题。因此,地区国家热切盼望同中国继续深入开展各项合作,推动构想早日落实,造福地区人民。③

综上,在"全球南方"视角下,借助有关国家的战略自主趋势,中国同海湾阿拉伯国家在非洲之角加强区域合作势在必行,中国需根据海湾国家与非洲之角的实际情况制订适当的合作策略。这符合这三方以及关心非洲之角和平稳定的国际攸关方的共同愿望。

---

① "Joint Trilateral Statement by the People's Republic of China, the Kingdom of Saudi Arabia, and the Islamic Republic of Iran," *Ministry of Foreign Affairs of the People's Republic of China*, March 10, 2023, https://www.fmprc.gov.cn/eng/wjdt_665385/2649_665393/202303/t20230311_11039241.html.

② Nada Al Taher, "Saudi-Houthi talks are closest Yemen has been to peace, UN envoy says," *The National News*, April 10, 2023, https://www.thenationalnews.com/mena/2023/04/10/saudi-houthi-talks-are-closest-yemen-has-been-to-peace-un-envoy-says.

③ Zhao Jia, "Geopolitics holds back Horn of Africa," *China Daily*, April 19, 2022, https://www.chinadaily.com.cn/a/202204/19/WS625e19f8a310fd2b29e57c4c.html.

二、海湾阿拉伯国家对非洲之角的介入

非洲之角与中东、北非在民族、语言、文化等各方面的联系历史悠久。①自"阿拉伯之春"以来,中东地缘格局经历了巨变,地区主要大国展开了激烈的阵营化地缘竞争,中东"新冷战"也外溢到了与之毗邻的非洲之角。随着中东"和解潮"的到来,海湾阿拉伯国家作为"全球南方"重要成员的自主性崛起将给其参与非洲之角事务带来有益影响。

(一)海湾阿拉伯国家介入非洲之角的动因与情况

1. 加强军事存在,拓展地区影响力

非洲之角靠近阿拉伯半岛,属于中东的"战略周边",颇具"离岸制衡"的军事意义。②2015 年也门内战爆发后,海湾阿拉伯国家为形成对伊朗的"战略合围",对非洲之角国家,特别是吉布提、苏丹等逊尼派阿拉伯国家提供大量经济和军事帮助,并开始在此建设军事基地。③2015 年 9 月,阿联酋租借厄立特里亚的阿萨布港(Assab)及其机场作为军事基地,并在此部署军队用于打击也门反对派武装。④2017 年,阿联酋又在索马里西北部索马里兰地区的柏培拉港(Berbera)设立海军基地。

2015 年也门内战爆发后,沙特与非洲之角国家迅速形成军事合作关系:一是谋求建立军事基地。2015 年 4 月,沙特与厄立特里亚达成在厄境内建设海合会军事基地的协议。⑤2017 年 1 月,沙特成为首个在吉布提部

---

① 张永蓬:《非洲之角的国际关系及安全合作新态势》,《人民论坛》2019 年第 32 期。

② 王磊:《中东国家在"非洲之角"动作频频》,《世界知识》2018 年第 11 期。

③ Shady Ahmed Mansour, Yara Yehia Ahmed, "Saudi Arabia and UAE in the Horn of Africa: Containing Security Threats from Regional Rivals," *Contemporary Arab Affairs*, Vol.12, No.3, 2019, pp.108—111.

④ "Letter dated 2 November 2017 from the Chair of the Security Council Committee pursuant to resolutions 751(1992) and 1907(2009) concerning Somalia and Eritrea addressed to the President of the Security Council," *United Nations Security Council*(*UNSC*), November 6, 2017, https://documents-dds-ny.un.org/doc/UNDOC/GEN/N17/302/02/PDF/N1730202. pdf?OpenElement.

⑤ "Intra-Gulf Competition in Africa's Horn: Lessening the Impact," *International Crisis Group*, September 19, 2019, https://www.crisisgroup.org/middle-east-north-africa/gulf-and-arabian-peninsula-horn-africa-turkiye/intra-gulf-competition.

署军事基地的海湾阿拉伯国家。①二是开展军事援助。2015 年苏丹以承诺万名步兵在也门战争中支持沙特联军为条件,换取沙特和阿联酋约 70 亿美元的军事援助。2019 年,沙特又向苏丹军方提供 30 亿美元的经济援助。三是积极开展反恐合作。2015 年 12 月,沙特牵头 34 个逊尼派国家共同成立了"伊斯兰国家反恐军事联盟",索马里、乌干达、吉布提等东非国家纷纷加入。②2017 年,沙特还为红海沿岸非洲国家的反恐部队提供超过 1 亿欧元的援助。③

2. 积极斡旋地区争端

卡塔尔利用与非洲之角国家的独特关系,于 2010 年 6 月斡旋吉布提与厄立特里亚签署和平协定,双方同时从存在争议的杜梅伊拉地区(Doumeira area)撤军;从 2010 年到 2017 年,卡塔尔一直在吉厄边界派驻维和部队。2021 年 6 月卡塔尔主办了阿盟峰会,并在埃及和苏丹的要求下讨论了"复兴大坝"争端的解决方案。④卡塔尔还积极参与调解苏丹达尔富尔冲突,以及索马里与肯尼亚之间的海上领土争端。在"重新重视非洲"政策指引下,积极斡旋地区争端的卡塔尔有望成为非洲之角新的重要合作伙伴。⑤

为在与伊朗的地缘竞争中争取到更多周边国家支持,沙特与阿联酋通过经济和外交手段,积极推动埃塞俄比亚、厄立特里亚和吉布提三国间的关系缓和。2018 年 7 月,埃塞俄比亚总理阿比·艾哈迈德·阿里(Abiy Ahmed Ali)与厄立特里亚总统伊萨亚斯·阿费沃基(Isaias Afwerki)在阿

---

① Gerald M. Feierstein, "The Fight for Africa: The New Focus of the Saudi-Iranian Rivalry," *Middle East Institute*(*MEI*), September 14, 2017, https://www.mei.edu/sites/default/files/publications/PF2_Feierstein_AfricaSaudiIran_web_4.pdf.

② Ed Payne, Salma Abdelaziz, "Muslim nations form coalition to fight terror, call Islamic extremism 'disease'," *CNN*, December 22, 2015, https://edition.cnn.com/2015/12/14/middleeast/islamic-coalition-isis-saudi-arabia.

③ 马晓霖、梁国璇:《沙特阿拉伯的非洲之角政策:历史演变与效果评估》,《中国非洲学刊》2023 年第 1 期。

④ Yoel Guzansky & Ofir Winter, "Does Qatar's Return to the Arab World Run through Egypt?" *INSS Insight*, No.1493, June 30, 2021, https://www.inss.org.il/wp-content/uploads/2021/06/no.1493-1.pdf.

⑤ 喻珍、肖奔:《21 世纪初阿联酋对非洲政策的特点及影响因素》,《中国非洲学刊》2022 年第 4 期。

联酋阿布扎比共同签署了《和平友好联合宣言》；9 月，在沙特国王萨勒曼的主持下，埃塞俄比亚、吉布提、厄立特里亚三国领导人齐聚沙特红海港口城市吉达，埃厄签署和平协议，结束了长达 20 多年的敌对关系，吉厄也同意启动两国关系正常化进程。①

3. 拓展商业利益，扩大援助与投资

由于战略位置重要、文化与宗教纽带深厚，海湾阿拉伯国家长期以来对非洲之角国家实施"援助外交"，2000 年至 2017 年间共计投资 434 项，投资额约 130 亿美元。②截至 2022 年，沙特的总援助额已高达约 40 亿美元，援助项目上千项，苏丹和索马里是沙特的重点援助对象。例如，2017 年 10 月，沙特在索马里与伊朗断绝外交关系后承诺向其提供 5000 万美元援助；③2021 年 5 月，沙特通过援助苏丹 2000 万美元的议案，用以帮助苏丹偿还国际货币基金组织的债务。④

非洲之角东扼红海和曼德海峡，是欧、亚、非三洲间海上贸易的重要航道，也是海湾阿拉伯国家通往东部和中部非洲的大门。海湾阿拉伯国家十分重视红海沿岸的基础设施建设，相继在埃塞俄比亚、吉布提、厄立特里亚、索马里等国投资了不少港口项目。其中，阿联酋表现得尤为活跃，它积极拓展在索马里海域的港口运营管理权，已取得柏培拉（Berbera）、博萨索（Boosasso）、基斯玛尤（Kismaayo）、巴拉维（Balawi）等港口的运营管理权，为其国际海运网络增加了 70 多个码头，进一步巩固了其作为中东和周边地区转运中心的地位。⑤

---

① Camille Lons, "Saudi Arabia and the UAE Look to Africa," *Carnegie Endowment for International Peace*, October 23, 2018, https://carnegieendowment.org/sada/77561.

② Jos Meester, Willem van den Berg, Harry Verhoeven, "Riyal Politik: The Political Economy of Gulf Investments in the Horn of Africa," *The Clingendael Institute*, April 2018, https://www.clingendael.org/sites/default/files/2018-04/riyal-politik.pdf.

③ Abdi Sheikh, "Somalia gets new Saudi aid but stays neutral in Gulf crisis," *Reuters*, October 3, 2017, https://www. reuters. com/article/us-somalia-saudi-aid-idUSKCN 1C81MD.

④ "At King Salman's Directive, Saudi Arabia Announces \$ 20Mln Grant to Sudan," *Asharq Al Awsat*, May 18, 2017, https://english.aawsat.com/home/article/2978781/king-salman%E2%80%99s-directive-saudi-arabia-announces-20mln-grant-sudan.

⑤ Christian Henderson, "The UAE as a Nexus State," *Journal of Arabian Studies*, Vol.7, No.1, 2017, p.91.

4. 尝试建立区域合作机制,确保海运通道安全

非洲之角的安全稳定不仅关乎中东石油的出口,也对红海航道安全影响重大,红海沿岸至少8个港口已成为海湾阿拉伯国家运输航线上的重要支点。①为此,海湾阿拉伯国家均希望以区域合力确保海运通道安全,例如阿联酋加强了与亚丁湾沿岸国家的合作,旨在形成一个以安全为重点、以经济为目标的系统性外交策略,试图全方位参与红海沿岸地区的安全事务。②

2018年12月,首届红海和亚丁湾沿岸国家外长会议在沙特首都利雅得召开,沙特、埃及、吉布提、索马里、苏丹、约旦和也门签署合作协议,建立红海安全委员会,即"红海联盟"。该联盟东起非洲之角及亚丁湾海域,西至曼德海峡及红海,旨在促进沿岸国家的安全协调、经济开发与环境保护,是该地区第一个海上安全合作机制。2020年1月,相关机制进一步升级为红海和亚丁湾沿岸国家理事会,致力于打击恐怖主义、海盗、非法移民、武器走私和海洋污染,宣告一个新的红海地区安全治理机制的形成。③

（二）海湾阿拉伯国家介入非洲之角的影响与前景

1. 消极影响

以也门内战、海合会断交危机为代表的中东"新冷战"不断外溢至非洲之角地区,不可避免地给后者带来较严峻的安全风险。一方面,深度冲击非洲之角安全格局与秩序。海湾阿拉伯国家及其竞争对手蜂拥在非洲之角建立军事基地、部署军事存在,使之成为"全球海军实验室",加剧了该地区的军事化进程。④更严重的是,中东"新冷战"还迫使非洲之角国家在

---

① Marco Malvestuto, "The Red Sea Route, A Strategic Junction," *About Energy*, May 11, 2018, https://www.aboutenergy.com/en_IT/topics/red-sea-route-strategic-junction.shtml.

② Matthew Hedges, "Small State Security Engagement in Post—Arab Spring MENA: The Case of the United Arab Emirates," *Asian Affairs*, Vol.52, No.2, 2021, p.420.

③ 王广大、马小东:《红海地区安全治理的现实困境与路径选择》,《西亚非洲》2023年第2期。

④ Matt Kennard, Ismail Einashe, "For Somaliland and Djibouti, Will New Friends Bring Benefits?" *Foreign Policy*, March 19, 2019, https://foreignpolicy.com/2019/03/19/somaliland-somalia-horn-of-africa-djibouti-military-oil-uae-qatar-berbera-port.

中东国家间"选边站队",改变了地区原有力量平衡,加剧了地区秩序撕裂。例如,厄立特里亚、苏丹、吉布提、索马里曾是伊朗的亲密伙伴,长期同伊朗保持军事联系。然而也门内战爆发后,在沙特、阿联酋强大的"金元攻势"及外交威逼利诱下,这四国纷纷倒向海湾阿拉伯国家阵营,索马里、苏丹、吉布提相继同伊朗断交,厄立特里亚、苏丹还出兵协助沙特在也门作战。又如,海合会断交危机发生后,吉布提和厄立特里亚迫于沙特压力与卡塔尔交恶,直接导致卡塔尔撤回了部署在两国边境争议地区长达7年的维和部队,吉厄边境局势再度紧张;索马里联邦政府、苏丹则与卡塔尔保持友好关系,两国随即遭到沙特阵营报复。①

另一方面,加剧非洲之角国家内部治理危机。以索马里为例。海合会断交危机爆发后,为惩罚保持中立的索马里联邦政府,阿联酋加大了同寻求独立的索马里兰和邦特兰地区的联系力度,相继获得柏培拉港、博萨索港的开发和经营权,并签署了价值4.42亿美元的港口升级协议,实际上是想将这些港口打造成军事基地。阿联酋还在索马里境内推销武器,支持反联邦政府武装活动。这一系列行为恶化了阿联酋与索马里联邦政府的关系,也削弱了索马里构建国族认同的努力。苏丹政权更迭是另一例证。在也门内战中,沙特和阿联酋说服苏丹巴希尔政府放弃了与伊朗长达20年的同盟关系,苏丹成为沙特—阿联酋联盟的一员。但在两年后的海合会断交危机中,巴希尔政府选择保持中立,被沙特和阿联酋认为缺乏"忠诚度"并因此减少了对苏资金援助,苏丹经济形势随之恶化,最终促使巴希尔政权倒台。②这都说明,海湾阿拉伯国家对非洲之角国家"金元换同盟"的行为,不仅可持续性成疑,还会损害非洲之角国家的主权独立,甚至导致其陷入动荡与失败的怪圈。③

① Zach Vertin, "Red Sea Rivalries: The Gulf States are Playing a Dangerous Game in the Horn of Africa," *Foreign Affairs*, January 15, 2019, https://www.foreignaffairs.com/articles/east-africa/2019-01-15/red-sea-rivalries.

② "Improving Prospects for a Peaceful Transition in Sudan," *International Crisis Group*, January 14, 2019, https://www.crisisgroup.org/africa/horn-africa/sudan/b143-improving-prospects-peaceful-transition-sudan.

③ Zach Vertin, "Red Sea Rivalries: The Gulf States are Playing a Dangerous Game in the Horn of Africa," *Foreign Affairs*, January 15, 2019, https://www.foreignaffairs.com/articles/east-africa/2019-01-15/red-sea-rivalries.

2. 积极前景

虽然中东"新冷战"给非洲之角增添了安全风险,但也应看到,海湾阿拉伯国家为非洲之角国家提供军事援助和培训,一定程度上提升了后者的安全防御能力;沙特、阿联酋积极斡旋非洲之角国家间冲突和争端,推动了埃塞俄比亚、厄立特里亚、吉布提、索马里等国之间关系的改善和正常化;海湾国家加大对非洲之角投资和基础设施建设力度,也有助于地区国家改善基建状况和发展经济。①

相比物质性的援助,中东—海湾内部的深刻转型与变革对非洲之角将产生更深远的积极影响。当前,中东特别是阿拉伯国家的整体民意已从"求民主"转向"要发展",经年累月的地缘争斗也使中东地区大国出现"战略透支","见好就收"与"抱团取暖"成为中东国家的合理选择。②作为对非洲之角国家具有最重要影响力的域外力量之一,海湾阿拉伯国家聚焦求稳定、谋发展、促合作,将使其减小对非洲之角的过度干涉,有助于培育非洲之角国家自主发展的意识与能力,并推动两者作为"全球南方"重要成员建立更为平等共赢的合作关系。

同时,当前海湾阿拉伯国家战略自主性显著提升,这是一种综合了能源调控自主权、制度安全自主权、外交选择自主权、发展模式自主权、国防安全自主权为一体的多元战略自主体系,它依托海湾阿拉伯国家在能源、经济、枢纽区位、宗教中心等无与伦比的战略禀赋,在恢复地区团结、斡旋国际热点、稳定能源秩序、平衡大国关系等重大问题上形成集体立场。这不仅有利于海湾阿拉伯国家作为一个整体带动同为"全球南方"的非洲之角国家实现集体振兴,也有助非洲之角国家独立而平等地选择域外合作伙伴,给域外力量建设性介入非洲之角治理提供了新可能。

此外,近两年来中东令人欣喜且趋势渐强的和解浪潮不仅有利于中东局势缓和,也将对非洲之角地区产生积极的溢出效应。特别是沙特与伊朗在中国的积极斡旋下成功恢复外交关系,不仅带动了海湾乃至中东

---

① 张梦颖、李新烽:《中东国家对非洲之角的介入与影响》,《国际问题研究》2019 年第 4 期。

② Shelly Culbertson, Howard J. Shatz, Stephanie Stewart, "Renewing U.S. Security Policy in the Middle East", RAND Corporation, September 23, 2022, https://www.rand.org/pubs/research_reports/RRA904-1.html.

地区的关系缓和,也将有助于改变中东国家在非洲之角的恶性竞争关系。随着中东—海湾局势总体缓和,海湾阿拉伯国家将有更充足的条件和更宽松的环境来整合内部力量,并与外部伙伴加强沟通协调,营造更有利于非洲之角治理的地缘氛围。这将对非洲之角国家加强战略自主、谋求联合自强起到积极示范作用,并为相关国际行为体,特别是"全球南方"国家加强在非洲之角的合作开辟新路径。①

三、非洲之角国家的自强与隐忧

尽管从历史上看,非洲之角事务受地缘政治变动及强权政治影响很大,但这并不意味着本地区国家就被剥夺了发挥自身作用的机会。相反,越来越多的事态表明,地区国家正努力改革内外政策,力争在地区事务中谋求主动。②相比于以往更多充当域外国家博弈的棋盘与棋子,当今非洲之角国家战略自主性的提升将给地区格局带来深远影响。

(一)非洲之角国家的自强

1. 各国积极追求独立自主发展

21 世纪以来,"非洲崛起"趋势日益强劲,非洲国家增强了追求独立自主的决心,加快了联合自强的步伐,尤其注重培育和提升自主发展与治理能力,以推动区域团结并实现可持续发展与包容性增长。③在这样的大背景下,非洲之角国家的中心任务逐渐从"安全优先"转向"发展优先",开始摒弃相互竞争、相互拆台的传统思维,积极推进地区经济一体化,其典范是将整个次地区联系起来的拉穆港—南苏丹—埃塞俄比亚运输走廊(LAPPSET)建设。④

在追求独立自主发展的道路上,埃塞俄比亚一直扮演着非洲之角引领

① "China supports Horn of Africa countries to independently resolve differences: special envoy," *Xinhua*, March 15, 2023, https://english.news.cn/20230315/1674848d8a 574a8e88f3b3c84effb4a4/c.html.

② The French Institute for International and Strategic Affairs, *East Africa and the Horn in 2022: An Outlook for Strategic Positioning in the Region*, March 2017, p.4.

③ 赵雅婷:《非洲自主发展背景下西方大国参与非洲治理的新特点及其成效》,《西亚非洲》2023 年第 4 期。

④ 张春:《非洲之角政治转型及中国的政策选择》,《现代国际关系》2020 年第 3 期。

者的角色。埃塞俄比亚是该地区较早采取"发展型国家"(developmental state)方略的国家。2018年阿比·艾哈迈德·阿里就任埃塞俄比亚总理后,埃塞俄比亚在"发展型国家"的基础上,通过改革政府结构、促进民族对话、推出经济自由化规划、启用新型政治动员体系等,着重缓解短期安全压力并缓解地区紧张局势,以释放长期可持续发展潜力,确保基本发展道路的稳定。①

2. 和解合作成非洲之角主流趋势

在"发展优先"的理念指引下,地区国家开始调整对外政策,以求为国内稳定发展创造良好的地区环境。埃塞俄比亚同厄立特里亚关系的迅速转圜正是这一实践的绝佳注脚。2018年6月,阿比政府宣布全面接受2000年为结束埃厄战争而订立的《阿尔及尔协议》;2018年7月,埃厄两国在阿联酋签署《和平友好联合宣言》,宣布结束战争状态,恢复两国交通运输、贸易及通信联系,重启外交活动,着手解决边界问题等;②2018年9月,两国又在沙特吉达签署和平协议,两国关系改善进入实质性阶段。

埃塞俄比亚与厄立特里亚重修旧好也拉开了非洲之角和解合作的序幕。2018年7月,索马里总统穆罕默德成为历史上首位访问厄立特里亚的索马里领导人,两国签署《兄弟关系和全面合作联合宣言》,宣布正式建立外交关系,恢复双边贸易、投资、教育、文化交流。③2022年7月,穆罕默德在成功连任总统一个月后再次造访厄立特里亚,两国一致同意在经贸投资、水资源保护、农业、医疗、教育、文化、科技、安全等领域加强合作,共同维护非洲之角和平稳定,促进地区经济一体化。2018年9月,埃塞俄比亚、索马里、厄立特里亚领导人宣布建立由三国外长组成的高级别联合委员会。随后,该委员会前往吉布提会见盖莱总统,后者同意与厄立特里亚实现关系正常化。④

---

① Awol Allo, "The Abiy Doctrine: One Year of Ethiopia's New Foreign Policy," *African Arguments*, April 5, 2019, https://africanarguments.org/2019/04/the-abiy-doc-trine-one-year-of-ethiopia-new-foreign-policy.

② *Joint Declaration of Peace and Friendship between Eritrea and Ethiopia*, July 9, 2018, https://www.peaceagreements.org/viewmasterdocument/2097.

③ *Eritrea-Somalia Joint Declaration on Brotherly Relations and Comprehensive Cooperation*, July 30, 2018, https://www.peaceagreements.org/viewmasterdocument/2100.

④ *Joint Declaration on Comprehensive Cooperation Between Ethiopia, Somalia, and Eritrea*, September 5, 2018, https://www.peaceagreements.org/viewmasterdocument/2099.

至此，长期以来制约非洲之角和平稳定的埃厄—厄吉—厄索关系完全实现正常化，地区局势得到极大缓和。

3. 推进地区安全治理的集体化努力

追求独立自主发展增强了非洲之角国家的实力与底气，相互和解则为非洲之角国家推进地区安全治理铺平了道路。因此，近年来非洲之角国家积极寻求在本地区安全事务上扮演更重要的角色，通过抱团取暖来掌握本地区命运。

以红海安全治理为例，作为非洲最具影响力的区域合作组织之一，东非政府间发展组织（以下简称"伊加特"）的 7 个成员国中有 3 个是红海沿岸国家，因此伊加特向来重视海洋安全。2015 年，伊加特制订《海洋整体安全战略（2030）》，设定了地区未来 15 年的 8 个海洋治理目标。[1]2017 年，伊加特设立红海、亚丁湾和索马里问题特使。2019 年 4 月，伊加特成立红海和亚丁湾特别工作组，以协调成员国立场，制订共同的红海地区战略和行动计划，并与国际伙伴开展对话与合作。[2]2021 年，伊加特进一步提出红海及相关海域的安全治理构想，强调着重应对国家间海洋争端、恐怖主义、海盗、海上犯罪等威胁。[3]

（二）非洲之角国家的隐忧

1. 国家间关系仍存诸多矛盾

吉布提虽同厄立特里亚启动了关系正常化进程，但两国在边界划定、失踪战俘等问题上依旧存在分歧。同时，厄立特里亚历来反对美国插手地区事务，但当前美国既维持对厄方单边制裁，又于 2022 年 5 月重新驻军索马里，正刺激厄方敏感神经。[4]索马里同肯尼亚的关系也颇为敏感，两国

---

① "Draft IGAD Intergrated Maritime Safety and Security Strategy（2030），" *IGAD*，February 12，2015，https：//igad.int/draft-igad-integrated-maritime-safety-and-security-strategy-2030.

② "IGAD Establishes Taskforce on the Red Sea and the Gulf of Aden，" *Horn Diplomat*，April 4，2019，https：//www.horndiplomat.com/2019/04/04/igad-establishes-taskforce-on-the-redsea-and-the-gulf-of-aden.

③ Ahmed Yusuf Hersi，"Prospect for Future Development and Intermediate Challenges to the IGAD Region，" *IGAD*，September 3，2021，https：//igad.int/from-maritime-security-to-blue-economy.

④ "Biden sends U.S. troops back to Somalia，" *Russia Today*，May 18，2022，https：//www.rt.com/news/555586-biden-orders-somalia-troops.

边境摩擦时有发生。肯尼亚还长期同索马里的朱巴兰州、索马里兰等地方分裂势力保持密切关系。2020年12月,索马里兰当局领导人访问肯尼亚,双方还发表了联合公报。①索联邦政府对此表示坚决反对并同肯尼亚断交,后两国虽经卡塔尔斡旋调解于2021年5月复交,但双边关系仍旧脆弱。

2. 地区国家政局反复震荡严重冲击地区安全局势

以苏丹为例,2023年4月,阿卜杜勒·法塔赫·布尔汉(Abdel Fattah Burhan)领导的苏丹武装部队(以下简称"SAF")和穆罕默德·哈姆丹·达加洛(Mohamed Hamdan Dagalo)领导的快速支援部队(以下简称"RSF")爆发冲突,其前景至今仍晦暗不明,甚至有滑向长期内战的可能。一方面,冲突的实质是布尔汉与达加洛之间的政权之争,因此零和色彩极强。SAF与RSF军事力量势均力敌,若非在战场上遭遇决定性失败,双方都不会轻易停手,否则不仅无缘最高权力,还可能招致彻底清算。②另一方面,围绕苏丹冲突的国际博弈已显露出阵营化分野。在地区大国中,埃及总统塞西坚定支持布尔汉,反对苏丹出现民兵组织领导人。沙特、阿联酋近年来与RSF的联系日益紧密,达加洛不仅从两国获得了大量经济和金融支援,还与两国领导人建立了良好的私人关系,带动了厄立特里亚、也门等国与RSF交好,拓展了RSF的地区"朋友圈"。③在世界大国中,美国因在中东地区持续实行"战略收缩"而缺乏介入和调停苏丹冲突的意愿,况且对拜登政府来说,苏丹从来都不是外交事务的优先议程。④俄罗斯虽支持利比亚国民军的哈利法·哈夫塔尔(Khalifa Haftar)将军为RSF提供军事补给,但也需照顾与埃及的关系,后者才是俄罗斯在中东、非洲乃至国际事务中重点拉拢的对象。

因此,苏丹的邻国、海湾阿拉伯国家和全球性大国,与苏丹冲突双方

---

① "Kenya and Somaliland Agree to Deepen Bilateral Ties," *Horn Diplomat*, December 15, 2020, https://www.horndiplomat.com/2020/12/15/kenya-and-somaliland-agree-to-deepen-bilateral-ties.

② Nima Elbagir, Tamara Qiblawi & Amarachi Orie, "Rival generals are battling for control in Sudan. Here's a simple guide to the fighting," *CNN*, April 26, 2023, https://edition.cnn.com/2023/04/26/africa/sudan-conflict-explained-intl/index.html.

③ Richard Probst, Anna Reuss, "Sudan: Violence Knows No Borders," *Inter Press Service*(*IPS*), May 12, 2023, https://www.ipsnews.net/2023/05/violence-knows-no-borders.

④ 俞洪亮、周军:《苏丹武装冲突:向更大规模的内战演变》,《世界知识》2023年第10期。

构成了错综复杂的利益网络与准盟友关系,可能使冲突演变为一场多层外部行为体的长期博弈。这不仅冲击非洲之角的安全,也将危及非洲之角以外地区和国家的稳定,甚至连阿拉伯半岛和欧洲也将受到苏丹大规模人道主义灾难的影响,成为地区乃至国际安全又一难以承受之重。①

3. 以复兴大坝问题为代表的尼罗河流域水资源争端使非洲之角安全形势复杂化

长期以来,处于尼罗河下游的埃及凭借相对更强的政治、经济、军事实力和外交影响力,牢牢占据着尼罗河流域的主导权。21世纪以来,埃塞俄比亚逐渐崛起为非洲的一股重要力量,顶住来自埃及的巨大压力坚持修建复兴大坝,力求通过"水安全化"策略引导流域内水资源格局的权力转移。②2022年7月—2023年3月,埃塞俄比亚通过大坝向吉布提、肯尼亚、苏丹等国出口电力获得4823万美元,③不仅切实收获了经济效益,更在水资源博弈上掌握了对埃及的主导权,扩展了地区影响力。

苏丹武装冲突再起正使尼罗河水资源争端格局变得更为复杂。埃及在苏丹的核心关切之一就是确保苏丹在复兴大坝问题上站在埃及一边,因此埃及坚定支持布尔汉领导的SAF,以期笼络苏丹共同制衡埃塞俄比亚。④这不仅将加剧苏丹的内部撕裂与冲突长期化,还将继续弱化苏丹的国际地位并使之更依附于埃及,进一步分化苏丹同埃塞俄比亚这两个非洲之角重要国家的关系,从而给地区和平稳定带来新的风险。

4. 非传统安全威胁持续加剧

无论是红海东侧的也门内战,还是红海西侧的苏丹内乱、埃塞俄比亚内战等,都造成了不同程度的权力真空,给当地恐怖分子和极端组织提供了新的生存空间。在全球163个国家和地区中,非洲之角国家的和

---

① 唐志超:《苏丹危机凸显非洲之角安全困境亟待破解》,《当代世界》2023年第5期。

② 章捷莹、孙德刚:《安全化视角下尼罗河水资源争端与治理路径探析》,《国际关系研究》2023年第1期。

③ "Ethiopia Earns ＄48.23mln in Power Export to Neighboring Countries in 7 Months," *Fana Broadcasting*, March 23, 2023, https://www.fanabc.com/english/ethiopia-earns-48-23mln-from-power-export-in-7mos.

④ Giorgio Cafiero, "Analysis: The War in Sudan is a Problem for Egypt," Aljazeera, July 12, 2023, https://www.aljazeera.com/news/2023/7/12/analysis-the-war-in-sudan-is-a-problem-for-egypt.

平指数排名普遍在 130 名开外；①索马里长年"高居"全球恐怖主义指数排名前三，其他非洲之角国家遭受恐怖袭击的频率也较高。②更严重的是，非洲之角和阿拉伯半岛的"索马里青年党"、"基地"组织和"伊斯兰国"分支，正同萨赫勒地区和几内亚湾的"伊斯兰与穆斯林支持组织"、"大撒哈拉伊斯兰国"，以及大湖地区的"3·23 运动"（M23）等组织强化彼此联系、形成"合流"之势，非洲大陆不同地缘板块的恐怖主义威胁产生联动效应。

频繁的武装冲突不仅使恐怖主义势力日益猖獗，也造成地区难民如潮。截至 2022 年 11 月《比勒陀利亚和平协议》达成时，埃塞俄比亚内战已造成 200 多万人流离失所，2500 万人面临严重的粮食危机。③在苏丹，截至 2023 年 9 月，SAF 和 RSF 之间的冲突已导致超过 525 万人流离失所，其中 82 万个家庭的超过 411 万人在苏丹国内逃难，另有超过 113 万苏丹难民逃往乍得、埃及和南苏丹等国。④动乱不断与难民如潮也为各类海上犯罪提供了温床。非洲之角难民迁徙的主要路线与该地区的人口贩卖、毒品走私和非法武器贩运网络大致吻合，苏丹人口走私集团通常与厄立特里亚跨境犯罪团伙合作，从事以绑架、酷刑和勒索为特征的人口贩卖活动，许多过去从东南亚、中亚等经过伊拉克和叙利亚的非法毒品贸易现在也改为经过非洲之角。⑤此外，自 2017 年以来，索马里海盗问题再度出现，部分海盗为非法渔船提供保护，还有的海盗则直接与"伊斯兰国"和其他恐怖组织合作，致使红海区域的海上跨国犯罪屡禁不止。⑥

---

① Institute for Economics & Peace, *Global Peace Index 2022*: *Measuring Peace in a Complex World*, June 2022, p.11.

② Institute for Economics & Peace, *Global Terrorism Index 2023*, March 2023, p.8.

③ Mohamed Kheir Omer, "Is the Pretoria Peace Deal the Beginning of the End of the TPLF?" *African Arguments*, February 8, 2023, https://africanarguments.org/2023/02/is-the-pretoria-peace-deal-the-beginning-of-the-end-of-the-tplf/.

④ "Internal Displacement in Sudan Nearly Doubles Since Onset of Conflict," *International Organization for Migration* (*IOM*), September 5, 2023, https://www.iom.int/news/internal-displacement-sudan-nearly-doubles-onset-conflict.

⑤ 张梦颖：《非洲之角难民问题探源及其治理困境》，《中国非洲学刊》2022 年第 3 期。

⑥ Dr. Abdel Aziz Aluwaisheg, "Red Sea Security Requires International Cooperation," *Arab News*, May 24, 2021, https://www.arabnews.com/node/1864161.

非洲之角国家追求独立自主发展、推进地区和解、强化地区安全治理集体努力的积极动向表明,在"全球南方"群体性崛起的大背景下,该地区不仅形成了众多区域合作共识,还积极构筑整体性区域治理机制,彰显了"以非洲方式解决非洲问题"的非洲智慧。①同时,由于自身实力有限及对国际环境变动高度敏感,非洲之角国家在提升自身能力建设的同时,仍需与外部世界发展新型伙伴关系。

四、中国与海湾阿拉伯国家在
非洲之角的合作前景

以设立非洲之角事务特使为契机,中国提供了域外力量建设性介入非洲之角治理的新思路。而中国加强与海湾阿拉伯国家在非洲之角的三方合作,有助于将域外力量的消极性转化为积极性,从而培育地区内生性治理能力,推动地区治理朝更平衡的方向发展。

(一)为何海湾阿拉伯国家有望成为中国理想的合作伙伴

乌克兰危机正加剧全球性大国间的地缘对抗,一定程度上限制了中国选择全球性大国作为非洲之角事务合作伙伴的空间。特别是拜登政府将中国定位为"未来决定性的十年最艰难的挑战"②,在美国国内政治尖锐极化的大环境下,对华强硬反而成为两党之间唯一能达成的共识,"全球南方"国家也成为美国推进对华战略竞争的重要方向。受西方试图将中国排除出"全球南方"概念的话语陷阱,以及有选择性地拉拢策略的影响,部分新兴大国同中国的同质性竞争在增加,不同程度地干扰了中国同其在非洲之角等事务上的合作意愿。因此对于中国来说,参与非洲之角治理较理想的合作伙伴应是全球性大国之外具有较强实力与对该地区具有影响力的国家。其中,海湾阿拉伯国家无疑是合适的

---

① 罗建波、孙欣:《"以非洲方式解决非洲问题":非洲集体安全的本土知识探索》,《西亚非洲》2023 年第 5 期。

② "Remarks by President Biden in State of the Union Address", *the White House*, February 7, 2023, https://www.whitehouse.gov/briefing-room/speeches-remarks/2023/02/07/remarks-by-president-biden-in-state-of-the-union-address-2.

选择。

1. 海湾阿拉伯国家有摆脱美国控制、同中国加强合作的强烈意愿

近年来,海湾阿拉伯国家的外交政策更趋多元务实,以"对冲"思维为特征的多元平衡外交成为海湾阿拉伯国家处理同域外大国关系的重要手段。①乌克兰危机更给海湾阿拉伯国家提供了向西方国家及其长期主导的国际秩序表达自主意愿、展示自主能力的历史机遇。随着全球能源转型的深入及海湾阿拉伯国家战略自主意识与能力的不断增强,美国同海湾阿拉伯国家传统的"石油换安全"同盟模式正遭受明显冲击,美国与海湾盟友似乎正渐行渐远。②

对海湾阿拉伯国家来说,美国已不再是唯一能够左右地区局势的超级大国,海湾阿拉伯国家越来越有信心做同美国关系中"更成熟的一方"。③未来海湾阿拉伯国家必然更注重加强内部团结和战略自主,并重新审视其外交排序优先级,寻找比美国更可信赖且有实力的合作伙伴共同参与地区和国际事务。④可以预见,海湾阿拉伯国家作为"全球南方"重要一环的地位将更加凸显,其战略自主性的增强以及持续的"向东看"战略取向,将为其加强同中国在非洲之角的合作开辟新的机遇。

2. 中海之间良好的关系使双方加强合作成为可能

中国同绝大多数海湾阿拉伯国家及海合会建立起了战略伙伴关系,同沙特和阿联酋更是全面战略伙伴关系。2022年12月,具有划时代意义的首届中阿(拉伯)峰会、中海(合会)峰会在沙特首都利雅得举行,中

---

① Fawzi al-Zubaidi, "The Gulf Navigates a Multipolar World", *The Washington Institute for Near East Policy*(*TWI*), February 24, 2023, https://www.washingtoninstitute.org/policy-analysis/gulf-navigates-multipolar-world.

② Karen E. Young, "How Saudi Arabia Sees the World", *Foreign Affairs*, November 1, 2022, https://www.foreignaffairs.com/saudi-arabia/how-saudi-arabia-sees-world.

③ Emile Hokayem, "Fraught Relations: Saudi Ambitions and American Anger", *The International Institute for Strategic Studies*(*IISS*), December 6, 2022, https://www.iiss.org/online-analysis/survival-online/2022/12/fraught-relations-saudi-ambitions-and-american-anger.

④ Mohammed Khalfan Sawafi, "Why the Gulf Arab States Root for a Multipolar World Order?" *Future for Advanced Research & Studies*(*FARAS*), May 19, 2022, https://futureuae.com/en-US/Mainpage/Item/7300/why-the-gulf-arab-states-root-for-a-multipolar-world-order.

海领导人一致同意要在政治、经济和文化等领域推动中海战略伙伴关系进入新时代。2023 年 8 月,沙特、阿联酋与其他四个国家共同加入金砖合作机制,给中国同海湾阿拉伯国家深化"全球南方"合作提供了新平台。①

多年来,中国一直为推动中东安全笃行不息,相继针对中东稳定、叙利亚问题、巴以问题、海湾安全等提出多项"中国方案",收获中东国家普遍赞誉,中国已超过美国成为阿拉伯国家"最信任的伙伴"。②中国成功斡旋沙特与伊朗实现复交,进一步强化了海湾阿拉伯国家同中国深化安全合作的信心,对双方参与非洲之角事务将起到良好的示范作用。

3. 中海双方在非洲之角有广阔合作空间

早在 20 世纪末 21 世纪初,当亚丁湾的海盗威胁到商业航运时,中国和海湾阿拉伯国家都迅速作出了回应——海湾阿拉伯国家开始大力支持非洲之角国家和国际社会打击海盗,而中国则派遣自己的军舰前往该地区参与国际护航。③中国和海湾阿拉伯国家还十分重视在非洲之角的港口建设,近年来中国参与了吉布提港、苏丹港等港口的建设,阿联酋、卡塔尔、沙特等国也积极开发红海西岸的众多港口项目。中国与海湾阿拉伯国家增加在红海西岸的互补性基础设施投资,将在本地区形成"投资竞赛效应",使非洲之角国家更有底气提升对西方国家的议价能力,不仅能为地区国家带来更可观的经济效益,还能增强地区国家的战略自主性。

在苏丹问题上,沙特和阿联酋等海湾阿拉伯国家虽倾向支持达加洛及其领导的 RSF,但苏丹持续的暴力冲突乃至长期内战必然会破坏海湾阿拉伯国家在非洲之角乃至非洲更广大区域的投资和贸易,战争产生的难民也会波及海湾阿拉伯国家。因此保持苏丹的稳定将更符合海湾阿拉

---

① "Analysis: 'A wall of BRICS': The significance of adding six members," *Aljazeera*, August 24, 2023, https://www.aljazeera.com/news/2023/8/24/analysis-wall-of-brics-the-significance-of-adding-six-new-members.

② "China Tops U.S. as Favorite Power Among Arabs Despite Challenges", *Newsweek*, August 10, 2022, https://www.newsweek.com/exclusive-china-tops-us-favorite-power-among-arabs-despite-challenges-1732321.

③ Jos Meester, Guido Lanfranchi, *The UAE and China in the Horn of Africa: Implications for EU engagement*, Netherlands Institute of International Relations, June 2021, p.7.

伯国家在非洲之角的长远利益,而中国新近建立的非洲之角事务特使机制也将为苏丹国内和平对话发挥积极沟通作用,有助于中国同海湾阿拉伯国家在地区热点问题上的协商合作。

（二）中国与海湾阿拉伯国家在非洲之角可能的合作路径

2022年1月,中国正式提出"非洲之角和平发展构想"（以下简称"构想"）,以支持地区国家独立自主应对安全、发展、治理三重挑战。①2023年7月,中国进一步提出,"全球南方"国家应努力消除冲突、共建和平,重振活力、共促发展,开放包容、共谋进步,团结一致、共商合作。②以"构想"精神和四点主张为引领,中国同海湾阿拉伯国家有望在以下方面共同探索加强对非洲之角的"全球南方"合作与治理新路径。

1. 共同支持非洲之角国家走自主发展之路

"构想"的核心原则,就是支持地区国家摆脱大国地缘争夺的干扰,坚定走团结自强之路,把命运掌握在自己手中。在"全球南方"集体崛起的视域下,中国与海湾阿拉伯国家应注重培养非洲之角国家独立自主的发展能力,夯实非洲之角国家的战略自主根基。

一方面,推动中国式现代化的成功经验同非洲之角具体情况的有机结合。中国式现代化作为一套完整的理论体系和实践过程,打破了西方国家对现代化理论和道路的垄断,意味着"全球南方"有能力摆脱西方资本和外部政治势力的干涉,追求自主发展道路,打造自主发展模式。③在结合的过程中,应注重非洲之角情况的特殊性,尊重地区国家的自主权,以平等原则与地区国家开展真诚、客观的交流,解锁非洲之角自主变革的内驱力。④

另一方面,推动中东—海湾和解的成功经验运用到非洲之角和平事业上。作为域外力量,中国与海湾阿拉伯国家应以充分尊重非洲之角国家独立自主为前提,发挥公正调解人作用,支持非洲之角国家用非洲方式

---

①② 《王毅谈"非洲之角和平发展构想"》,中华人民共和国外交部官网,https://www.mfa.gov.cn/web/gjhdg_676201/gj_676203/fz_677316/1206_677946/xgxw_677952/202201/t20220107_10479735.shtml。

③ 徐秀军、沈陈:《"全球南方"崛起与世界格局演变》,《国际问题研究》2023年第4期。

④ 宋微:《推动自主发展:全球文明倡议下中国对非洲治理援助》,《国际问题研究》2023年第3期。

妥善处理民族、宗教、领土等纠纷,帮助非洲之角国家探求有效路径、克服治理挑战,构建团结、稳定、和谐的地区发展环境。

2. 共同与非洲之角国家积极践行全球安全倡议

安全治理是非洲之角治理的核心与关键,也是中国与海湾阿拉伯国家加强在非洲之角合作的重点。2022 年 6 月,由中国提议的首届非洲之角和平会议(以下简称"和平会议")在埃塞俄比亚首都亚的斯亚贝巴举行,与会各方就加强域内对话、克服安全挑战进行了深入探讨。①未来,在坚持本地区人民主导本地区事务的原则基础上,和平会议可适当扩大国际代表性,例如在非洲之角国家与海湾阿拉伯国家间建立高级别磋商平台,并推动创设"伊加特 + "机制,以真正的多边主义提升非洲之角国家和海湾阿拉伯国家的国际话语权。②

中国、海湾阿拉伯国家、非洲之角三方还可围绕确保地区局势稳定、防范西方国家过度干预加强治国理政交流,使非洲之角国家既能有效应对内生性安全挑战,又能抵御域外力量的压力或诱惑。例如,在推动苏丹国内冲突政治解决上,中国同海湾阿拉伯国家应支持非洲国家发挥主导作用,支持联合国、非盟、伊加特三方机制更好发挥协调作用,呼吁国际社会坚持"苏人主导、苏人所有"原则,反对域外大国干涉苏丹主权,同时用好海湾阿拉伯国家对苏丹独特外交渠道及中方非洲之角事务特使机制,积极创造有利冲突双方直接对话的条件,在此基础上凝聚政治共识,推动局势降温与政治解决。

中国和海湾阿拉伯国家还可依托各自在非洲之角的海军基地、港口基础设施等,向该地区提供更多海上安全公共产品。中海应积极开展各类联合演练、反海盗与护航合作,加强与非洲之角国家的军事交流,改善非洲之角的海上安全环境。在红海安全治理问题上,中国与海湾阿拉伯国家应积极推动建立具有包容性的红海安全治理机制,加强与阿盟、非

---

① "Roundup: First China-Horn of Africa peace conference concludes with call for realizing shared aspiration," *Forum on China-Africa Cooperation(FOCAC)*, June 23, 2022, http://www.focac.org/eng/zfzs_1/202206/t20220623_10708534.htm.

② Gleb Chugunov, "China Helps Horn of Africa Eliminate Disagreements, Envoy Says," *Sputnik*, March 15, 2023, https://sputnikglobe.com/20230315/china-helps-horn-of-africa-eliminate-disagreements-envoy-says-1108426392.html.

盟、伊加特、海合会等地区机制的沟通与对接,保障该机制拥有足够代表性与合法性,在此基础上逐步构建红海安全共同体。①

3. 共同助力非洲之角国家深度融入全球发展倡议

乌克兰危机长期化、国际大宗商品价格震荡波动等,加深了非洲之角国家对发展与合作的"刚需",刺激各国重塑发展模式、加快经济与社会转型。相比于西方国家的"实力和平论""民主和平论"等在非洲之角的日渐式微,中国倡导的"以发展促和平"的理念与实践越发获得非洲国家认可,中国提出的"全球发展倡议"更给地区国家带来了新选择。

2021 年 11 月,中国国家主席习近平在中非合作论坛第八届部长级会议开幕式上宣布启动中国对非合作"九项工程"。2022 年 12 月,中国国家主席习近平在首届中阿(拉伯)峰会上提出中阿务实合作"八大共同行动"。当前,"九项工程"已取得重要早期成果,"八大共同行动"正有序落实。未来,中国、海湾国家和非洲之角国家应以加强"九项工程"与"八大共同行动"对接为基础,深化三方互联互通,以务实合作成果助力三方关系行稳致远。

一是加大对非洲之角的投资力度,以吉布提港国际自贸区为试点,加强中海同整个非洲大陆自贸区的政策对接,通过贸易畅通实现三方在"一带一路"框架下的高水平对接与融合式发展。②二是推动蒙内铁路和亚吉铁路可持续运营,在此基础上加快红海和东非沿岸开发,形成"两轴 + 两岸"发展框架,助力区域经济振兴和一体化建设。③三是利用埃塞俄比亚、沙特和阿联酋同时加入金砖合作机制的良机,顺应更多发展中国家的"去美元化"诉求,推动成立"金砖国家货币储备基金"(BMF),在"全球南方"国家的贸易和投资中扩大本币互换、本币结算以及互发本币债券。四是聚焦粮食安全内生能力建设,深化三方在农业技术推广与转化、水利基础设施建设、抗旱减灾等领域的合作,切实提升海湾国家与非洲之角国家保

---

① 王广大、马小东:《红海地区安全治理的现实困境与路径选择》,《西亚非洲》2023 年第 2 期。

② 陈兆源、孙振民:《非洲视角下高质量共建"一带一路"探析》,《中国非洲学刊》2023 年第 1 期。

③ "Xinhua Headlines: China-proposed outlook for Horn of Africa ignites hope for stability, development," *Xinhua Net*, February 5, 2022, https://english.news.cn/20220205/167a8e159f304a83a884c32513a1b7ae/c.html.

障粮食安全和经济发展韧性的主动权。①五是更多聚焦民生和社会项目,尤其是非洲之角的青年教育、就业和减贫问题,促其远离极端思想,共同助力非洲之角成为和平发展之角、合作共赢之角。

4. 共同与非洲之角国家推动全球文明倡议

2023 年 3 月,中共中央总书记、国家主席习近平在中国共产党与世界政党高层对话会上首次提出全球文明倡议,系统阐述了其科学内涵。包括海湾国家和非洲之角国家在内的众多"全球南方"国家对此给予积极评价,认为该倡议蕴含"和而不同"的中国智慧,反映了中国式现代化的独到见解,凸显了对西方文明观的批判性超越,并与"一带一路"倡议、全球发展倡议、全球安全倡议相辅相成、互相策应,能促进不同文明交流互鉴、团结合作和共同发展。②

未来,中国同海湾阿拉伯国家应在全球文明倡议的宏伟愿景下,鼓励非洲之角国家坚持推广包含本土经验和智慧的和平文化,同广大"全球南方"国家加强文明多样性包容互鉴,通过和平文化的规范力量和文明互鉴的行动力量推进非洲之角的安全建设与自主发展,推动中国、海湾阿拉伯国家、非洲之角国家为共建人类命运共同体作出更大贡献。③

五、结　论

"全球南方"并非一个确切的(well-rounded)概念,而是一个综合性的(comprehensive)概念,其内涵与外延随着发展中国家自身发展水平与阶段的变化而处于演进之中。作为一种国际力量,"全球南方"也不是一个有着明确成员、战略目标和体制机构的国际组织或国家集团,而是一个具有相似历史经历和发展水平,在现行西方主导下的国际体系中处于相对弱

---

① 安春英:《非洲粮食安全困局及其治理》,《当代世界》2023 年第 2 期。

② "Initiative can help civilizations thrive," *Helsinki Times*,March 28,2023,https://www.helsinkitimes.fi/china-news/23257-initiative-can-help-civilizations-thrive.html.

③ 罗建波、孙欣:《"以非洲方式解决非洲问题":非洲集体安全的本土知识探索》,《西亚非洲》2023 年第 5 期。

势,同时又具有强烈独立意识和发展诉求的发展中国家群体。①虽然"全球南方"因没有固定和统一的组织形式而时常显得比较松散、机制化水平相对不高,但也恰因为这种"松散"赋予了发展中国家群体更为灵活务实且易于提升战略自主能力的对外政策与行动空间,其彼此间相近的理念、制度和利益使其往往能够在全球事务中的一些领域或面对重大国际事件时采取相近立场、发出相同声音。

在"全球南方"视域之下,结合域外力量的介入,能启发我们对处理非洲之角问题新的思考。海湾阿拉伯国家对非洲之角有着独特影响力,前者对后者的深度介入,一方面,将中东"新冷战"带到了非洲之角,改变了该地区原有的力量平衡,增加了该地区局势的不确定性;另一方面,海湾阿拉伯国家战略自主性的提升,以及中东和解与转型的深入推进,都使海湾阿拉伯国家有更充足的条件整合内部力量,并为"全球南方"国家加强在非洲之角的合作开辟新路径,营造更有利于非洲之角治理的地缘氛围。

同时,也不能忘记非洲之角国家战略自主性提升所带来的深远影响。相比于以往更多充当域外国家博弈的棋盘与棋子,当今的非洲之角国家正加强战略自主、谋求联合自强,努力掌握自己的命运,并为应对安全威胁提供协调性的地区干预。这表明在非洲之角治理架构中,各参与方的强弱分界正愈发模糊,域外"强"国在争夺主导权的同时,非洲之角的"弱"国也能通过联合自强的方式来发挥独特的"非对称性"优势,"强"国需要与"弱"者妥协才能推动地区秩序的平衡与转型。

因此,在"全球南方"集体崛起的视域下,以设立非洲之角事务特使为契机,中国提供了域外力量建设性介入非洲之角治理的新思路。中国加强与海湾阿拉伯国家和非洲之角国家的三方合作,将有助域外力量对非洲之角的建设性介入,从而培育该地区的自主发展能力与内生性治理动力。未来,以中国提出的"非洲之角和平发展构想"精神为引领,中国与海湾国家应同非洲之角国家深度践行全球发展倡议、全球安全倡议、全球文明倡议,推动"一带一路"倡议在海湾—非洲之角地区走深走实,为构建非洲之角团结、稳定、和谐的发展环境贡献力量,也为壮大"全球南方"机制化合作阵营提供新的智慧。

---

① 赵柯:《如何理解"全球南方"?》,载《学习时报》2023 年 7 月 31 日,第 4 版。

专题研究
反思西方国际关系理论
视域下的大国关系

国际秩序的社会建构：治理知识、身份与后冷战时代的中美关系

于凡超 *

【内容提要】 关于后冷战时代的国际秩序，中美的表述各不相同。中国表示要维护"以联合国为核心的国际体系和以国际法为基础的国际秩序"，而美国表示要维护"以规则为基础的国际秩序"。根据社会建构论，国家对于国际秩序的话语表述可以被视为国家对国际秩序的社会建构，它以国际制度的建立为内容，但又不只是建立和变革国际制度，还包括国家赋予国际制度的意义以及对国家间关系的理解和塑造，它们最终都指向国家对自我和他者身份的建构。本文认为国家对国际秩序的社会建构是基于国家的身份，国家对国际秩序的社会建构过程，也是对自我身份的建构和维护过程。国家身份与国际秩序的社会建构具有相互构成的关系。后冷战时代，中美两国对于现代化治理知识（国家在现代化过程中形成的政治和经济制度、政策、价值观和意识形态等观念性物品）的不同理解，形成了不同类型的知识主体身份，驱动着两国对国际秩序进行不同的社会建构，包括对国际制度的目标和对国家间关系的不同社会建构。美国对于国际秩序的社会建构，形成支配与被支配的治理知识殖民关系，并使它服务于美国的利益。中国对于国际秩序的社会建构具有反对治理知识殖民的特点，主张各国有权利发挥自我的主体性，探索建立符合自身特点的现代化治理知识，倡导各国基于人类命运共同体意识建立新型国际关系，深化和拓展平等、开放、合作、共赢的全球伙伴关系。美国对于国际秩序的社会建构隐含着二元对立思维，中国对于国际秩序的社会建构则具有多元共生的积极意义。

【关键词】 国际秩序，社会建构，身份，治理知识，中美关系

【Abstract】 China and the United States have represented the post-cold war international order in different terms. China maintains a "UN-centered international system and the international law-based international order", while the United States upholds a "rules-based international order". The two representations can be treated as two kinds of social construction of the international order, which express the two countries' understandings about international institutions and inter-state relationships in the post-Cold War era. This essay takes social constructivist perspectives to analyze discursively and socially motivations that drive China and the United States to take dissimilar views and positions in their restructuring the post-cold war international order. It argues that the way a country participates in the social construction of international order is shaped by its national identity, and the process of it is also the one of a social construction of its own national identity. National identity and its social construction of international order are mutually constituted.

In the post-Cold War era, the United States and China have different understandings about the modernization governance knowledge, that contribute to the establishment of two different national identities which make the two countries maintain the post-cold war international order at odd, from the understanding and practice of international institutions, to the shaping and forging of inter-state relationships. In its social construction of international order, the U.S. intends to shape its relationships with other countries in a hierarchical way, in which the U.S. dominates and other countries are the dominated. It amounts to a relationship of governance knowledge colonization, with the U.S. as the governance knowledge hegemon. As the governance knowledge hegemon, the U.S. has the legitimacy to judge the modernization of other countries and interfere in their internal affairs. This governance colonization relationship not only solidifies America's identity, but also brings tangible benefits to the United States. The dominated countries, especially developing countries, become colonies of American governance knowledge and tools to verify the universally applicability of American governance knowledge, and are, at least, economically dependent on the United States. In China's social construction of international order, the relations between diversity knowledge subjects are equal and no one is superior to others, with opposing any form of governance knowledge colonization. China advocates to deepen and expand global partnerships of equality, openness and cooperation, and promotes to build a community with a shared future. The social construction of the international order by the U.S. is a continuation of "binary oppositions", while China's social construction of international order has the significance of "multiple symbiosis".

【Key Words】 International order, social construct, identity, knowledge of governance, Sino-U.S. relations

* 于凡超，复旦大学国际关系与公共事务学院博士研究生。

一、引　言

后冷战时代，美国和中国对国际秩序的表述不同，分别为"以规则为基础的国际秩序"和"以联合国为核心的国际体系和以国际法为基础的国际秩序"。中美两国围绕着国际秩序的称谓无法达成共识这一点不免让人感到困惑。正如有研究者指出的，当行为体对事物的看法莫衷一是的时候，人们需要将关注点从对这些事物的直接观察转为对其思考方式的考察。①对于客观事物的不同表述方法反映了不同的观念和态度，能够建构不同的现实、身份和社会关系。②所以不能对中美两国对于国际秩序不同的社会建构视若无睹，本文将从中国和美国两种不同的国际秩序话语表述入手，讨论为何国际秩序可以被理解为一种社会建构，将国际秩序视为一种社会建构具有怎样的影响。进而，本文分析两国不同的身份认知如何影响了两国对于国际秩序不同的社会建构，探讨两种不同的国际秩序社会建构所隐含的深层次的特点。

二、国际秩序：一种社会建构

一个值得关注的现象是，中国和美国对国际秩序作出了不同的表态，中国表示要维护"以联合国为核心的国际体系和以国际法为基础的国际秩序"③，美国表示要维护"以规则为基础的国际秩序"。④中美两国对于国

---

① Karl Manheim. Ideology and Utopia：*An Introduction to the Sociology of Knowledge*，New York：Harvest Books，1936，p.6.

② 孙吉胜：《"中国崛起"话语对比研究》，世界知识出版社 2015 年版，第 2—3 页。

③ 中国强调维护"以联合国为核心的国际体系和以国际法为基础的国际秩序"，例如，中国国家主席习近平在第 76 届联合国大会一般性辩论上的演讲、中国国家主席习近平 2021 年 11 月 16 日与美国总统拜登的会晤。此外，国务委员兼外长王毅于 2022 年 6 月 1 日向中俄智库高端论坛发表的致辞以及中国外交部发言人在例行记者发布会上的发言均强调要维护"以联合国为核心的国际体系和以国际法为基础的国际秩序"。中国发布的《新时代的中国与世界》白皮书、《中国外交政策》白皮书等也都提到"以联合国为核心的国际体系和以国际法为基础的国际秩序"这一概念。

④ 美国政要也频频在演讲中提及"以规则为基础的国际秩序"，例如，美国总（转下页）

际秩序各执己见，这难道意味着存在两种不同的国际秩序吗？在本文看来，构成国际秩序的国际制度并没有不同，只是中美两国对于这些制度以及国家间的关系有不同的理解和诠释。

（一）社会建构论与国际秩序

社会建构论认为，客观事物本身与人们对该事物的认知并不完全一致，客观事物总是要经历一番社会建构，被人们赋予特定的意义，才为人所认识。乔纳森·波特（Jonathan Potter）认为，同一现象可以用不同话语表述，这是对行为体的社会建构。①诺曼·费尔克拉夫（Norman Fairclough）指出，不同的话语产生的建构效果是不同的。②对于同一事物的社会建构不能被简单地当作对该事物的客观描述，对客观事物的话语表述、诠释都被视为社会建构，它们并不是对事物的如实再现。对于同一个客观事物，人们会作出不同的表述，不同的话语表述反映出不同的观念和态度，这些反映人们观念和态度的话语建构了各种不同的社会身份、社会关系，构成了社会世界。③可见，研究者不能对国际政治中的话语表述等社会建构现象和社会建构实践等闲视之，而应该对之保持敏感和好奇，并加以探索和分析。

本文将国际秩序视为一种社会建构现象，这有别于那种将国际秩序看作一种客观实在的研究路径。国际秩序具有这样几个特点：国际秩序的存在意味着各国处于一种有规律、可预期的状态。④国家间权力对比、国

（接上页）统拜登于 2021 年 2 月 4 日发表的"美国在世界上的地位"的演讲、2021 年 3 月 18 日美国国务卿安东尼·布林肯在阿拉斯加州举行的中美高层战略对话期间、美国副总统哈里斯于 2021 年 8 月 26 日访问越南期间发表的演讲等都谈及"以规则为基础的国际秩序"。此外，这一表述也频繁出现在美国与其他国家和国际组织发布的公报之中，例如，2021 年 6 月 10 日美国与英国签署《新大西洋宪章》、2021 年 6 月 13 日西方七国集团峰会发表的联合公报、2021 年 6 月 15 日欧盟—美国峰会后发表的联合声明、2022 年 5 月 23 日日美首脑发布的联合声明中均多次使用"以规则为基础的国际秩序"。

① Jonathan Potter, Margaret Wetherell, *Discourse and Social Psychology*：*Beyond Attitude and Behavior*, London：Sage Publications, 1987, p.35.

② Norman Fairclough, *Language and Globalization*, London：Routledge, 2006, p.12.

③ 孙吉胜：《"中国崛起"的话语对比研究》，世界知识出版社 2015 年版，第 3 页。

④ Shiping Tang, "Order：A Conceptual Analysis", *Chinese Political Science Review*, vol.1, 2016, pp.30—46.

际制度、国际规范是构成国际秩序的重要内容,而且国际秩序通常还具有价值性。①

国际秩序由国际制度构成,参与国际互动的国家会形成一定的关系。不同的国家对于国际制度的意义、对于自我和其他国家间关系的理解并不全然相同,国际秩序可以被视为一种社会建构,是因为国家,特别是大国,会赋予国际制度以某种目标和意义,并对国家间关系形成不同的理解和塑造。国家对特定时空环境中国际秩序的社会建构不是必然的,而是国家的一种主动的选择和塑造。人们之所以认为某种国际秩序是"客观现实""本该如此",是因为这种社会建构已经被广为接受,被人们认为是事实。

循着这种社会建构的思路,国际秩序也未必是一种客观的、价值无涉的现象,国际秩序并不是中性的,国际秩序具有价值性,国际秩序的建立通常蕴含着主要成员的价值观,体现着国际秩序建构者的价值偏好和目标追求。

此外,国际秩序的关键特征——可预期性,也同样具有建构性。虽然从技术角度来看,国际制度和国际规则能够调节国家之间的行为,使国家的行为具有可预期性。然而,从社会建构的角度来看,可预期性却并不一定全然来自制度、规则的运行和规范的调节,国家可以对自我和他者形成某种身份认知,在此基础上,国家对其自身和其他国家的行为产生相对稳定的预期。②也就是说,可预期性并不全然是客观的,也可以是一种主观性的理解,它源自国家对于自我和他者身份的区分。

(二)国际秩序社会建构研究的特点

将国际秩序视为一种社会建构,意味着研究视角的转换,不是从国际秩序的视角出发来看待国家在国际秩序中的行动,而是考察国家是如何理解与诠释国际秩序的。这同时也意味着人们能够对国际秩序不同表述背后的大国博弈形成更深层次的理解,还能够让人们对国家在建构与维持国际秩序方面的相互矛盾的言行有更好的理解。

---

① 郑英琴:《全球公域治理:价值向度与秩序构建》,格致出版社 2021 年版,第 203—204 页。

② Janice Bially Mattern, *Ordering International Politics Identity,Crisis,and Representational Force*,New York:Routledge,2005,p.22.

第一，将国际秩序视为一种社会建构，意味着将研究的重点转移到国家如何理解和诠释国际秩序。国家对于国际秩序的社会建构过程，也是国家进行自我建构的过程，国家将自我形象的界定和想象投射到国际秩序的建构中，赋予国际秩序以意义，并据此进行具体的实践。这个过程本身也建构着国家的自我身份，塑造着国家的形象。国家在国际秩序的社会建构过程中的能动性得到更多的重视，这有助于研究者摆脱现实主义结构决定论的束缚，便于探索如何推动国际秩序向更加公正、合理的方向变革。

第二，将国际秩序视为一种社会建构，能够加深人们对于国际秩序社会建构背后的大国博弈的理解。国家之间的竞争在一定程度上可以理解为国家对国际秩序的社会建构之争。不同国家对国际秩序的社会建构是不同的，在国际政治中，人们面对着不同版本的国际秩序社会建构，每一种国际秩序社会建构都渗透着不同的文化、历史传统，负载着特定的价值观念和战略考量。对世界各国来说，接受了某个版本的"国际秩序"，也就接受了这种版本的国际秩序社会建构所包含的国家间关系及其相应的行事方式。国际社会中的国家，特别是具有影响力的大国，都试图将它自己对于国际秩序的社会建构投送至国际舞台，以求能够获得尽可能多的接受和认同，同时排斥和压制其他国家尤其是竞争对手所提出的另外一种版本的国际秩序社会建构，从而获得较竞争对手更多的优势。①通常，权力较大的国家更易将自己的国际秩序社会建构为更多人所知晓和接受，久而久之，这种国际秩序的社会建构就被各国看成是理所当然的现实。②国际秩序的社会建构之间的博弈也是大国博弈的体现。

第三，将国际秩序视为一种社会建构，意味着国际秩序可以被视为一种持续的实践进程，需要国家通过话语和其他政策行为相配合来让某种关于国际秩序的社会建构能够持续存在。如果将国际秩序看作一种客观实在，那么在面对国际秩序在不同地理空间内的分布和运行差异时，似乎

①　Alister Miskimmon，Ben O'Loughlin，Laura Roselle. *Strategic Narratives*，*Communication Power and the New World Order*，New York and London：Routledge，2013，p.140.

②　Amitav Acharya，*Constructing Global Order*：*Agency and Change in World Politics*，Cambridge：Cambridge University Press，2018，pp.41—47.

除了"双重标准"之外,无法给出较为充分的解释。比如,西方学者谈及的"自由主义国际秩序",在欧洲、亚洲、拉丁美洲的运作模式都是不同的。[①]有学者指出,在美国主导的自由国际秩序中,其成员也并不都是自由民主国家。[②]若将国际秩序视为美国的一种社会建构、一种动态的进程,那么就能更好地理解美国所言说的国际秩序的地区分布差异和秩序成员性质的问题。詹姆斯·斯科特(James Scott)指出,某个既定行动的意义不是给定的,而是社会建构的,具有极大的解释性自由,当某些行为符合支配者利益时,支配者也许会忽视某些符号性挑战,假装没有听到或看到。[③]基于自身战略需要,美国可以将某些国家视为"以规则为基础的国际秩序"的一员,扩大该秩序的覆盖范围;同样,美国也可以基于某些利益需求拒绝将某个遵守国际规则的国家视为"以规则为基础的国际秩序"的成员,缩小该秩序的覆盖范围。国际秩序是一种动态的社会建构,在覆盖范围、成员标准和运行模式上都具有可塑性和建构性,服务于美国的利益。

(三)治理知识与身份认知

1. 现代化治理知识

"治理知识"概念借鉴了国内学者的研究,所谓"治理知识"指的是一国的政治制度、经济制度、治国理政的经验、政策和价值观等内容。[④]为了行文简练,本文简称为"知识",它有别于技术性、专业性的理工或人文知识,是指国家在本国现代化建设中对治国理政经验进行总结、提炼而来的观念性物品。[⑤]现代化治理知识是国家对自身发展建设过程中的经验总结,具有借鉴意义,但它不是公理或规律。社会科学家们所总结出来的任一命题可能只是对已经过去了的特定情景条件下某些人类行为特征的描述而已,它并不具有物理定理那样的普遍性。[⑥]本文用"治理知识"或者"知识"这个概念来指代"制度""政策""价值观""意识形态"等要素,因为前者

---

① ② [加]阿米塔·阿查亚:《美国世界秩序的终结》,袁正清、肖莹莹译,上海人民出版社 2016 年版,第 60—68 页。

③ [美]詹姆斯·C.斯科特:《支配与抵抗的艺术:潜隐剧本》,王佳鹏译,南京大学出版社 2021 年版,第 321 页。

④ ⑤ 温尧:《权力与偏见:当代崛起国的治理知识传播难题》,《当代亚太》2022 年第 2 期。

⑥ 谢立中:《社会现实的话语建构——以"罗斯福新政"为例》,北京大学出版社 2012 年版,第 194—195 页。

比后者更加博大也更加理性，有助于超越长期存在的意识形态之争。国家对于本国治国理政经验进行探索和总结，形成治理知识，是国家自主性和主体性的体现，是国家对于本国发展经验和外部世界的理性认识，它对于本国发展方向的把控、人民福祉的实现和维护具有根本性的意义。运用"治理知识"或者"知识"这一概念，能够跳出狭隘的社会主义/资本主义、民主/专制的二元分类，从相对而言更加中性的视角来看待国家对国内模式的认识与国际秩序社会建构之间的关系。

中美两国对于国际秩序的社会建构与国家内部的治理方式息息相关。对本国的政治制度、经济制度、价值观、意识形态等要素的理解和看法，主导着中美两国对待国际制度的态度，也影响着两国对参与国际制度成员国的理解和看法，这些共同成为美国社会建构自我身份以及国际秩序的基础。关于国家治理知识与国际秩序的关系，学界的讨论并不少见。约翰·伊肯伯里指出，"自由国际秩序"是西方国家根据自由国际主义所建立的国际秩序，该秩序的目的是让自由民主国家得以保全并繁荣发展。①在美国政界和学界看来，国际秩序的形成和维系与其说依赖于秩序内的成员国遵守国际规则，不如说是依赖于某种特定类型的国家的参与。②这些讨论有助于分析国内政治与国际秩序的关系，提醒学者可以将国际秩序的研究与国内政治的研究结合起来。现代化治理知识来自一国现代化建设的实际经验，同时又指导一国的现代化建设，伴随着该国现代化建设的推进而不断充实和完善。

现代化在世界范围内的发展是不平衡的，这种不平衡体现在时间上的先后和地域上的差异。欧美发达国家在现代化方面占据着先发优势，它们在经济、技术、军事、思想、文化方面拥有巨大的领先优势，形成了成熟、系统的现代化治理知识，在现代化建设方面掌握着主导性的话语权。欧美发达国家凭借其先发优势定义了什么是现代化、如何实现现代化，在非西方国家、发展中国家中建立起"现代化等于西方化"的固有印象。经济学家威廉·阿瑟·刘易斯（William Arthur Lewis）就指出，对于发展中国

---

① G. John Ikenberry, "The End of Liberal International Order?" *International Affairs*, Vol.94, No.1, 2018, pp.7—23.

② Denny Roy, "Hegemon on the Horizon? China's Threat to East Asian Security", *International Security*, Vol.19, No.1, 1994, p.149.

家来说,现代化就是以西方资本主义国家为仿效对象而实现西化的过程。①

后发国家在建设本国现代化时,通常会参考和借鉴先发国家现代化发展的经验。然而,由于时代和国情差异,先发者的现代化知识并不能够完全套用,当先发者强势要求其他国家接受本国的现代化治理知识时,就值得人们思考。一方面,这种做法是否真的有利于后发国家的现代化建设? 另一方面,现代化的先发者是不是在利用自身的先发优势来操控后发国家从而维护自身的优势地位? 此外,将本国的现代化治理知识奉为某种真理和经典,忽视其他国家探索本国现代化路径的意愿和需求,是否也构成了对后发国家主体性的压抑和忽视,同时也将先发国家自身的主体性和能动性过分夸张? 而这极有可能使先发国家对自我和他者身份以及相互关系的建构形成偏差,不利于国家间关系健康、平稳、可持续地发展。

2. 现代化治理知识主体身份

米歇尔·福柯(Michel Foucault)指出,权力与知识具有相互建构性。"权力制造知识(而且,不仅是因为知识为权力服务,权力才鼓励知识,也不仅是因为知识有用,权力才使用知识);权力和知识是直接相互连带的;不相应地建构一种知识领域就不可能有权力关系,不同时预设和建构权力关系就不会有任何知识。"②美国和其他西方发达国家,凭借在现代化方面的先发优势,形成了较为成熟、系统的现代化治理知识,因而具有了某种权威乃至权力,能够影响甚至主导后发国家的现代化发展路径和发展进程,影响了国家之间的身份定位、关系互动,以及他们看待国际秩序的方式。

国家对现代化治理知识的不同理解和诠释生成了不同的知识主体身份。根据福柯的观点,知识作为一种话语实践,能够生成具体的、有经验的主体。在某一领域建构起一定的知识体系,意味着在该领域获得了控制和操纵的权力,创造了不同类型的知识主体。例如,正是因为有了关于临

---

① 钱乘旦:《现代化的历程(总论卷)》,江苏人民出版社 2012 年版,第 3—4 页。
② [法]米歇尔·福柯:《规训与惩罚》,刘北城、杨远婴译,生活·读书·新知三联书店 2019 年版,第 29—30 页。

床医学的相关知识，特定的疾病类型才被创造出来。在借鉴福柯关于权力、知识和主体形成之论述的基础上，在现代化建设领域，现代化治理知识产生不同的知识主体身份。在不少西方学者和政客看来，包括政治、经济制度、价值观、意识形态等各种要素在内的现代化治理知识，在西方理解和区分自我与其他国家方面发挥着重要作用，正是现代化治理知识使美国认为自己是自由、文明、民主世界的成员。现代化治理知识在美国的身份形成方面具有构成性作用。同时，中国提出"建设有中国特色的社会主义现代化""中国式现代化"等概念的过程，也是将自我建构为现代化知识主体的过程。

（1）单一性治理知识主体身份。所谓单一性治理知识主体，其前提假设是存在一种放之四海而皆准的普遍性的现代化治理知识，所有国家的现代化建设都遵循这套知识，以某一模式为样板在各国实现相同模式的现代化，而"美国化"或"西方化"通常就是现代化的标准模板。掌握普遍性现代化治理知识的国家自认为有责任、有权力向各国输出、传授这套知识，并监督其实行，以确保这些国家按照"正确的"路径前进，从而将各国塑造成为同质化的现代化知识主体，使普遍性现代化治理知识遍布全球各个角落。美国持有的是单一性治理知识主体身份。美国认为自己掌握的治理知识是普遍的，美国代表了人类未来的发展方向，已经达到了历史的终结。①在现代化方面，美国认为只有它自身的治理知识是正确的、有效的、合理的，美国的治理知识具有普遍性、真理性，是各国应该学习和模仿的榜样。基于此，在实现现代化方面，美国自认为有权力、有必要向其他国家输出知识，其他国家需要接受并在本国实践美国传授的治理知识。

（2）多样性治理知识主体身份。多样性治理知识主体认为，在现代化方面并不存在唯一的标准模式，未必只有一套正确的治理知识。不同国家在不同时空环境中需要根据本国国情探索适合自己的现代化模式，建立符合本国特点和需要的现代化治理知识，因此，随着各国现代化的陆续开展，现代化治理知识会呈现多样性的特征，这样一来，各国都秉持着多样性治理知识主体身份进行互动。

---

① 参见[美]弗朗西斯·福山：《历史的终结与最后的人》，陈高华译，孟凡礼校，广西师范大学出版社 2014 年版。

多样性治理知识主体认为,在现代化建设方面,本国有权力根据自身的国情和需要建立适合本国的现代化模式,形成本国的现代化治理知识。其他国家的现代化发展经验是本国现代化建设的重要借鉴,但不能直接照搬套用。这种身份认知对自我和他者的身份定位与单一性治理知识主体身份不同,它并不认为各国在现代化领域的不同治理知识具有优劣、高低之别,而是将各国视为平等的现代化治理知识主体,各国在现代化建设上可以相互借鉴、学习,但没有哪一个现代化治理知识主体高人一等以至于能够对其他国家颐指气使。中国对自我身份的定位就是一种多样性治理知识主体身份。在中国看来,坚持本国现代化建设的独立性和自主性,建立本国的治理知识,目的在于将自身塑造为与美国和其他西方发达国家平等的现代化知识主体,而不是其附庸。后冷战时代以来,中国认为,在探索国家现代化发展路径的过程中,并不存在放之四海而皆准的模式和教条,各国都有权力探索符合自身特点的现代化路径,有权建立具有本国特点的现代化治理知识,而不必削足适履,按照某一种标准模式改造自我。

当然,这并不否认现代化及其实现路径具有共性和普遍性要素,但普遍性并不意味着所有国家的现代化都要遵从某一种固定不变的发展路径或模式。现代化及其实现路径的普遍性蕴藏于各国现代化建设的多样性之中,并随着各国现代化建设的推进而不断丰富和深化。同样,各国在本国现代化建设方面也体现着现代化的一些普遍性特点,现代化治理知识的普遍性与特殊性是相互依存而非相互冲突的。

综上,单一性和多样性治理知识主体身份成为两国赋予国际秩序客观要件以特定含义的基础,也是两国处理自我与其他国家关系的出发点,因而成为它们对国际秩序进行不同社会建构的基础,同时,也正是通过对国际秩序的社会建构,它们的知识主体身份也才得以维持和巩固。

三、普遍性治理知识、美国霸权与 "以规则为基础的国际秩序"

基于对现代化治理知识的不同理解,中美两国形成了不同类型的知识主体身份,同时形成了不同的自我与其他国家之间关系的稳定预期。

也就是说,国家对于国际秩序的社会建构,是国家基于自我的知识主体身份,赋予国际制度等客观要素以不同的意义,并形成看待自我和其他国家之间关系的不同模式,从而使世界各国变得可识别、可预期。作为国家的一种社会建构,国际秩序并不直接源于国际制度,还需要国家的理解和诠释,赋予其以特定意义,形成不同的身份和关系,才得以形成。行为者的意识和阐释是社会世界完整现实的一个基本要素。①对其他国家进行区分的过程也是一种权力实践,并不是所有版本的关于国际秩序的社会建构都会受到同等程度的关注和理解。在很大程度上,美国对于国际秩序的社会建构在后冷战时代以来受到更多的认可,被视为一种"现实",这本身就离不开权力(物质性权力和知识性权力)的影响。下文将具体阐述中美两国围绕现代化治理知识、国际秩序和权力三者的不同社会建构思路。

（一）普遍性现代化治理知识与治理知识霸权

美国对于国际秩序的社会建构,是基于单一性治理知识主体这一身份进行的,美国将自己定义为现代化的典范和样板,其他国家的现代化建设应该以美国为模板来进行。这一身份将美国置于现代化的终点,较之其他国家处于领先地位,对于国家如何进行现代化建设拥有发言权、评判权,在很大程度上垄断了国家通往现代化的解释权。这种建构方式带来的后果是美国在后冷战时代成为现代化领域的知识霸权,主导了国家理解和建设现代化的方式。

在冷战后相当长的时间内,美国全球领先的经济、科技、军事实力以及影响广泛的软实力与美国治理知识的有效性相互支撑,互为印证,在现代化领域迸发着难以匹敌的活力。目前,美国的实力相对衰落,政治、经济制度弊端暴露,在一定程度上也动摇了其在现代化方面的优越性和权威性,物质性实力的兴衰也在知识霸权的消长方面产生一定的作用。

（二）普遍性现代化治理知识与"以规则为基础的国际秩序"

"以规则为基础的国际秩序"是以美国为中心的霸权秩序,以美国为主导,按照与美国治理知识的相似性进行划分,美国与西方国家为第一等级,美国的其他非西方盟友处于第二等级,其他国家则处于外围,这样的

---

① ［法］皮埃尔·布迪厄、［美］华康德：《实践与反思：反思社会学导引》,李猛、李康译,中央编译出版社1998年版,第8页。

国际秩序首先服务于美国及其西方盟友的利益,特别是确保美国的利益能够得到优先实现。

"以规则为基础的国际秩序"是以美国为核心,按照与美国治理知识的亲疏远近来区分不同国家,给不同类型国家赋予不同的属性,将美国的治理知识外化为国际规则,国际法被包含在广义的美国界定的国际规则之中,是美国偏好与治理知识的体现,以此作为支配其他国家的工具,以推动其他国家朝着美国化方向转变。更进一步而言,从某种程度上来说,这个目标能否最终实现是次要的,重要的是建构过程,正是通过这个持续不断的过程,美国能够掌握相对于其他国家更大的话语权和主动性,以美国的治理知识为依据,对世界各国进行定义、划分和应对,实现对其他国家的支配和控制。换句话说,正是在不断地要求各国进行市场化、民主化转变的这个过程之中,美国才得以持续掌控着判定是非、制订规则、定义标准的权力和权威,维持美国作为知识输出国的治理知识霸权身份,同时也不断地将其他国家塑造为美国治理知识的附庸国,使美国获得较为稳定的秩序感、确定感和道德感。

"以规则为基础的国际秩序"中也包含了国际法、联合国等话语表述,但是在美国看来,这些制度是服务于美国霸权的工具,美国居于其上,而不是接受国际法和联合国的规制与约束。所谓"规则"受到众多学者的质疑,认为"规则"的模糊性和任意性使该秩序缺乏有效性和正当性。①但是,如果不再把国际秩序看作具有固定内容和性质的客观实在,而看作一种建构过程和实践行为,美国对于"规则"的这种模糊性就不难理解了,"规则"的笼统性和模糊性不是美国对国际秩序话语建构中的漏洞或者缺陷,而恰恰是美国社会性建构国际秩序的优势。美国可以利用这种模糊性,在任何议题上将符合自己偏好和利益的规范定义为规则,甚至将本国的国内法和价值观上升为规则,要求其他国家遵守。例如,美国在近几年来倡导"自由而公平"的贸易,"自由而公平"这个看似矛盾的表述,恰恰体现了美国对于不同国家"分而治之"的接触方式。对于发展中国家,美国强调"自由贸易",要求这些国家开放市场,降低贸易壁垒,减少政府干预,从而

---

① Stephen M. Walt, "China Wants a 'Rules-Based International Order', Too", *Foreign Policy*, 31 March 2021.

为美国的商品和服务开拓市场；而对那些与美国存在贸易不平衡现象的国家，美国则又突出"公平贸易"，为打击这些国家的贸易优势寻找正当理由。"以规则为基础的国际秩序"，重点在突出美国定义规则的特权，美国所定义的规则，其实质是以美国的治理知识为标准来区分世界各国，并给不同类型的国家定性，确立美国与这些国家的相处方式。

更重要的是，这一区分和定性的过程也不是绝对不变的而是动态的，对于符合美国利益需求但与美国治理知识不同的国家，美国会赋予其值得信任的属性和特质，将其囊括进伙伴关系之中，让美国与这些治理知识不同的国家的交往行为具有正当性。反之，美国也可以凭借自己在治理知识上的话语权否认他国的正向属性和特质，降级与其关系，将对其进行的打压赋予合理性。美国的治理知识在这里依旧是美国用来区分世界的标准。

（三）"以规则为基础的国际秩序"与权力实践

美国对国际秩序的社会建构，赋予国际制度以输出治理知识、排斥对美国治理知识构成威胁的国家等意义和目的，这就使美国认为它自身与其他国家的关系是一种支配和被支配的等级性关系。从一定程度上来说，当美国以治理知识霸权自居时，它对后发国家甚至构成一种治理知识殖民，美国获得支配其他国家内外政策行为的权力，它使美国得以在国际秩序内具有行动自由并有可能获得最大的利益份额，尤为重要的是，这种认为美国应该获得最大利益、美国应该赢的思维，会不断得到固化，被认为是理所应当的。

1. 单边主义为主要行为方式、多边主义为辅助工具

"以规则为基础的国际秩序"旨在维护以美国作为治理知识霸权的不平等的国家间关系。在这种不平等的等级安排下，单边主义行为方式成为美国对外政策的常用方式。伊肯伯里认为，美国为了换取其他国家的同意，主动将自己绑定在制度和规则中，以减少弱小国家的恐惧和不信任。①但是国际制度和规则是根据美国国内治理知识定义的，与其说规则是约束美国的，不如说是美国用来约束和支配其他国家的。国际制度和规则是美国用来寻求转变、规训和支配其他国家的工具，而美国并没有完

---

① ［美］约翰·伊肯伯里：《大战胜利之后：制度、战略约束与战后秩序重建》，门洪华译，北京大学出版社2008年版，第183页。

全将自己绑定在国际规则之中,而是凭借自身的物质实力优势和治理知识权威在遵守规则、违反规则之间自由切换。①美国政府通过多边主义形式与其盟国和伙伴国家合作和互动,但是单边主义行动常见于美国的对外行动之中。在美国的对外政策中,单边主义是美国行动的核心,是执行美国霸权意志和行动的灵魂,而多边主义则是辅助,是美国用以维持仁慈霸权形象的工具。美国对于国际制度持怀疑的态度,其对多边主义的提倡是工具性的,既支持多边主义的原则,同时也保持单边行动的自由。②例如,美国国会规定,如果国际条约与美国国内法冲突,则优先适用美国法。在通过世界贸易组织乌拉圭回合谈判时,美国国会明确规定,该协定如果与美国的任何法律发生冲突,则美国法优先,并且该协定不能限制美国"301 条款"的效力。③乌拉圭回合谈判结束后,时任美国总统克林顿发布行政命令宣称恢复使用"超级 301 条款"。美国这种以国内法优先,将国内法外化为国际法的做法,仍是单边主义的,它置世贸组织多边机制于两难的境地,给处理国际法方面关于国际条约和国内法的关系问题增加了新的难度。④美国的单边主义行为方式并没有因为对"规则"的强调而有所收敛,乔万尼·阿里吉(Giovanni Arrigi)指出,克林顿总统发动科索沃战争的目的之一是要证明,美国在北约支持下采取的世界警察角色的行动无须联合国的支持,小布什发动伊拉克战争的目的之一则是要证明,美国如果想要发挥世界警察的作用就连北约的支持也是可有可无的。⑤可见"规则"是美国霸权的护持工具,是美国用来规训其他国家的工具,而美国自身对于"规则"的遵守具有很大的选择空间。

2. 使美国谋夺最大利益变得合理与可以接受

在"以规则为基础的国际秩序"这一社会建构中,尽管所有国家都有机会获益,但这种国际秩序社会建构的最终目的是服务于美国利益,使美国利益最大化,并且使这种分配方式为各国所接受,认为是理所应当的。

---

① 强世功:《文明终结与世界帝国:美国建构的全球法秩序》,三联书店(香港)有限公司 2021 年版,第 264—265 页。

② [美]约翰·鲁杰:《多边主义》,苏长和等译,浙江人民出版社 2003 年版,第 255 页。

③④ 钟付和:《WTO 与美国法关系评论》,《华侨大学学报(哲学社会科学版)》2002 年第 1 期。

⑤ [意]乔万尼·阿里吉:《亚当·斯密在北京:21 世纪的谱系》,路爱国等译,社会科学文献出版社 2009 年版,第 184 页。

在"以规则为基础的国际秩序"中，美国凭借其权力优势建立了一系列的国际制度和组织，并且最终服务于美国的利益，这种服务于美国霸权的秩序本质，决定了美国所能接受的被其他国家搭便车的程度，其他国家可以在美国主导的国际制度中获得发展，但这种发展在性质上是依附于美国和其他西方国家的、半独立性的发展，在发展程度上以不威胁美国的利益优势为上限。当美国认为它在一项制度中无法获得最大利益（包括物质利益和非物质利益）时，威胁退出、退出甚至主动破坏该制度就会成为美国的行为特点，即便这种制度仍旧有利于大多数国家。有学者指出，作为霸权国家，美国如果能够在国际制度中拥有较大的行动自由或者领导权，那么会选择留在国际制度之中，而如果美国认为自己在国际制度中不再享有足够的行动自由，或者无法继续享有领导权，那么会加速退群的行为，也不会及时重返国际制度。①在"以规则为基础的国际秩序"之中，利益最大化是美国的目标，为了实现此目标美国可以选择多边行动，必要时也可以单边行动，"规则"是用来规范和约束被支配国家的，而并不对美国自身的行为构成绝对的限制。长此以往，美国对于国际制度与规则的选择性参与形成常态，甚至被认为是可以接受的客观事实，更进一步在观念、意识层面固化了美国的霸权及其任性举动。

"以规则为基础的国际秩序"所蕴含的国家间关系特征并非一些西方学者所宣称的那样开放、仁慈、合理。②美国所说的"以规则为基础的国际秩序"，是一种现代形式的帝国秩序③，以控制其他国家国内政治经济运行为目的进行治理知识殖民，美国的治理知识是这种帝国秩序的"真理"和"规则"，美国将自己的主导权隐于国际制度、国际规则、国际规范之中，通过规则将美国的主导权法律化、形式化，但规则的解释权却掌握在美国手中。美国就这样用形式上的主权平等掩盖美国规训和支配其他国家的实质，巩固了自己的治理知识霸权和物质实力霸权地位。

---

①　李志永：《中国国家自主性的演进与外交的进步》，《外交评论》2014 年第 6 期；杨双梅：《制度竞争与国际领导权：拜登政府的国际制度选择》，《当代亚太》2022 年第 2 期。

②　James Keeley, "Toward a Foucauldian Analysis of International Regimes", *International Organization*, Volume 44, No.1, 1990, pp.83—105.

③　强世功：《文明终结与世界帝国：美国建构的全球法秩序》，三联书店（香港）有限公司 2021 年版，第 35 页。

四、多样性治理知识与"以联合国为核心的国际体系和以国际法为基础的国际秩序"

中国主张现代化治理知识的多样化,将各国视为平等的现代化知识主体,认为各国都有权力根据本国特点和需要,探索本国的发展道路和社会制度,否认任何一个国家有权力将本国的治理知识置于其他国家之上的合理性。中国对于国际秩序的表述,即"以联合国为核心的国际体系和以国际法为基础的国际秩序",则赋予国际制度以促进各国沟通、协调、合作、增进共同福祉的意义,不以改变其他国家政治和经济制度为目的,从这个角度看,中国对于国际秩序的社会建构,具有反对大国对其他国家进行治理知识殖民的特点,有助于避免国际制度成为霸权政治的工具,也有助于国家间关系朝着平等和相互尊重的方向演进,使国际关系变得更加包容和普惠。

(一)多样性现代化治理知识与反治理知识霸权

中国对国际秩序的社会建构是"以联合国为核心的国际体系和以国际法为基础的国际秩序",其意图在于反对和消解美国的现代化治理知识霸权,减少现代化发展模式方面的霸权政治和强权色彩,鼓励现代化模式的多样化和现代化治理知识的多样化,让中国自身和其他各国都能有真正平等发展的权利和机会。同时,这种国际秩序社会建构也是现阶段中国不称霸、不寻求推翻既有国际秩序的表达和承诺。从这个意义上来说,在冷战结束后至今这一时间段内,在国际秩序的社会建构方面,中国呼吁治理知识的多样化,具有反治理知识霸权的性质,意在反对国际秩序中的霸权成分,使其更加多元和包容,反映更多国家的共同利益和需求,而不是只反映某一个或者几个发达国家的利益和要求。因此,"以国际法为基础的国际秩序"所蕴含的对于现代化治理知识多样化的主张,肯定和释放各国的主体性和创造力。

(二)多样性现代化治理知识与"以联合国为核心的国际体系和以国际法为基础的国际秩序"

"以联合国为核心的国际体系和以国际法为基础的国际秩序",是以国际格局多极化为目标和追求的。这种对于多极化的追求,反映在治理知识方面,是不赞成美国对于现代化治理知识的垄断,各国都是平等的现代化知识主体,都有权探索适合本国的发展道路,美国及西方盟国不能将本国治理知识强加给其他国家,更不能以自身治理知识普遍性为借口评判、干涉其他国家国内事务,各国作为主权国家,都是联合国中的平等一员,都要遵守联合国宪章的宗旨和原则,按照国际法的要求行事,而不是凌驾于联合国之上、将本国的知识和规则等同于国际规则。"以国际法为基础的国际秩序"具有包容性、平等性,在这种对于国际秩序的社会建构中,中国并没有将自己置于各国之上,而是将自己置于各国之间,不针对、不对抗任何国家,也不希望被任何国家所针对和对抗。中国并不预先将治理知识不同的国家视为威胁或敌人,当然,这并不意味着在涉及核心利益和原则性问题上轻易妥协或者退让,而是希望问题能够在相互尊重的基础上通过对话和协商方式加以解决。治理知识不同的国家可以成为相互尊重、合作互利的伙伴。

多样性治理知识主体身份促使中国寻求与世界其他国家建立平等、相互尊重的伙伴关系,而不会依据本国治理知识来区分敌友。中国外长王毅在二十国集团外长会发表演讲时指出:"我们要做相互尊重、平等协商的伙伴。国际上的事情应由各国一起商量着办,国际规则应由各国共同制定和遵守。这个世界只有一个体系,就是以联合国为核心的国际体系。只有一个秩序,就是以国际法为基础的国际秩序。把某个国家或集团制定的规则强加于人,就是站在了多边主义的对立面。"①这一发言表明中方的立场,不承认美国所说的"以规则为基础的国际秩序"的存在,而将"以国际法为基础的国际秩序"视为唯一的真实存在的国际秩序,这个秩序以多边主义为基础,其规则由各国共同制定,事务由各国协商,不将某国或某个国家集团的规则强加于人,不将自己的安全凌驾于别国安全之上,不按照自己的标准塑造别国周边环境。②以多边主义为指导原则,各国相互尊重、平等协商,共同制定国际规则,让同为现代化知识主体的国家能够在平等协商中制定规则,而不是以某一国的治理知识为标准制订规则然

---

①② 《做践行真正多边主义的合作伙伴——在二十国集团外长会第一阶段会议关于"加强多边主义"议题的发言》,中华人民共和国外交部官网,https://www.mfa.gov.cn/web/wjbzhd/202207/t20220710_10718065.shtml,2022 年 7 月 10 日。

后"下放"给其他国家,让这些国家削足适履地适应单一性治理知识主体的安排和偏好。

（三）"以国际法为基础的国际秩序"与权力实践

在中国对国际秩序的社会建构中,国家之间的关系是平等的、民主的,各国都有权根据本国特点探寻本国的现代化之路,在相互合作和交流之中实现共同发展和繁荣。因此,中国主张的国家间交往方式对多边主义予以重视,践行真正的多边主义,实现利益的合理、公平分配,才能使各国和平共处。中国近年来日益强调"践行真正的多边主义""正确的义利观",与其对国际秩序的社会建构若合符节。

1. 践行真正的多边主义

中国对于国际秩序的参与采取全面融入、从双边到多边的行动方式。改革开放后,中国逐渐改变初期实行的"一边倒"政策,开始学习在国际舞台上发挥作用,尝试通过多边外交的方式,加强与周边国家的团结合作,参与国际事务的交流与对话,为中国国内的经济社会发展塑造良好的周边与国际环境,消减他国对中国崛起的担忧和疑虑。中国的多边外交首先是从处理与周边国家间关系开始的。1991 年,中国加入了亚太经济合作组织;1994 年,中国参与东盟地区论坛;1997 年,中国与东盟举行(10＋1)领导人会议,同时期,中国还倡导和促成"六方会谈"机制,为朝核问题的谈判发挥建设性作用;21 世纪以来,中国从学习性参与多边外交转向更加积极地开展多边外交活动,多边外交已经成为中国参与全球治理、引领国际制度改革的重要方式;2001 年中国引领成立上海合作组织,标志着中国的多边外交进入新阶段,具有开拓性的意义。从此,中国逐渐明确了"大国是关键、周边是首要、发展中国家是基础、多边是重要舞台"的全方位外交方针。多边主义在中国外交中的地位和作用得到了质的提升。

进入 21 世纪的第二个十年,中国关于国际秩序的新构想更加强调多边主义的重要性。中国对于自身现代化建设更加自信,正式提出要以中国式现代化推进中华民族伟大复兴,现代化知识主体的身份得到进一步巩固,坚定了中国对支持各国自主选择发展道路这一认识的信心。新型国际关系、人类命运共同体等关于国际秩序的新构想突出相互平等、相互尊重的含义,这使得多边主义成为中国的国际秩序建构的基础性行为准则。2015年10月，中国国家主席习近平在第七十届联合国大会一般性辩论时发表了题为"携手构建合作共赢新伙伴同心打造人类命运共同体"的讲话，阐释了中国对新型国际关系的理解。"新型国际关系"是相对以权力斗争、大国争霸和零和博弈为特征的"传统国际关系"而言的，其核心是合作共赢；其路径是共商、共建、共享；其价值追求是和平、发展、公平、正义、民主、自由；其实现手段与目的是多边主义，伙伴关系，共同、合作、可持续安全，开放创新，和而不同的文明交流，绿色发展的生态体系等；其最终目标是构建你中有我、我中有你的人类命运共同体。这是中国基于自身社会主义建设进入新时代之后提出的国际秩序愿景，也表明了自身以多边主义为主要路径推动国际秩序完善的愿景，与美国将从上而下输出本国标准的单边主义截然不同，中国承诺融入各国中间，共同行动，也是消解外界对于中国崛起的疑虑的尝试。

2. 坚持"正确义利观"

中国参与国际秩序的目的是借助国际制度获得国家经济社会发展所需的资金、经验和技术，推进改革开放，实现国家富强、民族振兴和人民幸福的目标。同时，中国希望能够通过自身的发展惠及其他国家，合作共赢，共同发展。党的十八大报告明确指出，要在追求本国利益时兼顾他国合理关切，在谋求本国发展中促进各国共同发展。2017年，中国国家主席习近平在达沃斯世界经济论坛开幕式上指出，要引导经济全球化走向，打造富有活力的增长模式、开放共赢的合作模式、公正合理的治理模式，平衡、普惠的发展模式，牢固树立人类命运共同体意识，共同担当，同舟共济，共促全球发展。对中国而言，如何在实现自身发展的同时实现带动世界其他国家共同发展，不仅与获取经济利益有关，还与营造良好的国际环境相联系。在国际政治中坚持正确"义利观"，考虑他国的合理关切和利益诉求，而不是追求短期利益的最大化，是当代中国借以表示追求和平发展，而不是寻求推翻既有秩序的态度和立场。2013年3月，中国国家主席习近平在访问非洲期间，首次提出了"正确义利观"，在同年10月份的周边外交座谈会上，再次强调要找到利益的共同点和交汇点，坚持正确义利观，有原则、讲情谊，讲道义，多向发展中国家提供力所能及的帮助。此后，中国国家主席习近平在不同场合多次指出，中国外交坚持正确的义利观，义利并举，以义为先，做到义利兼顾等。在国际政治中讲信义、重情义、扬道义,这种兼顾道义和收益的利益分配理念,体现出崛起中的中国展现出的负责任的大国形象,与历史上西方大国掠夺、压迫其他国家的崛起之路形成对比。"义,反映的是我们的一个理念,共产党人、社会主义国家的理念。这个世界上一部分人过得很好,一部分人过得很不好,不是个好现象。真正的快乐幸福是大家共同快乐、共同幸福。我们希望全世界共同发展,特别是希望广大发展中国家加快发展。我们有义务对贫穷的国家给予力所能及的帮助,有时甚至要重义轻利、舍利取义,绝不能惟利是图、斤斤计较。"①这里的义,既是正义,也是道义、情义,包含了世界各国的共同之利,而利,不仅指某一个国家的收益,而是各国共谋发展之利,正确的义利观,是辩证统一的义利观,是对美国秉持的以简单的国家利益为核心的现代外交思想的补充和提升。②但是,这种义利兼顾的利益分配观,并不意味着放弃我国的核心利益和基本原则。

当真正的多边主义得到实践,各国都能获得发展时,联合国以及其他国际制度的作用才能得到更加充分的发挥,而不至于在大国政治中缄默无言、无法作为。简言之,中国坚持的"以联合国为核心的国际体系和以国际法为基础的国际秩序",体现着反对美国治理知识霸权、治理知识殖民的特点,为世界各国争取发展自主权,争取自主选择发展道路和社会制度的权利。现代化有不同的面向和路径,不存在唯一的标准和方法,各国的治理知识都是平等的,不存在高低优劣之别,不能仅凭美国一国的治理知识"一统天下"。这种对于国际秩序的社会建构打破了美国治理普遍性的光环,将美国从高高在上的治理知识霸权变为多样性治理知识主体中的一员,推动国家间关系朝着更加公正合理的方向发展。

五、结　　语

作为不同的社会建构,"以规则为基础的国际秩序"和"以联合国为核

---

①　《正确义利观:新时期中国外交的理念创新和实践原则》,共产党员网,https://news.12371.cn/2014/06/16/ARTI1402882163585561.shtml,2014 年 6 月 16 日。

②　金灿荣等:《中国智慧:十八大以来中国外交》,中国人民大学出版社 2017 年版,第39—41 页。

心的国际体系和以国际法为基础的国际秩序"对待国际秩序的国际制度构成及其意义，以及国家间关系截然不同。美国建构的是以美国为中心和顶点的等级性国家间关系，中国建构的是各国相互平等的均衡的国家间关系，两国的国际秩序社会建构或蕴含的行事逻辑也是不同的，美国将自己塑造为普遍性现代化治理知识的掌握者，从而获得最大程度的行动自由，对于多边主义采取的是合则用、不合则弃的策略，以谋求自身利益最大化，其他国家在这种行事逻辑中可以得到发展，但这种发展在性质上是半独立的，在程度上是受到限制的，是一种二元对立思维的延续。中国对于国际秩序的社会建构是将自己置于各国之中，把本国和其他国家作为平等的知识主体来对待，致力于建立平等、相互尊重和共同发展的伙伴关系，在行事中坚持真正的多边主义，秉持正确的义利观，使各国都能获得充分的发展，体现的是一种多元共生思维。中国和美国对于国际秩序的不同社会建构，不只是一种简单的话术，还是一种社会建构，不同的国际秩序社会建构赋予国际制度的意义是不同的，反映的是两个国家对自我与他国关系的不同认知与建构。当中国反复言说"以联合国为核心的国际体系和以国际法为基础的国际秩序"时，并不是反对国际规则，也不是反对特定国家，而是在尝试改变不合理的国家间关系，提醒国际社会重视国际制度在促进沟通、协调、合作方面的作用，将注意力转移到各国的发展和福祉方面，不要偏执于用某一套治理知识同化所有国家。就此而言，国际秩序的变革和改进，不仅涉及国际制度的兴废与改革，还涉及各国调整自我身份的认知、对自我和他者关系的认知，改变旧有的不合理却被视为正常的思考和认知模式，形成全新的，更加多元、均衡、包容的思考和认知模式。

俄乌冲突影响下的国际金融安全:风险挑战与治理

【内容提要】 国际金融安全在全球稳定和发展中扮演重要角色。新冠肺炎疫情和百年变局交织叠加,世界进入新的动荡变革期,而俄乌冲突更加速了世界格局的演变和国际政治经济的复杂发展形势。2022 年 2 月以来,俄乌冲突持续且战火弥漫至金融领域,对国际金融安全与治理构成很大挑战。美国与欧洲对俄罗斯实施空前制裁,致使国际金融体系遭受严重经济冲击,引发全球物价上涨、通胀走高以及金融紧缩,导致国际金融环境压力增大、国际金融市场波动性加剧、国际银行业脆弱性上升,加大了国际金融稳定风险。同时,俄乌冲突对国际金融体系产生很大政治冲击,加速了国际金融“政治化”的演变,促使金融战争“升级化”、凸显大国金融“武器化”、诱发国际金融“碎片化”,加剧了国际金融治理挑战。新形势下,中国应加速人民币国际化进程;维护金融全球化,推进高水平对外开放;加强国际金融治理合作,扩大公共产品供给;加强金融监管,防范金融脆弱性风险。

【关键词】 俄乌冲突,国际金融安全,国际金融治理,金融风险挑战

【Abstract】 International financial security plays a crucial role in global stability and development. The intertwining of the century's pandemic and unprecedented changes has ushered the world into a new period of turbulence and transformation. The Russia-Ukraine conflict has further accelerated the evolution of the global landscape and the complex development of international political, economic, and financial dynamics. Since February 2022, the ongoing Russia-Ukraine war has extended its impact into the financial sector, posing significant challenges to international financial security and governance. The escalation of the Russia-Ukraine conflict, coupled with unprecedented sanctions imposed by the United States and Europe on Russia, has inflicted severe economic shocks on the international financial system. This has led to rising global prices and inflation, financial tightening, increased pressure on the international financial environment, heightened volatility in international financial markets, and increased fragility in the international banking sector, thereby elevating the risks to international financial stability. Moreover, the war has exerted substantial political pressure on the international financial system, accelerating the politicization of international finance, escalating financial warfare, highlighting the weaponization of finance by major powers, and inducing the fragmentation of international finance, all of which exacerbate the challenges to international financial governance. In this new context, China should accelerate the internationalization of the Renminbi; uphold financial globalization and promote high-level market openness; strengthen international financial governance cooperation and expand the provision of public goods; and enhance financial regulation to mitigate risks associated with financial fragility.

【Key Words】 Russian-Ukraine Conflict, International financial security, International financial governance, Financial risk

---

[*] 郭曼若,复旦大学国际关系与公共事务学院博士后。

一、引　言

2022 年 2 月以来，俄罗斯与乌克兰冲突成为一场军事、情报、金融、舆论等多战线相结合的 21 世纪新型混合战争。这场还在持续的区域性武装冲突已延伸到金融市场、国际贸易、高新科技、媒体、意识形态甚至文化等多个领域，除已造成基础设施破坏、大量军民伤亡和财产损失，还增加了多方向的国际安全风险。国际经济遭到自 2008 年全球金融危机以来的又一次沉重打击。

在俄乌冲突长期化的影响下，全球地缘环境趋紧，大国博弈与战略竞争加剧，国际金融发展的不确定性上升。过去几年，全球经济与金融发展困难重重、挑战不断，接连遭遇了全球公共卫生危机与地缘政治危机，正以多种方式给全球稳定与发展带来压力：双方冲突以及由此引发的经济制裁，扰乱了国际贸易、国际投资和全球供应链，促发能源和粮食安全危机，还对国际金融流动、支付系统、全球信心造成了不确定性且持久的影响。总体上，削弱了全球经济复苏的努力，加剧了国际经济发展的不稳定性和脆弱性，给国际金融安全带来很大的风险与挑战。

党的十八大以来，习近平总书记围绕金融安全发表了一系列重要讲话，提出了新时代全面维护国家金融安全的新思维、新论断、新战略、新要求，反复强调金融安全在国家安全和经济社会稳定发展中的重要角色与意义，提出要牢固树立底线思维，系统性做好风险防控工作，坚守国家金融安全的底线。党的十九届五中全会强调"必须高度重视金融安全，强化金融监管，确保不发生系统性金融风险"。①在当前地缘政治冲突和大国战略竞争不断加剧的背景下，国际金融发展面临多维冲击，国际金融安全中的风险因素明显增加，对中国以及全球的金融治理提出了新的挑战。加强对全球金融安全议题的研究、推进国际金融治理实践在当前形势下变得更为重要和紧迫。全面深入认识俄乌冲突影响下国际金融安全的动态

①　曹宇：《充分发挥党的领导政治优势　坚决打好防范化解金融风险攻坚战》，《旗帜》2020 年第 12 期。

与发展,关乎中国的国际安全利益和国际战略合作,对保护中国金融安全以及加强国际金融治理合作具有一定理论和现实意义。

学术界对国际金融安全概念的界定并不统一,但一般认为与全球货币与信贷稳定发展相关的经济要素与活动都属于国际金融安全范畴,国际金融安全与国际金融风险、国际金融危机密切相关。本文中,国际金融安全是指国际金融体系正常运行与持续发展的态势以及抵御各类风险与冲击的能力。综合而言,国际金融安全具有公共产品性、相对性、高度综合性、动态性等特征。①既有研究从空间、时间等维度以及经济、政治等视角研究国际金融安全。从空间维度看,可分为微观、中观、宏观三个层面,分别将国际金融安全风险定位于个体(金融机构和企业等微观金融主体)、国家(国内经济和金融体系自身问题等因素)、体系(国际金融体系结构性问题);②从时间维度看,可分为静态和动态两个层面,静态国际金融安全体现为国际金融体系正常发挥其功能且处于一种相对稳定的状态,而动态国际金融安全强调及时应对各种风险与危机的手段和能力;③从经济视角来看,国际金融安全涉及国际经济环境、全球资金融通、国际金融市场的稳定和安全;从政治视角来看,国际金融安全涉及国家金融自主权、全球化及国际金融监管治理合作的稳定与发展。此外,本文中的国际金融治理是指国际行为体为维护国际金融体系安全、促进国际金融稳定发展而采取的风险管控及合作协调行为。

二、经济冲击与国际金融稳定风险

俄乌冲突持续及其引发的地缘政治紧张局势,加剧了全球经济现有的脆弱性,增加了国际金融风险,扰乱了全球供应链,导致能源和食品等大宗商品价格上涨,推高了全球通货膨胀,促使全球经济体持续收紧货币

---

① 张炳辉:《金融安全概论》,中国金融出版社 2018 年版,第 4 页。

② 张发林、姚远:《国际金融安全的旧疾新症及中国应对》,《上海对外经贸大学学报》2023 年第 2 期。

③ 参见王飞:《多重冲击下拉美国家的国际金融安全》,载柴瑜主编:《拉美黄皮书:拉丁美洲和加勒比发展报告(2021~2022)》,社会科学文献出版社 2023 年版。

政策。这产生了广泛的不利溢出效应,加剧了国际金融市场与业务的风险传染,对国际金融稳定构成持续威胁,给中国及全球经济发展带来很大压力。

(一)国际金融环境压力增大

第一,全球大宗商品价格上涨。在经历新冠肺炎疫情后全球经济亟待复苏,生产尚未恢复,原材料与各类投入物的供应、运输价格处于高位,而俄乌冲突及随后的西方国家制裁扰乱了国际大宗商品贸易,对全球生产和供应链产生极大负面影响,加剧了诸多领域的供需不平衡,推高了大宗商品价格。俄罗斯和乌克兰是全球农产品生产大国和出口大国,俄罗斯还是原油和天然气的重要供应国,俄乌冲突导致能源和多种农产品的价格飙升,且这一价格推高效应蔓延到了运输和其他领域,凸显了地缘政治冲突对世界供需的不利影响。如果俄乌冲突持续或升级,对供应链的冲击及其产生的供应困难和涨价问题会对全球经济与金融发展构成严峻挑战,而伴随能源进口大国对大宗商品的需求上升,大宗商品价格可能被再次推高。

第二,全球通货膨胀形势严峻。俄乌冲突对全球生产、分销和供应链产生的巨大冲击与新冠肺炎疫情期间被抑制的需求释放相叠加,导致全球通货膨胀压力显著加剧。据统计,2022 年,发达经济体和发展中经济体的通货膨胀率均出现飙升,其中发达经济体的通胀率平均上升了 439 个基点,发展中经济体的通胀率平均上升了 753 个基点,同时约有 42% 的司法管辖区的通胀率超过 500 个基点;绝大多数消费领域都受到通胀压力的影响,这导致核心通胀①显著上升。②

尽管在俄乌冲突后一些国家实施救济方案,能源和食品等价格有所下跌的背景下,全球通胀率在 2022 年最后一个季度出现部分下降,已从 2022 年达到的峰值回落,但总体通胀率仍处于高位,核心通胀率仍居高不下。事实证明,俄乌冲突影响下的核心通胀更具黏性,要么企稳,要么

---

① 核心通胀率排除了能源和食品价格等不稳定因素,可以更好地反映通胀的潜在趋势。

② Central Bank of Trinidad and Tobago, "Financial Stability Report 2022," https://www.central-bank.org.tt/sites/default/files/page-file-uploads/financial-stability-report-2022-20230803.pdf.

继续上升。①例如,欧元区核心通胀率攀高,物价上涨势头难抑;在美国,核心通货膨胀率虽在 2022 年秋季已经见顶,但随后的下降幅度极小,几乎在几个月中停滞不前。②更需警惕的是,随着时间的推移,全球通胀的驱动因素正在发生变化和相互渗透,其惯性影响力越来越强。绝大多数国家的通胀都远高于目标,居高不下的核心通胀率也给经济迅速回归到目标水平带来压力。虽然当前全球总体通胀率有所放缓,但大宗商品价格高位波动使反通胀进程进一步复杂化,市场对通胀趋势的预期仍不乐观,未来通胀前景仍具有不确定性。

第三,全球货币政策普遍紧缩。为了抑制价格上涨、应对严重的通货膨胀压力,多国央行积极收紧了货币政策。实施了比最初预期更快的政策利率提升和量化紧缩。随着通胀达到数十年来的高点,发达经济体货币当局正在加快紧缩政策正常化的步伐。实际上,很高比例的发达经济体在 2022 年内提高了政策利率。同时,发达经济体不断收紧的货币周期与一些新兴市场的脆弱性相互作用,迫使发展中经济体制订更紧缩的货币政策,以支持其货币并缓解通胀压力。面临不断上升的通胀和汇率压力,新兴市场在俄乌冲突长期化之下多继续采取紧收政策。在 2022 年,新兴市场经济体经历了较高的平均利率增长,关键利率在 2022 年底达到了多年来的最高水平,全球金融部门的脆弱性显现,大多数国家不仅选择继续加息,而且加息速度都有所提高,以更好缓解外汇市场压力。由于通货膨胀率仍高于目标,加息措施多延续至 2023 年上半年。③虽然当前国际利率上升趋势已经放缓,但由于通货膨胀下降速度存在不确定性,未来利率波动性仍然很高,在高通胀预期下各国央行或继续提高政策利率。

多国央行积极推行货币紧缩政策,虽有利于拉低通胀水平,但也将常年低利率环境和新冠肺炎疫情所加剧的金融脆弱性显露出来。在 2008 年

---

① Bank for International Settlements,"Annual Economic Report,"June 2023, https://www.bis.org/publ/arpdf/ar2023e.pdf.

② National Bank Slovakia,"Financial Stability Report 2023," May 2023, https://nbs.sk/en/publications/financial-stability-report/financial-stability-report-may-2023.

③ National Bank of Austria,"Financial Stability Report 45," June 2023, https://www.oenb.at/en/Publications/Financial-Market/Financial-Stability-Report/2023/financial-stability-report-45/fsr_45.html.

全球金融危机之后，由于通胀压力减弱，多国央行多年来一直将利率维持在极低水平，投资者也习惯了低波动性环境，而随后宽松的金融环境支持了经济增长，但也助长了冒险行为和金融脆弱性的积累。①多年来积累起来的脆弱性可能会放大当前俄乌冲突形势下的紧缩性风险。随着货币政策大幅收紧的副作用显现，国际金融稳定风险上升。

第四，国际金融与经济发展前景恶化。俄乌冲突抑制了新冠肺炎疫情后全球经济复苏预期，致使发达和发展中经济体普遍遭遇地缘政治冲击，陷入高通胀和经济前景恶化困境。未来全球供应链、大宗商品价格、通货膨胀、货币政策走向都存在不确定性，国际金融发展的环境压力和金融稳定风险仍处高位，全球宏观经济形势不容乐观，依然面临诸多下行风险。国际货币基金组织（IMF）在其发布的《世界经济展望》中预测，全球经济增长预计将从2022年的3.4%放缓至2023年的2.8%（后预测放缓至2.1%），2024年或将温和复苏至2.4%。②在俄乌冲突长期化背景之下，全球金融环境趋紧和外部需求低迷，经济活动的恢复与提升面临很大压力，金融风险可能通过各种传导渠道威胁他国的金融稳定。同时，俄乌冲突及对俄罗斯的经济制裁也可能对更广泛的新兴市场产生溢出效应，或持续拖累新兴市场和发展中经济体的增长。

俄乌冲突之后出现的全球高通胀和货币政策普遍收紧加剧了全球滞胀风险和非金融机构的脆弱性，阻碍了国际金融的正常运行。而食品价格上涨、能源价格上涨和金融状况收紧这三者更容易相互关联，形成恶性循环。例如，高昂的燃料和化肥价格增加了农业生产成本，可能导致粮食价格上涨和农业产量下降，从而挤压家庭财政，加剧贫困和社会不稳定。更高的价格也会增加提高利率的压力，造成发展中国家的借贷成本上升，同时导致其货币贬值，从而使食品和能源进口更加昂贵，继而开始又一次的恶性循环。联合国一项调查结果显示：全球94个国家中，至少约16亿

① IMF, "Global Financial Stability Report—Navigating the High-Inflation Environment," 2022, https://www.imf.org/en/Publications/GFSR/Issues/2022/10/11/global-financial-stability-report-october-2022.

② World Bank Group, "Global Economic Prospects," June 2023, https://openknowledge.worldbank.org/server/api/core/bitstreams/6e892b75-2594-4901-a036-46d0dec1e753/content.

人口受到食品、能源涨价和金融紧缩中一个方面的严重影响且无力应对；而在这 16 亿的人口中，约 12 亿人同时面临食品、能源和金融这三个方面的危机，其中撒哈拉以南非洲地区、拉丁美洲加勒比海地区为前两大脆弱群体。[1]

（二）国际金融市场波动性加剧

第一，俄乌冲突加剧国际金融市场风险传染。一方面，投资者风险厌恶情绪加剧了国际金融市场的波动，扰乱了全球供应链、国际贸易和金融流动。在俄乌冲突长期化背景下，持续紧张的地缘政治局势和疲弱的经济前景已开始对长期固定投资和消费者信心产生负面影响。一般而言，金融不稳定可通过投资者风险厌恶情绪普遍上升而蔓延到各国，导致资本外流、货币贬值、股市估值下降以及债券市场风险溢价上升，尤其体现在新兴市场和发展中国家。许多宏观经济基本面较弱的新兴市场经济体已出现资本外流，致使货币贬值及资本市场压力增大。多国央行普遍实施的量化紧缩对国际金融市场流动性产生消极影响，给国际证券、外汇等市场的发展带来压力。在许多细分市场流动性不足的情况下，国际金融市场波动性可能延续下去，并可能被非银行机构的活动放大。

另一方面，俄乌冲突引发的金融紧缩，以及通货膨胀和利率走势的不确定性加剧了全球金融市场的波动。在高通胀环境下，发达经济体和新兴经济体央行采取的货币紧缩政策增加了融资成本，制约了金融参与主体的借贷能力。同时，通货膨胀路径和对应的货币政策反应是高度不确定的，这增加了市场预期和央行行动不一致的风险。为了应对不断变化的通胀条件和货币政策预期，投资者通常选择继续调整其投资组合，这在很大程度上增大了金融市场的波动性风险。此外，持续高企的国际利率可能加剧对全球金融稳定的担忧，影响国内金融机构的投资组合变动。投资者对利率敏感资产损失的担忧会引起抛售行为，如果利率不断走高，会增加投资组合流出的风险，并增加汇率压力。在全球金融环境趋紧和经济活动放缓的情况下，由于债券和其他固定收益投资工具的资产重估，

---

① UN, "Global impact of the war in Ukraine: Billions of people face the greatest cost-of-living crisis in a generation," 2022, https://news.un.org/pages/wp-content/uploads/2022/06/GCRG_2nd-Brief_Jun8_2022_FINAL.pdf?utm_source = United%20Nations&utm_medium = Brief&utm_campaign = Global%20Crisis%20Response.

金融市场波动可能对国内金融机构的投资组合产生不利影响。尽管国际金融市场正在适应不断变化的环境,但金融震荡以及持续的不确定性增加了全球资产市场对外部冲击的敏感性。

第二,俄乌冲突后国际金融市场波动明显,引发国际金融市场震荡,各资产类别表现不佳。在多国央行采取紧缩措施遏制通胀、宏观经济状况与前景恶化的影响下,各市场资产普遍重新定价。与历史趋势相比,国际债券、股票和外汇市场的波动性上升并保持在高位。受经济活动放缓以及发达经济体央行放缓资产购买的预期等因素影响,金融资产价格在2022年下半年大幅下跌,金融资产的降价给发达经济体的证券市场造成压力,导致流动性下降、波动性加大。[1]例如,美国国债市场和其他债券市场的流动性在2022年大幅萎缩,其国债的买卖价差显著扩大,同时其固定收益市场异常低迷且波动性走高、市场深度变浅。[2]

在当前地缘政治环境持续恶化形势下,国际债券市场波动性风险犹存。全球利率持续上升,加上预期利率上升和通胀压力加大,导致国际债券市场波动急剧上升。这种影响在政府债券收益率方面尤为显著。目前来看,政府债券市场的收益率对通胀的变化趋势更为敏感,尤其是短期政府债券,在2022年中,其对通胀数据表现出出人意料的强烈反应。反映近期债券市场情绪的MOVE指数也略高于平均水平。[3]

全球股票市场对俄乌冲突作出了即时反应,这与新冠肺炎疫情暴发后股市反应相对延迟形成对比,伴随俄乌冲突长期化和国际利率普遍上升,全球股价波动剧烈,净股价明显下跌,无论是美国和欧洲等发达国家、还是新兴市场国家的股票市场的波动性都显著上升,而这种波动可能在中短期内持续。

第三,紧张局势下国际金融市场的不稳定性推高了全球债务风险。

---

① Bank of Mozambique,"Financial Stability Report,"June 2023, https://www.bancomoc.mz/media/ctrpmdvt/financial-stability-report-2023.pdf.

② Central Bank of Ireland, "Financial Stability Review 2023:I," June 2023, https://www.centralbank.ie/docs/default-source/publications/financial-stability-review/financial-stability/financial-stability-review-2023-i.pdf?sfvrsn=87309e1d_7.

③ Saudi Central Bank, "Financial Stability Report 2023," https://www.sama.gov.sa/en-US/EconomicReports/Financial%20Stability%20Report/Financial%20Stability%20Report%202023.pdf.

总体来看,国际地缘政治安全的恶化、资本的突然重新分配增加了融资成本,降低了资产价值,加剧了债务展期风险与宏观金融压力,从而加剧了金融和非金融部门的流动性和偿付能力风险。

俄乌冲突及当前紧缩的金融环境增加了产生系统性债务危机的风险。在高利率的背景下,公共部门的债务负担大幅上升,许多国家的财政缓冲受到侵蚀。再加上融资成本上升,引发了人们对财政能力及应对未来潜在冲击的担忧。借贷成本的上升可削弱经济增长、增加经济衰退的可能性,尤其对发达经济体而言,量化紧缩已导致美国和欧洲等发达市场国家的融资成本不断上升,在通胀和利率不确定的情况下,主权债务市场的脆弱性加剧,容易出现恶性循环。与此同时,持续的紧缩政策也给本来就具有金融脆弱性的新兴市场国家带来较大压力,可能放大其债务高企、经常账户和财政双重赤字等问题。

此外,高通货膨胀和全球利率上升增加了家庭和企业的债务违约风险。在成本冲击的情况下,家庭购买力的下降对其偿还债务的能力,以及对企业产品和服务的需求产生负面影响。较高的融资成本也对家庭和企业偿债水平形成挑战,导致二者在当前高通胀和高利率环境下脆弱性加剧。

（三）国际银行业脆弱性上升

作为一个地缘政治冲突事件,俄乌冲突通过跨境资本重新配置和国际资本流动的逆转等渠道冲击银行业,导致银行面临融资成本上升、资产价值与盈利能力下降、信贷收缩等风险,进而威胁国际金融稳定。首先,国际地缘政治局势紧张、金融限制不断增加、跨境信贷和投资的突然逆转会导致全球金融碎片化,从而增加银行债务的展期风险和融资成本。其次,不确定性增加会扩大主权债券和信贷利差,继而降低银行资产的价值并增加其融资成本。最后,造成供应链和实物商品市场运行障碍,其对国内增长和通胀的负面影响会加剧银行的市场和信贷损失,在利率上升的情况下银行会加大对长端收益率的关注,且面临着更高的信贷风险,这都容易造成银行的盈利能力和资本化比率降低、流动性与时间风险敞口增加。偿付能力和流动性压力也会减少银行的冒险行为,促使银行削减其国内贷款,从而导致经济增长的下滑。值得警惕的是,在俄乌冲突爆发以及美国和欧洲对俄罗斯实施严厉制裁之后,流向俄罗斯及其盟友的跨国交易和组合债务急剧逆转，其配置额度相较之前分别下降了约20%和60%。这一变化使跨境投资、资产价格、支付系统以及银行的贷款能力出现不同程度的下降，总体上增加了国际金融稳定风险。①

必须指出的是，俄乌冲突后，在美国和欧洲爆发的一系列银行危机事件，暴露出国际银行体系的脆弱性，加剧了全球银行业的动荡。2023年3月，美国三家中型地区性银行（硅谷银行、签名银行、第一共和银行）突然倒闭。这一新出现的银行危机很快蔓延至欧洲，具有全球系统重要性的瑞士信贷银行（Credit Suisse）在政府调解下，与国内竞争对手瑞士银行（UBS）合并，才使其免于无序破产。美欧银行业事件引起新一轮紧张情绪并迅速席卷了整个金融体系，人们对欧美银行的信心迅速恶化。信心下降的影响在银行股的估值上表现最为明显，美国和欧洲的银行股平均下跌超过20%。②对欧美银行业状况的负面看法，特别是对信贷稳定性信心的缺失，导致风险厌恶情绪一度大幅上升，许多投资者转向避险资产，使得信贷状况出现严重恶化。这轮全球银行体系的动荡揭示出在经历了10年的低利率之后金融环境突然收紧所暴露出的潜在脆弱性，并可能在一些经济体中蔓延到其他经济实体，引发全球融资状况恶化、消费者和企业信心下降等问题。未来经济增长率和通货膨胀率的高度不确定性或进一步转化为投资者风险厌恶情绪，从而对金融资产安全和国际金融稳定构成威胁。

三、政治冲击与国际金融治理挑战

愈发激烈的地缘政治博弈与恶化的国际安全环境正成为国际金融风险的重要来源，加速了国际金融"政治化"的结构性演变，对国际金融治理构成严峻挑战，加剧了国际金融安全治理的不可知性和不可控性。

---

① IMF, "Global Financial Stability Report: Safeguarding Financial Stability amid High Inflation and Geopolitical Risks," Washington, DC, April 2023, https://www.imf.org/en/Publications/GFSR/Issues/2023/04/11/global-financial-stability-report-april-2023.

② National Bank Slovakia, "Financial Stability Report 2023," May 2023, https://nbs.sk/en/publications/financial-stability-report/financial-stability-report-may-2023.

近几年,国际金融体系的主导国保护主义抬头、地缘政治冲突和大国竞争博弈加剧,国际金融关系"政治化"走向越发明显。国际金融关系的"政治化"是指国际金融权力和关系逐渐成为实现特定国家政治目标的重要工具和手段,并以此协调与控制国际利益分配的过程。在国际金融"政治化"过程中,政治因素的介入程度和干预强度不断提升,国际金融收益逐步让位于政治收益,主要国家的国际金融治理也越发服务于其政治目的。俄乌冲突推动了国际金融"政治化"演进,使国际金融安全的政治逻辑和属性得以强化,其直接表现为金融战争"升级化",突出特征为国际金融"武器化",重要影响为国际金融"碎片化"。

(一)金融战争"升级化"

金融战争"升级化"是国际金融"政治化"的直接表现。俄乌冲突后,俄罗斯与乌克兰及背后提供支持的美国与西方国家展开了激烈的金融战,将国际金融战争推上一个新的高度,这对国际金融体系的有序运行形成极大阻力,对国际金融治理构成了直接性挑战。

金融战是俄乌冲突的重要战场,俄与乌和欧美之间曾展开剧烈的攻防战,涉及领域包括了能源、股票、利率、债券、外汇、国际支付和网络空间等。在欧美国家实施具体斗争措施后,俄罗斯进行了迅速回击。例如,能源战中,在欧美一些国家颁布对俄罗斯的能源禁令、暂停北溪 2 号项目以及多个能源跨国公司退出俄罗斯油气行业之后,俄罗斯着手提高了与印度等国家的能源贸易、快速出台卢布和硬通货结算方案;股票战中,在欧美多家交易所除名俄罗斯公司股票后,俄罗斯央行立即暂停了莫斯科证券交易所活动,同时俄政府从国家福利基金中划拨上万亿卢布用于购买俄受制裁公司的股票,并免除其 3 年公司所得税;债券战中,在具有西方背景的国际评级机构惠誉和穆迪将俄罗斯主权信用评级下调至垃圾级之后,俄央行迅速上调基准利率、下调存款准备金率以向俄市场注入更多资金。①很明显,俄乌冲突之后,金融战争呈现升级化、常态化发展趋势,金融愈发成为国际安全竞争的工具,预示着地缘政治对抗更容易向地缘经济对抗转变,可能持续对国际金融的稳定与治理合作产生负面影响。

---

① 《俄乌冲突掀起的金融战,能给我们怎样的启示?》,观察者网,https://www.guancha.cn/economy/2022_03_30_632509_s.shtml,2022 年 3 月 30 日。

此外,需要指出的是,俄乌冲突使国际金融的网络空间安全风险进一步加剧。网络空间安全在国家安全、国际金融稳定与可持续发展中扮演重要的角色。网络空间成为没有硝烟的另一战场,双方展开了早有预谋的网络攻击,攻击对象包括金融网、通信服务网和电网等。不仅是双方的军队,还有政府和金融机构等都遭受网络安全攻击,很多关键基础设施和重要网络系统出现瘫痪或经常性服务中断①,对包括金融、政务、电信、能源等行业和部门的正常运转造成较大冲击。

俄乌冲突后,全球大规模网络安全事件明显增多,金融机构遭受网络攻击的风险明显增大。作为国际金融市场基础设施的用户,许多大型金融机构与全球同行交易时因受俄乌战争影响而面临网络攻击风险。亲俄组织对美国与西方的网络攻击明显增加。2023 年 1 月 31 日,由于勒索软件攻击,英国金融软件公司 Ion Group 受到网络攻击,被迫暂时关闭服务,服务中断影响了美国和欧洲的银行和经纪商。与此同时,俄罗斯遭受网络攻击的数量也明显增多,美国前国务卿希拉里·克林顿(Hillary Clinton)甚至呼吁美国黑客对俄罗斯网络发动攻击,全球最大的黑客组织"匿名单"随即宣布对俄罗斯发起"网络战争",并声称对"今日俄罗斯"网站遭受的分布式拒绝服务网络攻击负责。②伴随俄乌冲突长期化,对公共基础设施和金融系统的攻击等安全风险存在扩散趋势,网络威胁和相关攻击仍然是国内外金融机构当前急需应对的安全威胁之一。例如,欧洲央行的分析指出,网络风险是欧洲金融机构目前面临的主要挑战之一,俄乌冲突后网络风险的加剧可能破坏欧盟国家经济和金融体系中关键业务的连续性,造成不良系统性后果。③

（二）大国金融"武器化"

大国金融"武器化"是国际金融"政治化"的突出特征,其核心是实施金

---

① 赵伟、李伟辰、刘光明:《2022 年俄乌冲突中的网络空间对抗情况综述》,《中国信息安全》2022 年第 12 期。

② Office of Financial Research, "ANNUAL REPORT 2023," https://www.financialresearch.gov/annual-reports/files/OFR-AR-2023_web.pdf.

③ Olga Szczepanska, "Financial Stability Report," National Bank of Poland, June 2023, https://nbp.pl/wp-content/uploads/2023/06/Raport-o-Stabilnosci-Systemu-Finansowego.-Czerwiec-2023_EN.pdf.

融制裁。俄乌冲突的持续在某种程度上意味着传统地缘政治博弈的回归，国际金融制裁愈发成为大国对外战略工具，在地缘博弈中发挥重要作用，亦构成国际金融安全的一大风险来源，并对国际金融体系的有效运行和国际金融治理形成严重挑战。

美国和欧洲对俄罗斯实施了史无前例的经济与金融制裁，具体包括将俄罗斯银行排除出国际资金清算系统（SWIFT）等跨境支付金融基础设施系统；冻结俄罗斯外汇储备、金融机构和个人（包括俄政府高官、中央银行和一些企业及巨头等）在境外的金融资产；限制俄罗斯金融机构和实体的跨境投融资活动，禁止与俄罗斯央行、政府部门、金融机构和企业开展股票、证券等金融交易；实施进出口限制和禁运，对高新技术及能源进行封锁等。为应对制裁，俄罗斯采取了提高利率、实施资本与外汇管制、加强流动性支持、在能源等贸易中使用本币结算、加速使用国内替代性支付系统 SPFS、国有化在俄外资企业、推进本国产业结构转型、实施紧急宏观审慎调控等措施。①由此可见，当前大国的金融"武器化"行为表现出金融制裁范围与规模扩大化、工具与手段多样化、风险与影响长期化、反制与反噬强化等新特征。

美欧发起对俄罗斯的严厉制裁在许多方面重塑了全球政治经济格局，似乎迫使世界步入了一个由霸权国及其盟友频繁将国际经济与金融发展平台和治理工具"武器化"的地缘经济时代。必须指出的是，美国与西方首次真正动用金融"核弹"，切断俄罗斯金融机构与 SWIFT 的联系，意图利用国际金融网络中的主导性优势将俄罗斯彻底排除在国际金融体系之外，实现对俄的孤立、打压。这体现出当前大国驱动国际金融"政治化"的意愿以及推动国际金融"武器化"的行为实践。金融"利器"的使用更加泛化，被大国广泛用于防御以牢固金融主权、获取自足及竞争能力，也被越来越多地用于进攻以限制其他国家的崛起。国际金融"武器化"折射出当前地缘政治压倒地缘经济的态势，凸显全球经济体之间贸易、金融和技术相互依存所带来的安全漏洞，这一发展走向有可能加剧经济体间的不

---

① 刘军梅：《俄乌冲突背景下极限制裁的作用机制与俄罗斯反制的对冲逻辑》，《俄罗斯研究》2022 年第 2 期；李珍、牟思思、赵凌：《俄罗斯应对西方国家经济金融制裁的措施及政策启示》，《当代金融研究》2022 年第 9 期；李仁真、关蕴珈：《俄乌冲突下美欧利用 SWIFT 制裁俄罗斯的影响及其对中国的启示》，《国际贸易》2022 年第 9 期。

信任以及脱钩的恶性循环。

（三）国际金融"碎片化"

国际金融"政治化"对国际金融"碎片化"加剧产生了重要影响。俄乌冲突及对俄制裁推动国际金融"政治化"演变，加速了国际金融"碎片化"的发展，分化了国家间的经济合作与金融关系，削弱了全球经济与金融治理合作的基础。

从近期来看，国际金融体系向"碎片化"和多元化演进。美欧对俄罗斯实施史无前例的制裁，促使一些国家重新评估其储备管理政策。为应对发达国家和集团外汇储备存在的潜在风险，越来越多的国家倾向于选择多元化发展道路，更为积极地投资于其他货币计价工具，这会对外汇储备的国际构成产生重要影响。同时，国际支付系统"碎片化"风险可能推进金融科技和数字金融的发展。目前，去中心化的分布式金融技术的发展、央行数字货币区块的创建进程得以加速，越来越多的新兴市场愿意使用加密资产以绕过资本限制和制裁。[①]

从长期来看，俄乌冲突与制裁的持续将削弱多边主义，加速全球贸易、投资和金融网络的分裂以及国际金融秩序的转变。国际社会正分裂为相互竞争的阵营，两个对立集团的关系更为紧张，世界"脱钩"趋势愈演愈烈，地缘博弈和大国竞争的领域逐步扩大，全球经济增长与政治、安全合作面临长期挑战。国际金融"政治化"及国际金融"碎片化"导致国际经济和金融体系的区域分化以及多个集团的形成，从而进一步推动了现有国际秩序的阵营化、集团化。目前，全球经济一体化已呈现转向区域化和"板块化"的发展趋势。

从影响来看，全球金融"碎片化"会加剧各经济体应对冲击的脆弱性，也会加剧宏观金融的不稳定性。在金融一体化的条件下，各国可以通过保持资产和负债的国际多元化投资组合来更好平稳消费，从而减少对国内和外部冲击的脆弱性。然而，俄乌冲突及金融制裁会引发跨境信贷和投资的重新配置，加剧全球金融碎片化，并导致金融合作伙伴减少以及跨

---

① IMF, Global Financial Stability Report—Shockwaves from the War in Ukraine Test the Financial System's Resilience. Washington, DC, April 2022, https：//www.imf.org/en/Publications/GFSR/Issues/2022/04/19/global-financial-stability-report-april-2022.

境金融关系集中化发展,各国分担风险的机会随之减少、国际风险分散效益降低,从而使各国更容易受到不利冲击的影响。这增加了各经济体应对不利冲击的脆弱性,同时也增加了产出、消费、企业利润和资产价格等关键宏观金融变量的波动性。国际投资头寸日益集中会加剧外部宏观金融冲击的扩散,特别是对新兴市场经济体而言。金融"碎片化"也可能限制跨境风险敞口多样化,在较长期内增加资本流动的波动性,而资本流动的波动性加剧会反过来造成国内金融市场产生更大波动,导致金融体系更容易受到冲击,从而加大爆发系统性金融危机的可能性。

此外,国际金融体系从中心化到多极化的演变在一定程度上降低了美元在全球货币体系中的信用。在国际金融体系去中心化形势下,国际金融参与者利益取向和价值取向更为多元,同时发达经济体的保护主义加码,新兴市场国家解决国际金融风险结构性问题的诉求愈发强烈。这使得国际社会在金融安全方面的观念分歧和竞争日趋激烈,全球金融治理的共识基础被削弱,在提供全球公共产品方面的多边合作也备受阻碍。就现实而言,国际金融安全本来就是有赤字的公共产品,国际金融安全公共产品的权力竞争属性趋强,独立性和公共物品属性趋弱。这加剧了国际金融安全所面临的治理赤字困境,降低了国际经济合作的保障力度。

从演变逻辑来看,国际金融关系的"政治化"实质上是国际金融关系网络中的核心国家所实施的一种政治与安全逻辑强于经济与金融逻辑、国家逻辑超越市场逻辑的对外政治经济策略,其植根于不对称的国际金融体系,反映出利用国际金融的不对称相互依赖作为打压他国的权力工具的行为逻辑。国际金融的"政治化"演进反映出经济安全化,其内核是霸权国出于安全考量将不对称的相互依赖关系武器化,切断网络连线来破坏他国日渐成长的权力基础。虽然美国霸权呈现衰落趋势,但仍能够利用其金融结构等网络性权力将他国孤立在世界经济体系及网络之外,进而维持霸权或是打压崛起国。①

从根本来看,美欧对俄制裁和俄罗斯的反制是冲突国政府之间政治关系的体现,本质源于霸权国权力与实施控制,以及崛起国对权威的不满和挑战。俄乌冲突引发的"金融战"折射出美国与西方根深蒂固的零和博

---

① 任琳、孙振民:《经济安全化与霸权的网络性权力》,《世界经济与政治》2021 年第 6 期。

弈思想，以及国际金融治理改革未匹配发展中国家与发达国家力量变化的现状，这也预示着国际金融政治化存在一定必然性和长期性。不可否认的是，国际金融"政治化"不利于大国战略互信的提升，增加了达成外交合作与共识的难度，加剧了国际金融"碎片化"和国际金融治理的复杂化。

四、政 策 启 示

在全球经济活力不足等因素影响下，全球和中国经济发展前景仍不确定。俄乌冲突溢出效应或在较长时间内持续，国际金融体系稳定未来仍面临通胀加剧、主权债务上升、汇率和偿债压力增大、网络攻击威胁等风险。当前，俄乌战火未停，以色列与巴勒斯坦冲突愈演愈烈，美国不断加大对中国的战略打压，全球地缘政治紧张局势不断加剧，对国际金融安全发展构成持续挑战。地缘政治紧张局势或进一步加剧金融稳定风险，这些风险可以通过金融和非金融渠道从各个维度传导到国际金融体系。整体上，通过经济政策武器化，实施资本流动限制、金融制裁和国际资产冻结来遏制其他国家的崛起，将影响跨境资本流动，加剧金融碎片化。这在未来仍可能会在投资者和贷款人之间引发不确定性，导致他们撤回投资和跨境贷款活动，从而分别导致资产价格和资本配置的下跌和转变，引发流动性问题和偿付压力。

面临上述国际金融稳定风险与治理挑战，中国需致力于加强金融安全风险防范，提升国际金融治理，可重点关注如下几个方面：

（一）加速人民币国际化进程

美国和欧洲国家发起的对俄罗斯空前规模的制裁，再次凸显美元霸权的潜在危险，已向包括中国在内的许多国家发出了一个警告，即必须建立可管理、可控的国际支付和清算系统，以保护自己的实际利益。美国主导的对俄金融战中使用冻结巨额俄罗斯外汇资产、将俄排除在 SWIFT 系统外等手段，让中国认识到全面防范和应对未来潜在"金融战"的重要性和紧迫性。中国应以着力提高应对金融制裁的能力、切实保障国际支付结算安全为目标，推动构建数字人民币主导的跨境支付体系，进一步加大人民币跨境支付系统（CIPS）的体量与适用度，推进中国央行数字货币的研发与应用场景的扩大,加快人民币国际化进程。

（二）维护金融全球化,推进高水平市场开放

在俄乌冲突引发国际金融分裂并对中美经济关系"脱钩"施加进一步压力的情况下,中国应坚决反对贸易和投资保护主义,坚持践行真正的多边主义,维护国际金融体系全球化,在角色定位上从"融入金融全球化"转为"稳定金融全球化"。同时,中国需通过进一步推动高水平的市场开放,加强与发达市场的利益融合,以及与新兴市场和发展中经济体的互动合作,形成中国与国际金融市场共存共荣的关系。

（三）加强国际金融治理合作,扩大公共产品供给

中国应注重维护与拓展国际金融关系,深化国际合作以改善跨境支付、增强支付系统的互操作性、减轻俄乌冲突对跨境支付服务造成的干扰;推动国际金融监管和标准的趋同化以防止金融"碎片化"加剧;加强全球金融安全网建设,并通过区域安全网、货币互换或财政机制等国家间的互助协议来更好抵御外部冲击,以及通过持有高水平的国际储备、提升双边和区域金融安排以及国际金融机构的预防性信贷来更好发挥全球金融安全网的效力。

与此同时,中国应扩大全球公共产品供给,完善中国国际金融公共产品供应体系。中国需发挥自身优势,推动中国公共产品多元化;利用大数据和新媒体等工具分享中国改革开放的实践成果、经验与红利,让国际社会更好地感受和认识中国的大国责任与担当以及协调全球应对地缘政治与国际金融危机的意愿与能力。

（四）加强金融监管,防范金融脆弱性风险

应按照防范化解系统性风险的总要求,不断提高并完善监管体系。监管部门和金融机构需加大投入资源来识别、量化、评估和监测俄乌冲突动态对国际与国内金融的影响,以便为监管机构制订可操作的指导方针;应优化危机应对管理,加强对流动性风险管理的实践、支持市场透明度和提高数据的可用性。

鉴于当前高度的不确定性,中国应采取果断行动,根据需要调整选定的宏观审慎工具,在政策正常化过程中遏制金融脆弱性的积累,追求在遏制脆弱性积累和避免顺周期性、金融状况无序收紧之间取得平衡。中国需高度重视地缘政治问题引发的全球金融稳定风险,包括地缘冲突升级

下普遍的货币紧缩、房地产持续疲软等关键风险敞口以及资产大幅重新定价的潜在风险等。央行应对通胀问题保持警惕,谨慎进行市场货币政策调整,实施稳健的房地产政策,加强金融部门监管以最大程度上降低风险。

此外,俄乌冲突中频发的网络攻击凸显网络风险对国际金融稳定的重要性,中国应完善和优化相关企业的数据治理,借助人工智能等高新技术着重提升网络空间的响应、恢复与防御能力,增强各网络节点的弹性,同时不断"武装"自身,提高网络空间的威慑能力。

俄乌冲突对欧洲防务一体化建设的影响

姚景晨 *

【内容提要】 欧洲的一体化进程中,经济一体化是最为成功,也是学界研究最多的议题。相较而言,防务一体化研究较为滞后,外界关注较少。经济议题属于"低政治范畴",防务与安全议题属于"高政治范畴"。后者在一体化方面先天阻碍重重,却能更好地检验欧洲一体化的成色。本文着重讨论俄乌冲突对欧洲防务一体化建设的影响。首先,通过梳理欧洲防务一体化的历史脉络,总结出每一次危机都是促进欧盟一体化进一步发展的历史机遇。其次,通过聚焦"战略意识"以及"体制机制"这两个维度分析俄乌冲突全面爆发以来,欧洲主要国家在威胁感知、战略意识层面上的巨大转变,以及这种转变如何促进欧盟防务预算机制的更新和发展。最后,本文从军事文化、成员国不同的防务需求、欧盟内部竞争、北约牵制、国防作为国家核心主权的特殊性这五个维度阐述制约欧盟防务一体化进一步发展的结构性矛盾。

【关键词】 俄乌冲突,防务一体化,国家核心主权

【Abstract】 Economic integration has been the most successful of European integration processes and is the most studied topic in academic circles. In contrast, defense integration has lagged behind and received less attention from the outside world. Economic issues are in the "low politics" category, while defense and security issues are in the "high politics" category. (Hoffmann 1966) The latter, despite the inherent obstacles to integration, is a better test of European integration and therefore deserves our close attention. This paper focuses on the impact of the Russian-Ukrainian conflict on the construction of European defense integration. Firstly, by looking at the history of European defense integration, it is concluded that every crisis is a historical opportunity to promote further development of EU integration. Then, by focusing on the two dimensions of "strategic awareness" and "institutional mechanisms", we analyse the dramatic shift in threat perception and strategic awareness among the major European countries since the outbreak of the Russia-Ukraine conflict, and how this shift has contributed to the renewal and development of the EU's defense budget. The paper will analyse how this change has contributed to the renewal and development of the EU defense budget mechanism. Finally, the paper will address the structural contradictions that constrain the further development of EU defense integration in five dimensions: military culture, the different defense needs of the member states, intra-EU competition, NATO constraints, and the specificity of defense as a core sovereignty of states.

【Key Words】 Russian-Ukraine Conflict, Defense integration, Core sate power

---

* 姚景晨,复旦大学外国语言文学学院法语语言文学系讲师。

一、引　言

"一体化"这个词既可以指一种状况,也可以指一个过程。作为一种状况,它指的是成员国在某些政策领域进行合作的体系,具有一定程度的集中化和领土范围。[1]作为一个过程,它指的是该系统的深化和扩大,即集中化和领土范围的增加。在这两种含义中,一体化都有一个纵向维度(集中化)和一个横向维度(领土范围)。[2]

欧洲一体化的最初目的是消除战争风险,确保欧洲大陆长久的和平与安全,但"欧洲防务共同体"(European Defence Community,以下简称"EDC")叠加"欧洲煤钢共同体"(European Coal and Steel Community,以下简称"ECSC")的成功,使欧洲从此走上了经济一体化带动政治一体化的道路。

2022年2月俄乌冲突全面爆发以来,欧盟的安全环境巨变,导致欧盟内部也发生重大变化。本文将从历史脉络、威胁感知、机制架构等角度,分析俄乌冲突可能给欧盟防务一体化带来的潜在影响。

二、欧洲防务一体化的历史

法国国防部将欧洲防务一体化的发展进程分为四个阶段。

(一) 1945—1989 年防务一体化建设迟缓,经济一体化飞速发展

欧盟防务一体化始于第二次世界大战后,出于对苏联的恐惧和防止欧洲再次爆发类似第二次世界大战那样的悲剧,在美国的帮助下,欧洲开

---

① Frank Schimmelfennig, Dirk Leuffen and Berthold Rittberger, "The European Union as a system of differentiated integration: interdependence, politicization and differentiation", *Journal of European Public Policy*, vol.22, Issue 6, 2015, pp.764—782.

② Nico Groenendijk, "Flexibility and Differentiated Integration in European Defence Policy", *L'Europe en formation*, No.389, 2019, pp.105—120.

始了安全防务方面的共建和整合。1948 年 3 月 17 日,法国、英国、比利时、荷兰和卢森堡签署《布鲁塞尔条约》,以期建立一个集体防御的、在其中一个签署国受到侵略时自动提供援助的军事互助组织,即"西方联盟"(Western Uion)。1949 年 4 月,随着美苏两大阵营对峙的加剧,北大西洋公约组织(NATO)宣告成立,《布鲁塞尔条约》的五个签署国作为创始成员国加入了北约。1950 年 6 月,朝鲜战争爆发,东西方冷战有向热战发展的趋势。因此,重新武装处于冷战对峙前沿的德国就成为一种必然选择。然而,在第二次世界大战所造成的创伤还未愈合的情况下,法国对于德国的重新武装颇为忌惮。作为折中方案,在 1952 年,法国、意大利、比利时、卢森堡和荷兰等国签署了建立"欧洲防务共同体"(法文:Communauté européenne de défense,CED)的《巴黎条约》,其目的是重组德国军队并将其置于一个共同的权威之下。1954 年 8 月,由于担心德国趁机重整军备,以及美国可能会剥夺法国对自己军队的指挥权(防务共同体没有战略自主权,其指挥权在北约手中),法国国民议会拒绝批准该条约。1954 年 10 月,巴黎协议将西方联盟转变为西欧联盟(Western European Union,WEU),德国和意大利加入其中。1955 年 5 月,德国加入北约。被大西洋联盟完全取代的西欧联盟,进入了一个长期的不活跃期。

(二)1989—2003 年国际形势巨变,重提防务一体化

20 世纪 90 年代初,在波斯尼亚战争(波黑战争,1992 年 4 月 6 日爆发)的背景下,欧洲防务的主题重新出现。1990—1991 年,法国和德国以联合政治倡议的形式,重新提出了将国防引入欧洲建设框架的想法。1992 年 2 月,《马斯特里赫特条约》创建了"共同外交和安全政策"(Common Foreign and Security Policy,CFSP)。该条约首次用整个章节(第五章)阐述了"共同外交和安全政策"的建设,包括欧洲共同防御和安全政策的前景(第 J.4 条)。同时作为欧盟三大支柱中的第二个支柱(其他两大支柱分别为"欧洲各共同体"和刑事领域警务与司法合作),CFSP 设立了维和、人道主义和救援任务。同年 5 月 22 日,法国和德国在拉罗谢尔举行的双边首脑会议上决定建立"欧洲军团"(Eurocorps)。1998 年 12 月,欧洲防务一体化建设迎来重要转折点。在法国城市圣马洛举行的法英峰会上,时任英国首相布莱尔支持欧盟发展自主军事力量来应对国际危机,圣马洛峰会被认为是欧洲针对"科索沃战争"的回应。1999 年 6 月,在科隆举办的

欧盟峰会(欧盟理事会)上通过了"欧洲安全与防务政策"(European Security and Defence Policy，ESDP)，该政策随后于 2001 年得到《尼斯条约》的认可。欧盟在此后迅速地建立了政治和安全委员会(Political and Security Committee，PSC)、军事委员会(European Union Military Committee，EUMC)、军事参谋部(The European Union Military Staff，EUMS)等。在马其顿、刚果以及波斯尼亚和黑塞哥维那部署了军事行动。"欧洲安全与防务政策"是一个决策结构，使欧盟能够进行危机管理行动，从而追求其外交政策目标。从此，欧洲防务从模糊的可能性逐渐成为具体的显示。在军事装备方面，法国、德国、英国、意大利于 1998 年签署了一项公约，成立了联合军备合作组织(法文：Organisation conjointe de coopération en matière d'armement，OCCAR)，该组织于 2001 年 1 月正式开始生效。OCCAR 旨在促进和改善合作军备项目的管理，目前管理着 13 个项目，包括 2003 年启动的 A400M(军用运输机)，总价值超过 600 亿欧元，受益者包括 6 个成员国在内的 12 个客户国(比利时自 2003 年起成为成员，西班牙自 2005 年起成为成员)，被广泛认为是合作军备项目管理的参照机构。

(三) 2003—2016 年欧洲防务一体化建设步入快车道

2003 年 12 月 12 日，各成员国在布鲁塞尔举行会议，通过了《欧洲安全战略》。该文件指出欧盟面临的主要威胁：在针对某个成员国的大规模侵略被认为是非常不可能的情况下，欧洲恐怖主义、大规模杀伤性武器的扩散、地区冲突、国家失败和有组织犯罪等威胁。2004 年 7 月，欧盟理事会成立了"欧洲防务局"(European Defence Agency，EDA)，性质为政府间机构，目的是制订欧洲军备计划，涵盖从确定欧盟所需的军事能力，到组织欧洲军备工业和联合防务研究等一系列领域。欧盟 27 个成员国于 2007 年底正式签署《里斯本条约》。该条约确立了"共同安全与防务政策"(Common Security and Defence Policy，CSDP)。"共同安全与防务政策"是欧盟在防务和危机管理领域的行动方针，也是欧盟共同外交和安全政策的主要组成部分。CSDP 涉及部署军事或民事特派团，以根据《联合国宪章》的原则维护和平、防止冲突和加强国际安全，军事任务由欧盟部队执行，并从成员国的武装部队借调人员。CSDP 还规定了成员国之间的集体自卫。"共同安全与防务政策"设有"外交和安全政策高级代表"一职，即欧盟委员会副主席;设立欧洲对外行动局(EEAS);设立常设结构性合作机构(PESCO)。

（四）2016 年至今欧洲战略自主

2016 年 6 月 28 日(也就是英国脱欧结果公布后的第四天),欧洲理事会通过了新的欧盟《对外安全政策全球战略》,即《欧盟安全战略》(European Union Global Strategy, EUGS)。2017 年 12 月 14 日和 15 日的欧洲理事会正式启动了"永久结构性合作"机制(Permanent Structured Coopereation, PESCO)和欧洲防务基金(European Defence Fund, EDF)。前文提到,"永久结构性合作"机制的设想最早出现在《里斯本条约》中,但该机制长期处于休眠状态。它的目的是围绕一些具体的、大体量的重点项目,将一些有意愿加强防务建设与合作的国家聚在一起。申请加入 PESCO 的国家必须承诺定期增加国防预算和研究投资。欧洲防务基金则旨在促进为这种强化的合作提供资金。欧洲预算将首次通过共同资助研究和开发项目以及联合采购设备来支持国防工业。

通过梳理欧洲防务一体化的历史脉络,我们可以看出:

其一,相比于经济甚至是政治的一体化,欧洲的防务一体化进程相对缓慢。例如,在经济一体化方面,欧盟已经发展出"欧元区"这样的深度一体化模式,并且有欧洲央行这样的超国家机构(Supranational institution)来行使本应属于国家主权范畴的货币发行权。相比之下,欧洲在防务和安全领域至今没有一个类似于欧洲央行这样的有绝对权威的超国家机构来统筹协调欧洲的防务建设,欧洲的防务一体化建设仍是由法德等少数国家主导和推进的,并且在深度和广度上无法与经济一体化取得的成果相提并论。同时,欧洲也没有"欧洲军"这样的实体武装力量。纵使欧洲组建了一些多国参与的武装力量,但其作用是处理欧洲之外的安全问题(如欧盟对马里军队的培训任务),而欧洲本土防御的主导权还是掌握在北约手中。

其二,欧洲的防务一体化是"危机推动型"的,即每次欧盟国家防务合作的加深背后都伴随着战争威胁的迫近。例如,1950 年朝鲜战争爆发,东西方对抗加剧,在美国将注意力都集中在朝鲜战场的情况下,欧洲人猛然发现,并不能完全依靠美国来对抗苏联的威胁,这才促使法国、意大利、比利时、卢森堡和荷兰等国于 1952 年签署了旨在建立欧洲防务共同体（European Defense Community，EDC）的《巴黎条约》。再比如，20世纪90年代末的科索沃战争，欧洲既无法阻止阿尔巴尼亚民族和塞尔维亚民族的武装冲突，也无力组织力量进行军事介入。战争的走向全程由北约主导，欧洲完全失语。这场战争大大刺激了欧洲人寻求防卫自主的意愿，也直接促成了1998年12月英法圣马洛峰会，以及次年6月，在科隆举办的欧盟峰会（欧盟理事会）上通过的"欧洲安全与防务政策"。

三、俄乌冲突对欧洲防务一体化建设的影响

成员国之间的安全共识是防务一体化的驱动力。斯蒂芬妮·霍夫曼（Stéphanie Hofmann）强调共有观念是超越物质力量的存在，认为成员国之间的安全共识、威胁认知和安全认同的一致性才是决定欧洲防务一体化发展的核心因素。[①]欧洲防务一体化的实践与成员国之间的互动塑造了国家的安全文化和对欧盟防务制度的认同。[②]俄乌冲突在两个方面促进了欧洲防务一体化的发展。

（一）威胁感知和战略文化的重大改变

俄乌冲突使欧盟成员国的威胁感知和战略文化发生重大改变。此处以德国、丹麦、芬兰和瑞典为例加以说明。

1. 德国——对乌军援、投资扩军

德国于2022年2月26日宣布向乌克兰提供1400个反坦克火箭发射器、500枚"毒刺"地对空导弹和9门榴弹炮。紧接着第二天，总理奥拉夫·朔尔茨（Olaf Sóholz）宣布将国防预算提高到国内生产总值的2%，以及投资1000亿欧元来发展武器装备，扩充军事力量。由于历史原因，德国在战后很长一段时间内对军事扩张、对外干预以及防务输出都是极其谨慎的。相较于军事手段，更倾向于从外交途径解决国际争端（如反对2003

---

① Stéphanie Hofmann, *European security in NATO's shadow*, *party ideologies and institution buldings*, Cambridge: Cambridge University Press, 2013, p.36.

② 张程:《欧洲防务一体化发展进程研究》，山东大学2019年博士学位论文，第13页。

年的伊拉克战争)。所以德国向乌克兰提供武器是外交方针上的重大转变。同时,欧洲长期依赖于以美国为首的北约的安全保护,对自身国防建设的需求并不迫切,投入也并不积极。以国防投入占 GDP 的比例为例,早在 2014 年 9 月 5 日的北约峰会上,各个成员国就承诺要将国防投入占 GDP 比重提升到 2%以上,但时至今日,很少有欧洲国家能达到此目标。由此可见,德国加强防卫力量的决心十分坚定。

2. 丹麦——结束"退出机制"

丹麦传统上是疑欧派国家(euroscepticism),经常在有关欧盟的公投中投反对票(1992 年拒绝《马斯特里赫特条约》),丹麦于 1993 年获得了一系列的豁免权,被称为"选择退出"(Opt-out),该机制允许丹麦不参加欧盟的外交和安全政策,也不参加欧洲防务机构或欧盟组织的军事行动。但在俄乌冲突全面爆发后,丹麦首相宣布与议会中的大多数党派达成协议,将丹麦的"退出机制"提交全民公决并进行重大军事投资,国防预算占 GDP 比重超过 2%。在 2022 年 6 月 1 日举行的公投中,67%的选民赞同丹麦加入欧盟"共同安全与防务政策"。更进一步,丹麦分别于 2023 年 3 月和 5 月正式加入欧洲防务局和"永久结构性合作"框架,并成为该框架协议自 2017 年正式生效以来的第 26 个成员国。

3. 芬兰和瑞典——摒弃中立

无论是在政府层面还是社会民意层面,瑞典在历史上长期保持中立,拒绝参加任何军事性质的联盟。芬兰则是因为与苏联有漫长的边境线(1300 公里),所以必须在北约和华约中找到某种平衡,以确保自身的安全。因此两国虽为西方国家,但都没有参加北约。但俄乌冲突全面爆发之后的 5 月 18 日,瑞典和芬兰历史性地正式申请加入北约,其中芬兰于 2023 年 4 月 4 日正式加入北约。民意层面也支持加入北约,根据芬兰公共电视台 YLE 的民意调查,截至 5 月 12 日,赞成加入北约的芬兰人的比例为 76%,而这一数字在乌克兰危机之前还只是 25%。

上述战略意识的转变不仅发生在国家层面,也发生在欧盟层面。2022 年 3 月 21 日,即俄乌冲突全面爆发的一个多月之后,欧盟理事会正式批准了欧盟第一份防卫和安全方面的白皮书——"战略指南针"(以下简称"指南针")。"指南针"为欧盟提供了一个雄心勃勃的行动计划,以期在 2030 年前加强欧盟的安全和防务政策。跟 2021 年媒体得到的工作版本(六次提及俄罗斯)相比①,新版本(正式版本)大幅增加了描述俄罗斯威胁的篇幅(十八次提及俄罗斯),并直接指出"俄罗斯的侵略战争构成了欧洲历史上的构造性转变"。②显然俄乌冲突的爆发导致"指南针"有了实质性的改写。③

另一个值得注意的情况是,欧盟民间立场和官方立场趋同。在2023年1月发布的欧洲晴雨表(Eurobarometer)民意调查中,72%的生活在欧盟的公民表示,他们国家的欧盟成员身份是有益的,为2005年开始调查此问题以来最高值。相比之下,在2010年,只有50%的欧洲人认为他们的国家从欧盟成员资格中受益。实际上,欧洲公民对欧洲好感度提升的背后,还隐藏着一个重要转变,即越来越多的欧洲公民认可欧盟在提供安全保护方面不可或缺的作用。以前,欧洲尤其是欧洲北部国家(如荷兰、瑞典、德国等)更多地将欧盟视为一个可以带来经济效益的巨大单一市场,但随着乌克兰危机愈演愈烈,现在36%的欧洲人将"维护和平和加强安全"视为加入欧盟所带来的主要好处之一。欧洲对外关系委员会(European Council on Foreign Relations)于2022年2月22日发布的一项民意调查也显示,在欧洲,人们越来越多地将俄乌冲突视为俄对整个欧洲大陆的攻击,而不仅是两个邻国间的冲突。这代表着俄乌冲突使欧盟成员国的居民对"欧洲人"的身份认同更加强烈。

(二)欧盟层面防务预算工具的丰富和加强

长期以来,欧洲防务一体化有着鲜明的"政府间"特征(intergovernmental features)④,主要表现为防务一体化主要由欧洲主要国家推进,且

---

① Council of the European Union, "A Strategic Compass for Security and Defence——For a European Union that protects its citizens, values and interests and contributes to international peace and security", November 9th, 2021.

② Council of the European Union, "A Strategic Compass for Security and Defence——For a European Union that protects its citizens, values and interests and contributes to international peace and security", March 21st, 2022.

③ Daniel Fiott, "In every crisis an opportunity? European Union integration in defence and the War on Ukraine", *Journal of European Integration*, 2023, Vol.45, No.3, pp.447—462, DOI: 10.1080/07036337.2023.2183395.

④ Berthold Rittberger, Dirk Leuffen, Frank Schimmelfennig, "Differentiated integration of Core State Powers," in Philipp Genschel, Markus Jachtenfuchs eds., *Beyond the Regulatory Polity? The European Integration of Core State Powers*, Oxford: Oxford University Press, 2013.

防务政策的制订是不同国家根据自身利益相互博弈的结果。相较而言，超国家行为者（supranational actors）对于安全和防务政策制订的影响力有限。

而俄乌冲突的全面爆发为欧盟的超国家行为者提供了一个契机，即通过防务资源整合来推进该领域的一体化进程。在共同安全与防务政策的框架内，欧盟发展出了一系列金融工具，其中最为著名的有欧洲防务基金（European Defence Fund，EDF）、欧洲和平基金（European Peace Facility，EPF）。

建立欧洲防务基金是欧盟委员会为了促进成员国之间国防研究和开发的具体举措，目的是提高欧盟在国防工业领域的创新潜力和竞争力，进而保障欧盟及其成员国的战略自主权和复原力。具体而言，该基金负责协调、补充和加强各国的国防投资，并且在不取代成员国努力的情况下，促进整个欧盟的企业和研究机构在研究和开发最先进和可互相使用的国防技术和设备方面的合作。欧盟委员会在俄乌冲突全面爆发后愈加强调在欧盟建立国防工业能力的必要性，并在 2022 年 7 月决定用 5 亿欧元补充欧洲国防基金，以鼓励欧洲国家协调武器采购。

2021 年 3 月，欧盟设立了预算外欧洲和平基金。该基金是一个非预算融资机制，即资金由成员国直接提供，而非由欧盟预算划拨。其在 2021—2027 年间的总预算为 79 亿欧元，用于向第三方国家、地区或国际组织提供军事或防务方面的财政、技术或物质支持。

EPF 最初设立的动机是将以前的两个安全和防务金融工具结合起来，即雅典娜机制（支付 CSDP 框架下任务和行动的部分的共同负担费用）和非洲和平基金（资助由非洲国家和区域机构领导的促进和平的行动）。例如，在 2021 年 12 月，该基金为面向格鲁吉亚、马里、摩尔多瓦和乌克兰分配的医疗和工程设备提供了资金支持。但 2022 年 2 月 27 日，即俄乌冲突全面爆发的四天后，欧盟首次宣布同意动用"欧洲和平基金"向乌克兰提供价值 5 亿欧元的致命性武器和其他援助。①值得注意的是，这是欧盟

① 2023 年 4 月 13 日，欧盟理事会在欧洲和平基金（EPF）机制下通过了一项价值 10 亿欧元的援助措施，以支持乌克兰武装部队。这项措施将允许欧盟偿还成员国在 2023 年 2 月 9 日至 5 月 31 日期间从现有库存或从现有订单的优先次序调整中捐赠给乌克兰的弹（转下页）

自建立以来首次用公共预算资金向交战一方提供致命武器,此举打破了欧盟长期保持的一些习惯。

其一是法律层面上的突破。欧盟第一个具备宪法意义的协议《里斯本协定》第41.2条明确规定:"具有军事或国防影响的行动所产生的支出不得从其联合预算中支出。"除此之外,欧盟成员国中的瑞典和芬兰长期以来奉行中立的外交政策,而奥地利、爱尔兰、马耳他更是将中立立场写入宪法。①所谓"中立",是指当其他国家处于战争状态时,一个国家保持不偏不倚,不参与敌对行动。向处于战争状态的一方(乌克兰)提供包含致命武器的军事援助与欧盟以及个别成员国践行的和平中立政策显然相悖。

其二是观念上的突破。欧盟的前身,同时也是第一个超国家机构,是1951年成立、次年正式生效的"欧洲煤钢共同体"(European Coal and Steel Community, ECSC)。该机构成立的目的是希望通过加强欧洲国家的在经济上的协作来减少国家间的冲突,以避免类似于第二次世界大战那样的悲剧再次发生。因此欧盟长久以来都在努力促使合作,避免参与外部活动。例如在对待俄罗斯的态度上,欧盟几十年来一直试图通过贸易、投资和外交与俄罗斯保持接触。现如今欧盟利用欧洲和平基金来军援乌克兰,表明其逐步放弃了之前面对外部冲突时的谨慎态度,开始越来越多地通过外交和军事手段介入,增加自己的影响力。

2022年7月19日,欧盟委员会提出了一项关于建立《欧洲通过共同采购加强国防工业法案》(European Defence Industry Reinforcement through Common Procurement Act, EDIRPA)的法规提案,其主要目标是建立一个价值5亿欧元的短期的联合防务采购工具,解决欧盟最紧迫和关键的防务能力差距,并激励欧盟成员国联合采购防务产品,采购决定权在各成员国手中。理事会于2022年12月1日通过了关于该提案的总体

(接上页)药。加上之前的七批支持,这项援助措施使欧盟在欧洲和平基金机制下对乌克兰的捐助总额达到46亿欧元。https://www.consilium.europa.eu/en/press/press-releases/2023/04/13/ammunition-for-ukraine-council-agrees-1-billion-support-under-the-european-peace-facility/?utm_source = dsms-auto&utm_medium = email&utm_campaign = Ammunition% 20 for%20Ukraine%3A%20Council%20agrees%20%25u20ac1%20billion%20support%20under% 20the%20European%20Peace%20Facility。

① 奥地利、爱尔兰、马耳他三国尚未同意通过欧洲和平基金来援助乌克兰。

方针。

2024 年 3 月 5 日,欧盟委员会提出首个欧洲防务工业战略(The European Defence Industrial Strategy, EDIS)及相关投资计划。该战略旨在推动成员国增加、优化、协同投资,并重点投向欧洲防务装备。此外,战略还制订了评估成员国防务工业准备进展的指标:到 2030 年,至少 40% 的防务装备通过协作方式采购;到 2030 年,欧盟内部防务相关贸易额占联盟防务市场总值的比例至少达到 35%;逐步增加欧盟内部防务装备采购,到 2030 年在欧盟内部的防务支出比例至少达到 50%,2035 年达到 60%。这一战略将显著增强欧洲防务工业的实力和响应能力,同时也将有利于北约和乌克兰。

四、制约欧洲防务一体化进一步
发展的结构性矛盾

(一)军事文化差异

欧盟 27 个成员国背后是 27 个国家,特性和文化有很大差异,"军事和战略文化"也不例外。例如,2015 年发生恐怖袭击之后,法国部署大量士兵在街上巡逻("哨兵行动"),而这在德国是不可想象的。后者由于是战败国,第二次世界大战后长期以来奉行"低调"的防务政策,对于军力扩张和对外使用武力均表现极为克制的态度。相反,"没有历史包袱"的法国在军事政策方面更为"积极",也更容易对外使用武力。在相当长一段时间内,欧盟的"军队"都会停留在 27 个国家的军队这一层面。

(二)战略文化差异

在战略文化方面,因为地理位置、军事实力、经济结构等方面的不同,不同欧洲国家对威胁的感知是不同的。例如,冷战时期德国是美苏对峙的前沿,但苏联解体和两德统一让俄罗斯对德国来说不再是一个主要威胁方向。俄罗斯丰富的油气资源为德国的工业提供了大量廉价能源,同时俄罗斯的人口和国土又为德国的工业产品提供了广阔的市场空间。经济上的互补使得德国在很长一段时期内都努力和俄罗斯维持友好关系。而波罗的海三国(爱沙尼亚、拉脱维亚、立陶宛三国)和波兰由于地理上和俄罗斯更为接近,自然面临更多来自俄罗斯方向的防务压力,因此也自然将俄罗斯列为头号威胁。在这种情况下,如何在将有限的资源更加合理分配的同时充分照顾到不同国家的安全关切,便是摆在欧盟领导人面前的一道难题。

（三）欧盟内部竞争

这里指的竞争主要是武器出口方面的竞争。斯德哥尔摩国际和平研究所(SIPRI)于2022年3月14日公布数据显示,2017—2021年这四年间,法国武器出口占全世界出口总额的11%,由此成为世界第三大武器出口国。相较于2012—2016年,这一数据更是大幅增长了59%。而德国同期武器出口额下降了19%,位列第五。此消彼长间可以看出,法德的国防工业存在一定的竞争关系。实际上,两国在很多核心装备上都有竞品。例如,法国勒克莱尔主战坦克和德国豹2主战坦克,法国阵风战机和英、德、意、西四国联合研制的台风战机之间皆存在直接竞争关系。2016年,法国DCNS集团正是凭借从梭鱼级攻击型核潜艇衍生出来的常规动力潜艇一举击败德国蒂森克虏伯海事系统公司(TKMS)的214潜艇,赢得澳大利亚价值560亿欧元的潜艇"世纪大单"。在此背景下,闹得沸沸扬扬的澳大利亚撕毁同法国的潜艇合同事件中,德国不仅拒绝支持法国,还强调要和澳大利亚保持紧密合作关系。所以想要深化防务一体化,就必须减少欧盟国家内部竞争,多倡导合作。

（四）政府间主义和欧盟明确战略目标的缺乏

欧盟的共同安全政策有鲜明的"自由政府间主义"(liberal-intergovernmentalism)特征,即主权国家是安全与防务政策的制订者和推动者,并且不同国家,无论其规模和影响力,都是基于自身利益,通过彼此间讨价还价(bargaining)来影响政策的制订和实施。与之对应,欧洲防务整合围绕两个原则来组织:一致决策(不能强迫某个国家接受一个政策或者机制)和国家层面的首要地位(在主权国家层面而不是超国家组织层面推进防务建设)。以上两点决定了在防务整合方面,欧盟必须依赖于其成员国的政治意愿来推动该议题。这就有可能导致面对外部威胁时,单个国家的利益往往优先于欧洲整体的战略利益,而一旦成员国对外部威胁的感知不一致,或者整合中利益分配不平衡,就会威胁欧盟整体的战略利益。

更深层次的问题在于,欧盟对其希望实现的目标缺乏明确的概念。[①] 斯文·毕斯科普(Sven Biscop)曾直接指出,欧盟从未真正知道如何与权力打交道,也从来没有试图像民族国家那样界定其集体利益,而是试图在价值观领域对世界施加影响。[②]此外,欧盟对其外部环境缺乏明确的战略评估,这导致其决策无法精准有效;制订目标时缺乏明确的优先次序;面对困难选择时无法做到坚毅果断;成员国有时并不愿意为一个共同的战略目标而将自己在外交、财政和军事资源方面的主权出让给欧盟的超国家机构。[③]这些原因都导致欧洲无法将自己的"纸面实力"转化为真正的权力和影响力。

（五）欧洲防务一体化中的北约和美国因素

新功能主义和自由政府间主义都认为,相互依存是一体化的推动力。[④]而美国及北约的存在降低了欧盟成员国在安全防务之间的相互依赖度。在欧洲内部,法国一直主张欧洲战略自主,但波罗的海国家和波兰担心共同防御政策会破坏北约在欧洲防卫中的主导作用,进而促使美国在欧洲进行战略收缩。因此对美国和北约的态度实际上就成为老欧洲和新欧洲政治分化的一个体现。例如,波兰及波罗的海三国更倾向于从美国而不是德法等传统欧洲国家购买武器。2020 年 9 月,波兰未经招标,直接从美国申购 32 架 F-35 战机,以及爱国者防空导弹系统,合同总额为 50 亿美元。2023 年 1 月 4 日,波兰又再次与美国签署军购协议,购买 116 辆最新一代艾布拉姆斯主战坦克。军售中的政治考量是第一位的,从波兰的军售选择中不难看出,其最主要的目的是加强与美国在防务议题上的合作,以便获得后者更加深入的保护。但这种做法势必阻碍欧洲防务一体

---

① Jolyon Howorth, "Differentiation in security and defence policy", *Comparative European Politics*, Vol.17, 2019, p.271.

② Sven Biscop, *European Strategy in the 21st Century: New Future of Old Power*. Abingdon: Routeledge, 2019。为此,作者专门列举了欧盟于 2003 年制定的首份战略文件 "European Security Strategy"(ESS)。该文件的副标题为"A secure Europe in a better world" (一个更好的世界中的安全欧洲),作者想以此来说明欧洲缺乏捍卫自己现实利益的战略目标,并且对外战略中理想主义多于实用主义。

③ Andrew Cottey, Astrategic Europe, *Journal of Common Market Studies*, Vol.58, No.2, 2020, p.291.

④ Frank Schimmelfennig & Thomas Winzen, "Grand theories, differentiated integration", *Journal of European Public Policy*, Vol.26, No.8, 2019, 1172—1192.

化的发展。北约造成的政治分化不仅存在于新老欧洲之间,也同样存在于德法这两个传统意义上的欧洲"发动机"之间。法德之间在许多议题上存在分歧。例如,在地缘战略方面,法国希望欧洲将关注点更多地放在欧洲以南的地中海沿岸及撒哈拉以南非洲等地区,而德国则希望东进,将地处中东欧的原苏联加盟国和地区纳入欧盟的影响范围。[1]在对美态度方面,德法也无法做到步调一致。法国更强调战略自主,希望在关键武器装备及系统上采用本国或者与其他国家共同开发的武器装备,而德国显然更依赖美国。据法新社报道,德国有意向美国的洛克希德·马丁公司采购总数不超过 35 架的 F-35 战机。德国作为"未来空战系统"的三个参与国之一(另两个国家为法国和西班牙),此举无疑为该项目的前景蒙上一层阴影。"未来空战系统"旨在 2040 年前取代法国的阵风以及德国和西班牙的欧洲战斗机,倘若德国下定决心购买 F-35 战斗机,则德国至少在 2040 年前都不会再有新的战机需求。

此外,美国的态度也是影响欧洲一体化进一步发展的关键因素。欧盟加强防务一体化的举措背后是为了追求"战略自主"。战略自主性是指一个国家或国家集团不依赖其他国家,自行决定和发动战争的能力。实现这一目标的前提是有做出政治决定的能力,有调动部署军队的自由,有强大的国防工业的支持。[2]但显然,美国并不乐见上述目标的达成。因为一个独立的、有能力保卫自己领土和主权完整并维护自身利益的欧洲,并不会一味地追随美国。一方面,美国(尤其以特朗普时期为代表)希望通过要求欧盟成员国提高各自的防务预算以便减轻美国为保障欧洲安全所负担的开销;而另一方面,美国又试图维持欧盟对自己防务方面的依赖以便从政治上更好地操纵欧洲。

除了欧洲内部政治分裂以及美国掣肘等主观因素外,客观上讲,在威慑力和防御能力方面,欧盟亦竞争不过北约。后者拥有先进的多国指挥和控制结构、高度发达的武器装备、训练有素且实战经验丰富的战斗及指挥人员,能提供高效且强力保障的后勤补给。最关键的是,北约的共同防

---

① Jolyon Howorth, "Differentiation in security and defence policy", *Comparative European Politics*, 17, 2019, pp.261—277.

② Frédéric Mauro, "La défense européenne entre coopération et intégration: de la PSDC à l'armée européenne", *Revue Défense Nationale*, Vol.819, No.4, 2019, pp.39—48.

卫机制可以使美国和英国这两个核大国将核威慑保障扩展到所有北约盟国的领土。反观欧盟,在安全和防御方面的经验相对较少,而且主要以在欧洲以外的低强度危机管理行动为主。除了少数战斗单位,欧盟没有用于军事规划、指挥和行动的常备力量。虽然《里斯本协定》引入了"防卫互助"条款(Mutual defence clause),规定"如果一个成员国在其领土上受到武装侵略,根据《联合国宪章》第五十一条的规定,其他成员国有义务以其权力范围内的一切手段向其提供援助和协助"。但这种"援助"或"协助"中是否包括战斗人员、进攻性武器,甚至是核威慑,都未有明确的说法。更何况,该条款还补充道:"这不应影响某些成员国的安全和防卫政策的特殊性。在这一领域的承诺和合作应与北大西洋公约组织的承诺相一致,对于那些加入该组织的国家来说,该组织仍然是其集体防卫的基础和实施的论坛。"这相当于主动承认北约是欧洲安全的主要保障。因而我们不难理解为何芬兰和瑞典在俄乌冲突全面爆发后第一时间寻求加入北约:北约在威慑和领土防御方面无疑比欧洲集体防御更加现实和可靠。

(六)国防——国家核心主权

无论俄乌冲突发展到何种程度,无论欧洲对于加强防务协同和整合的需求有多么迫切,有一点是自始至终都无法忽视的,那就是国防是一项主权权限,由主权国家行使。关于国家,马克斯·韦伯(Max Weber)曾经给出过如下定义,"一种政治性'经营机构',如果而且唯有当此机构的管理干部成功地宣称:其对于实行秩序而使用暴力的'正当性'有独占的权利,则称之为'国家'"。[①]马克思和恩格斯将公共财政形容为现代国家的"命脉"。查尔斯·梯利(Charles Tilly)认为有三种关键资源对巩固政权至关重要:对强制手段(军队、警察、边境管控)的控制、带强制性的货币主权和财政收入,以及可以长期组织动员强制力量和财政收入的持久的行政机构。[②]贝托尔德·里特贝格尔(Berthold Rittberger)、德克·勒芬(Dirk Leuffen)以及弗兰克·施麦克芬尼格(Frank Schimmelfennig)亦持相同观点,认为强制力(coercive power,包括对军队、警察的控制)、公共财政

① [德]马克斯·韦伯:《韦伯作品集Ⅶ:社会学的基本概念》,顾忠华译,广西师范大学出版社 2005 年版,第 74 页。

② Charles Tilly, *Coercion, Capacity, and European States, ad 990—1992*. Cambridge: Basil Blackwell, 1990, p.20.

（public finance）及公共行政（public administration）是建设现代国家所不可或缺的组成部分。①

威廉姆·华莱士（William Wallace）曾指出，与国家地位、主权、民族认同和政治责任相关的外交政策，不可能轻易被提升到共同政策的范畴。② 相比于外交政策，国防更不可能被一个主权国家轻易让渡给一个超国家组织。正如恩斯特·H.坎托洛维奇（Ernst H. Kantorowicz）在《为国家而死》（*Mourir pour la patrie*）一书中所说的那样："为国家而死的责任是最显眼的主权权力。"③基于此，阿尔弗雷德·范·斯塔登（Alfred van Staden）断言："在可预见的未来，没有一个欧共体成员可以被期望对多数决策作出承诺，或在生死攸关的问题上接受一个超国家机构的权威。"④

关于国防政策相比于其他政策的特殊性，我们也可以从"高级政治"和"低级政治"的角度分析。斯坦利·霍夫曼（Stanley Hoffman）一直是在进行外交政策分析时区分高级政治和低级政治的主要倡导者之一。高级政治通常被定义为对国家安全至关重要的政策问题和安全与宏大的非物质问题，如外交政策和国防问题，而低级政治则被认为是对国家安全不太重要或不重要的问题，如贸易政策和商业政策。在低级政治领域，超国家主义的要素被用于一体化进程。⑤恩斯特·哈斯（Ernst Haas）的新功能主义认为，欧盟国家间机构的整合所带来的溢出效应会逐渐且不断地推动

① Berthold Rittberger, Dirk Leuffen, Frank Schimmelfennig, "Differentiated Integration of Core State Powers," in Philipp Genschel, Markus Jachtenfuchs, eds., *Beyond the Regulatory Polity? The European Integration of Core State Powers*. Oxford: Oxford University Press, 2013, pp.188—210.

② William Wallace, Europe as a Confederation: the Community and the Nation-State. *Journal of Common Market Studies*, vol.21(1—2), 1982, pp.57—68.

③ Ernst H. Kantorowicz, *Mourir pour la Patrie*. Paris: PUF, 1984, p.141.

④ 原句是"for the foreseeable future none of the EC members can be expected to commit itself to majority decision-making or to accept the authority of a supranational body in questions of life and death."参见 Alfred van Staden, After Maastricht: Explaining the Movement towards a Common European Defence Policy, in Walter Carlsnaes and Steve Smith eds. *European Foreign Policy. The EC and Changing Perspectives in Europe*. London, Thousand Oaks and New Delhi: SAGE Publications, 1994, p.153。

⑤ Stanley Hoffman, The European Process at Atlantic Cross Purposes, *Journal of Common Market Studies*, 1964, pp.85—101.

欧盟一体化发展。①对此,斯坦利·霍夫曼认为,溢出效应所推动的一体化只会发生在经济或者技术等"低级政治"领域,且成员国会抵制任何与政治权利、战争和国防有关的"高级政治"领域在欧洲层面上的整合。②长期以来,欧盟的运作遵循一种"权力的多层次分配"(multilevel distribution of powers),即欧盟负责以效率导向、技术监管为主的属于"低级政治"范畴内的政策领域,同时其成员国保留其在再分配、意识形态和政策实施等属于"高级政治"范畴且高度政治化的政策领域的权威。③究其原因,"高级政治"政策领域牵扯的资源本质上是有限的,因此国家核心权力整合所导致的分配冲突往往比市场整合更明显:每欧元的公共收入只能花一次;每个边防军只能在同一时间出现在一个地方;每个行政人员只能被分配这么多任务。这就增加了零和博弈的风险,同时降低了通过提升共同利益或基于权力的分配性谈判来解决冲突的可能性,因而"高级政治"范畴内的单一政策在超国家层面上的整合也就会变得无比困难。④

五、结　语

欧洲一体化的创始人之一让·莫内(Jean Monnet)曾经说过,欧洲"将通过危机来建立",它"将是为这些危机所找到的解决方案的总和"。⑤正如

---

① Ernst B. Haas, *The Uniting of Europe: Political, Social, and Economic Forces, 1950—1957* (2nd edn). Stanford, CA: Stanford University Press, 1968, pp.13—14.

② Stanley Hoffman. Obstinate or obsolete? The Fate of the Nation-State and the Case of Western Europe, *Daedalus* Vol.95, No.3, 1966, pp.862—915.

③ Philipp Genschel, Markus Jachtenfuchs, "Introduction: Beyond Market Regulation. Analysing the European Integration of Core State Powers," In Philipp Genschel, Markus Jachtenfuchs, eds., *Beyond the Regulatory Polity? The European Integration of Core State Powers*, Oxford: Oxford University Press, 2013.

④ Philipp Genschel and Markus Jachtenfuchs, "From Market Integration to Core State Powers: The Eurozone Crisis, the Refugee Crisis and Integration Theory," *Journal of Common Market Studies*, 2017, p.4.

⑤ 法文原文见 L'Europe se fera dans les crises et sera la somme des solutions apportées à ces crises, https://www.nouvelobs.com/edito/20220318.OBS55851/guerre-en-ukraine-esperer-quand-meme.html。

波斯尼亚和黑塞哥维那战争以及科索沃战争一样,每一次危机都会加快欧洲防务一体化的步伐。此次乌克兰危机也会产生同样的效果。自2022年2月24日俄乌冲突全面爆发以来,欧洲无论是在主权国家层面还是在超国家权力机构层面,都经历了巨大的认知转变。德国一改第二次世界大战以来在防务领域的低调,积极为乌克兰提供军事援助,同时大幅提高国防预算,增强军事实力。长久奉行中立政策的瑞典和芬兰积极寻求加入北约。以疑欧著称的丹麦,开始放弃自己的退出机制,积极拥抱欧洲的包括"共同安全与防务政策"在内的防务机构或机制。欧盟层面也首次动用"欧洲和平基金"为援乌武器提供资金支持。

但是否可以就此认为欧洲防务一体化会一帆风顺,完成类似于欧洲央行、欧元之于欧洲货币政策的那种彻底整合?答案是否定的。因为多种因素限制欧洲一体化的进一步发展,使得欧盟短期内无法拥有真正意义上的"欧洲军"。这里面既包括欧盟内部差异(不同成员国之间军事和战略文化差异),也有欧盟层面的因素(缺乏明确的、统一的欧洲战略目标);既有来自欧盟内部不同国家围绕防务资源和市场的相互竞争,也有来自北约的替代效应以及美国的掣肘;最后国防作为一个国家核心主权的敏感性,使得一般主权国家无法轻易让渡出去。

笔者认为,欧洲防务一体化的最终条件(障碍)是欧洲身份认同的建立。2009年的欧债危机和2015年的难民危机使欧盟的一体化进程受挫,欧洲怀疑论当时在很多成员国大行其道。但形势很快发生逆转,英国脱欧在一定程度上强化了欧盟成员国公民对"欧洲人"的身份认同。而疫情大流行增强了欧盟民众对于欧盟在危机来临时对内提供保护的能力的信心,本次乌克兰危机亦产生了同样的效果,至少在很多欧洲人看来,俄乌冲突的本质是一个欧洲国家(乌克兰)受到了外部势力(俄罗斯)的军事打击。这种地理和文化上的接近和趋同使欧洲社会相较于其他西方国家更容易产生代入感,即对乌克兰表示同情的同时对自己所处的安全环境产生忧虑。更重要的是,欧洲社会开始意识到,单个国家的力量可能不足以捍卫主权和领土完整,有必要在欧盟层面上进行防务力量的整合。这也就解释了为何一个于2005年通过全民公决否定欧盟宪法,并且拒绝加入"共同安全与防务政策"的有明显疑欧倾向的国家——丹麦,会在俄乌冲突全面爆发之后，先后申请加入"共同安全与防务政策"，以及永久结构性合作组织和欧洲防务局。这恰恰是俄乌冲突对推动欧洲防务一体化的最大影响。

专题研究
国际关系研究的历史路径

安全困境与大国博弈的螺旋模式[*]

秦立志^{**}

【内容提要】 不论是带有线性史观的"进步论"、"太阳底下无新事"的"循环论",还是总以为今不如昔的"退化论",都有管中窥豹的嫌疑。只要国家安全战略有选择性,就涉及不确定性,历史的短视容易带来对地缘政治的选择性忽略,缺乏战略远见。对安全困境的研究不宜陷入空间均质化与时间进程的线性思考,时空因素理应成为安全困境研究理论化与可操作性的重要路标。国家对安全困境的时空维度探究应遵循战略理性的逻辑,完美理性与非理性并非安全战略的常态,与不确定性共存的有限理性才是战略互动进程中动态调整的实践产物。大国博弈的理性决策与战略效果的合乎预期不能混为一谈,有时非理性的决策也可能带来看似理性的效果。在大国博弈的螺旋模式中,安全困境在螺旋模式的初始阶段及其缓和阶段往往发挥更加重要的作用。对安全困境的类型化以及螺旋模式的生成机理进行探讨,并结合两极体系中美苏博弈的战略实践案例,有助于识别体系威胁清晰度与理性决策的战略目标偏移度这两个自变量的解释效力,也能对 21 世纪的大国博弈提供历史教义与理论依据。对美苏冷战这一历史案例的实证检验,为中美关系提供了战略参照系。

【关键词】 安全困境,螺旋模式,战略理性,大国博弈,美苏冷战

【Abstract】 The "progress theory" based on a linear view of history, the "cyclical theory" that claims "there is nothing new under the sun," or the "decline theory" that assumes the present is always worse than the past, all suffer from a narrow perspective. Whenever national security strategies involve selectivity, they also involve uncertainty. Historical myopia can lead to a selective neglect of geopolitics and a lack of strategic foresight. Research on security dilemmas should avoid falling into the traps of spatial homogenization or linear thinking about temporal progress. Spatiotemporal factors should serve as important guideposts in theorizing and operationalizing security dilemmas. A nation's exploration of the spatiotemporal dimensions of security dilemmas should adhere to the logic of strategic rationality. Perfect rationality and irrationality are not typical states of security strategies; instead, bounded rationality, coexisting with uncertainty, is the practical outcome of dynamic adjustments in the process of strategic interaction. Rational decision-making in great-power competition should not be conflated with achieving expected strategic outcomes, as irrational decisions can sometimes yield seemingly rational effects. In the spiral model of great-power competition, security dilemmas often play a more significant role in the early and de-escalatory stages of the spiral.Examining the typologies of security dilemmas and the generative mechanisms of the spiral model, while integrating the strategic practices of U.S.-Soviet rivalry during the bipolar system, helps to clarify the explanatory power of two independent variables: the clarity of systemic threats and the degree of deviation in strategic objectives of rational decision-making. This analysis also provides historical lessons and theoretical foundations for great-power competition in the 21st century. Through empirical analysis of the U.S.-Soviet Cold War as a historical case, it offers a strategic frame of reference for U.S.-China relations.

【Key Words】 Security Dilemma, Spiral Model, Strategic Rationality, Great-Power Game, U.S.-Soviet Cold War

* 本文系国家社科基金一般项目"两极竞争背景下新兴崛起国'反遏制战略'研究"(编号:21BGJ068)的阶段性研究成果。

** 秦立志,中国海洋大学国际事务与公共管理学院副教授、中国海洋大学海洋发展研究院研究员。

一、问题的提出：大国博弈的螺旋模式
是如何形成的？

相较于大国争霸缘何生成，一个相对被忽略的问题是为何大国战略竞争的升级不易被逆转，以及这种螺旋模式是怎么生成的？一个事件的生成与一个事件的延续，这两者可能需要不完全相同的因果机制进行解释。或许对权力转移趋势的担忧与联盟的被牵连可能让雅典与斯巴达的战争变得不可避免，但是伯罗奔尼撒战争的持续性却更要考虑冲突的螺旋模式具有自我强化的升级趋势。雅典依托海上优势，本可采取克制战略来避免战败，却为了追求绝对安全，为了实现对同盟承诺的"延伸威慑"而选择冒进战略。雅典擅长海权、斯巴达擅长陆权的这种地缘战略的不对称导致战争的长期化，因为双方都可以利用己方的优势来回避对方的优势，消耗战成为雅典与斯巴达的主要战略取向，斯巴达试图摧毁阿提卡，通过切断雅典的补给来逼迫投降（当然，经济封锁向来都很难在历史中发挥主要的独立自变量影响），而雅典则继续通过比雷埃夫斯港从海上获得补给，雅典为了抵消斯巴达的陆权优势，修筑了陆地城墙来保障比雷埃夫斯港免受斯巴达的攻势。雅典的海军没能威胁到斯巴达的主要农业地区，不足以扼制斯巴达。最终，斯巴达决定采取间接路线战略，仍然以消耗为目标，控制博斯普鲁斯海峡和达达尼尔海峡以切断雅典在黑海以外地区的粮食供应，同时在布拉西达斯的指挥下，向色雷斯沿岸的雅典盟军基地发起进攻。这最终导致雅典在公元前 421 年接受了妥协的和平，结束了阿奇达米亚阶段的战争。然而，雅典陷入了对盟友的延伸威慑与扩张性的安全承诺中，为了保护西西里盟友再次陷入了与斯巴达的战争中，在伊奥尼亚战争（公元前 412—前 404 年）中，斯巴达及其盟友最终以巨大的代价取得了胜利。①

"博弈"在国际关系学的语境下可理解为假设国家是完全理性或有限

---

① John Baylis, James J. Wirtz and Colin S. Gray, *Strategy in the Contemporary World: An Introduction to Strategic Studies*, Oxford: Oxford University Press, 2019, p.21.

理性的行为体,两个行为体之间在互动过程中都会根据对方的行为而决定自己的行为,互动即博弈。博弈是国家间在战略层面上、在各自战略思维指导下进行的行动—反应模型。①国家基于成本—收益的权衡进行理性决策与战略互动,可分为零和博弈与变和博弈,涉及降低交易成本或实现收益最大化的讨价还价过程,涉及互动方彼此的战略底线与战略极限的对抗—让步逻辑。战略博弈遵循理性行为体的假设,只不过这种理性是一种有限理性而非完全理性,是基于目标理性而非结果理性,因为战略从决策到效果存在非线性的因果机制,如果以结果来判断理性则不客观,因为很可能非理性决策也会导致一个看似理性的结果,一个理性的决策也可能招致非理性的后果。故而理性不意味着成功、非理性也不代表失败,只要国家大致遵循了成本与收益、目标与手段的动态权衡的战略逻辑进行规划与行动,就可以将该过程视为理性的博弈过程。②冲突的螺旋模式涉及冲突的空间扩散与多领域的溢出效应,博弈的升级即竞争烈度的增加或安全困境的恶化,是一种冲突的螺旋上升趋势。

本文的前提假设是安全困境并非国际体系无政府状态的代名词,只有当战略博弈的双方或多方存在意图研判的不确定性、双方的战略目标并非先发制人战争逻辑时,才可以认为安全困境是真实深刻存在的,否则安全困境将不能作为战略行为体互动进程的主要前提背景。但是,即使是修正主义国家,仍然可能将安全困境作为重要的战略参考点。路易十四试图通过重商主义政策削弱英国与荷兰的贸易优势,因为法国担忧经济和人口变化的不利的时间趋势,这种基于安全角度的脆弱性相互依赖是法国对经济安全担忧的根源之一。各国的军事改革和新技术运用削弱了法国原有的军事强国的主导地位,法国的军事成果逐渐扩散到敌对国家。从 1686 年开始,法国安全困境的恶化程度比路易十四预期的还要严重。路易十四希望速战速决,确保法国边界的安全。从 1688 年到 1713 年,法国对抗奥格斯堡同盟与法国发起西班牙王位继承战争的战略逻辑

---

① 潘忠岐:《国家行为的合理性与国家间互动的对弈逻辑》,《国际关系研究》2017 年第 6 期。

② 关于理性决策的理论与历史讨论,可具体参见 John J. Mearsheimer and Sebastian Rosato, *How States Think: The Rationality of Foreign Policy*, New Haven: Yale University Press, 2023。

是一致的,法国担心如果奥地利得到西班牙的全部继承权,就意味着法国可能会被势力强大的国家的地缘政治包围,路易十四的战争动机不仅是权力欲,更多是出于战略自主的考虑。在路易十四寻求战略自主的进程中,策略手段出现了从冒进到克制的变化。在 1661—1675 年的第一个战略阶段,法国主要追求帝国荣耀,并试图获得可以继承王位的领土。在 1676—1697 年的第二个战略扩张阶段,为了巩固既有的胜利果实,法国试图通过小规模的侵略行为(如占领斯特拉斯堡和卢森堡)为法国扩展安全边界,法国对西班牙哈布斯堡帝国与之竞争的领地采取了焦土战术。①

尽管面临两线作战或位居体系中心位置的国家更容易招致联盟的梦魇或陷入自我包围的困境,但不能因此认为中心国家必然会因为对安全困境的担忧而陷入螺旋模式,国家有效的战略规划可以缓解地理或地缘政治的不利地位。哈布斯堡帝国在边境的周围都设立了安全缓冲区,通过在奥地利腹地和敌国之间设置可进行防御的空间,弥补奥地利军力的不足,通过设置一些半独立的附属国提升哈布斯堡的影响力,这种方式不用付出与正式帝国实现同样效果所需的同样的成本。军队重视防御而非进攻,哈布斯堡帝国通过结盟制衡的方式减轻地缘政治压力。通过与弱国联盟,奥地利获得了附庸国的军队和其作为监护国使用的要塞。通过防御性联盟、集团国联盟和绥靖政策,哈布斯堡帝国努力实现并在后来超越了均势,其目的是阻止别国夺取霸权,并且建立一个由哈布斯堡王朝领导的独立的欧洲中心。奥地利需要在两个层面操纵时间:冲突发生的时间次序以及冲突的持续时间。通过操纵战略上的时间维度,奥地利能够减轻多线作战的压力,且不必付出全方位防御准备所需的全部成本。哈布斯堡君主国的自然与政治地理环境,塑造了其领导人对战争的理解。奥地利处于欧洲心脏的位置,决定了其大陆国家的身份。在梅特涅的概念中,奥地利是一个独立的欧洲中心的领导者,它被较弱的附庸国所包裹,并由欧洲侧翼国家提供支持,在这种地位巅峰时,哈布斯堡帝国的地理位置居中,几乎与欧洲所有的安全敏感区邻近——在某种程度上成为一种资本,可以用来吸引和保留奥地利竞争对手的自

---

① John Baylis, James J. Wirtz and Colin S. Gray, *Strategy in the Contemporary World: An Introduction to Strategic Studies*, Oxford: Oxford University Press, 2019, p.28.

愿支持。①

　　既然哈布斯堡帝国可以通过战略的高明运作来建构一个持续时间较久、相对稳定的均势体系,也就意味着它将安全困境可能诱发的螺旋模式转变为一种威慑模式的实然状态。大国基于对抗/让步选择的战略互动,主要体现为威慑模式与螺旋模式两种进程,螺旋模式理论认为,恰到好处的让步会使对方以相似的方式作出回应。威慑模式理论强调适度的对抗能让对方选择让步作出回应。建构主义认为敌意的合理化与霍布斯世界是一种自我实现的预言,即对手的意图与风险偏好可能是互动的双方共同塑造的,因此也是一种螺旋模式逻辑。②实际上无论是威慑模式还是螺旋模式,都要考虑战略互动进程中的不确定性,即一国应注意一种非线性的偏差:己方的实际战略意图、对手眼中的己方战略意图、己方关于对手如何理解己方战略意图的评估,三者的差异化是历史的常态,如果区别过大,这种战略效果就可能失去理性决策的掌控,战略的调试在这一进程中贯穿始终。

　　据此,关于螺旋模式的核心观点是在冲突的螺旋模式的不同阶段,安全困境的战略作用比重可能存在较大差异。在螺旋模式的初始阶段,安全困境应该发挥重要作用,一旦陷入螺旋模式的战略行为体之间形成了某种路径依赖,此时无论客观层面的安全困境是否得以缓解,主观层面的螺旋模式都可能持续存在。因此,安全困境理应成为螺旋模式的前提条件,而不应认为有的螺旋模式可以完全不依赖安全困境的先验存在而发挥作用。安全困境对战略互动的发起比战略互动的延续有更大的作用。肯尼思·华尔兹(Kenneth Waltz)的结构现实主义认为,两极体系中不存在真正的边缘利益,因为极性大国会在看似微小的利益上进行过度反应。但是这与其威慑模式的理论假定是相悖的,两极体系具有稳定性是华尔兹的重要论断,这种稳定性主要依赖于两极式的权力分布以及核武器发挥的威慑效力,与多极体系相比,两极体系的战略不确定性看似相对较低,但在两极体系中,其实不乏螺旋模式在空间层面的扩散与时间上的延续,否则就无法解释美苏冷战缘何持续近半个世纪,以及双方的战略博弈

────────────

① [美]A.韦斯·米切尔:《哈布斯堡帝国的大战略》,史铕译,东方出版中心2024年版,第335—342页。

② [美]罗伯特·杰维斯:《国际政治中的知觉与错误知觉》,秦亚青译,上海人民出版社2015年版,第62—111页。

逐渐从欧洲核心地区蔓延到亚非拉地区,并且博弈双方的战略手段也在不断升级与扩展。

文章第二部分将先对安全困境进行类型化分析,并提出其对理性决策的不确定性影响。第三部分进行核心理论框架的建构,将体系威胁的清晰度和理性决策的战略目标是否发生偏移作为核心解释变量,对大国陷入螺旋模式这一因变量进行分析,值得注意的是,螺旋模式是一个复杂的战略互动进程,当双方都不秉持彻底摧毁对手的全面修正主义目标时,可能产生一种对冲性的影响,即如果互动的双方认为威慑模式发挥作用,则反而可能形成实际的螺旋模式互动进程;如果彼此认为螺旋模式将会起作用,则反而会在战略实践中形成威慑模式的战略稳定局面,因此当国家秉持螺旋模式预期又试图避免与对手陷入全面战争时,则可能形成战略稳定机制。第四部分对理论框架进行实证检验,以美苏冷战进程中的战略博弈作为案例进行探究。第五部分是研究结论,主要涉及对螺旋模式的战略反思,以及强调重视国际关系中层理论概念。

二、安全困境的类型化分析

当单极体系发生动摇,国际秩序从有序走向无序的趋势加剧,国际政治是否终将走向"最大熵"的状态。虽然全球化、经济相互依赖、技术与资本的跨国流动、国际制度合作的惯性机制等尚未完全消失,但当前国际秩序已经出现了自由主义思潮与行动的衰退,非传统安全向传统安全蔓延的可能增加,传统安全议题开始出现了不同议题领域的溢出效应,从一个区域向另一个区域的扩散,传统安全的螺旋升级风险也在提升,这将导致主要大国的战略竞争态势加剧,这既可能带来类似文明冲突论的强调差异性的国际关系,也可能会让互动行为体对国际秩序的演化、战略博弈的激烈性等认知差异缩小,从战略模糊变为悲观主义。①国际体系出现了由经济全球化转向安全全球化的趋势,并存在进一步向"全球安全困境"坍缩的迹象,在其特性与熵增相关的日益混乱和无序的当今政治中,任何形

① 达巍:《现行国际秩序演变的方向与中国的选择》,《国际问题研究》2021 年第 1 期。

式的稳定秩序都变得更加稀缺。历史在加速推进,并未停滞或终结。在这种全球无条理政治形式与竞争重新浮现的过程中,我们当然要重视新技术带来的体系变革效应,但如果只看到技术变革,就会认为历史已经黯然失色。然而技术在本质上不过是地缘政治与大战略的有机组成部分,战略折射的特征是延续性与变化性并存,即使是变化性也可以通过时空维度的思考获取教义。人们通常陷入的历史短视是认为某一个时代的安全议题已经不再受到历史周期率或偶然性历史事件的启示或类比。本文认为,基于历史教义进行的安全战略理论分析,仍然对探究人工智能等技术变革时代带来的诸多不确定性具有拨云见日的作用。

个体层面的无政府状态和国际层面的无政府状态之间的最大差别就在于前者要求废除国家,后者在国家身上找到了最完美的表现形式。①战争缔造国家,国家提升战争的战略动员与资源汲取能力,最终战争的后果让国家出现了避战(至少避免核战争)偏好。避免战争、缔造和平是安全困境理论研究的逻辑起点。安全困境是连接国际关系宏观理论、中层理论、微观理论的重要桥梁,也是从历史中汲取理论和战略研判的关键视角。

关于安全困境起源的既有研究包括战略动机层面研究(权力欲、恐惧、复仇、荣誉、地位等),战略心理层面研究(知觉与错误知觉),战略文化或地缘政治脆弱性研究,军备竞赛、联盟对抗、国际危机等领域的战略互动引发的冲突螺旋研究,国际体系的无政府状态研究等。如何缓解安全困境构成了理论范式争论的焦点之一,现实主义强调体系结构因素,极的特定数量有利于缓解体系层面的安全困境,如单极稳定论、两极稳定论、多极稳定论。自由主义偏重体系进程因素,提出相互依赖和平论、贸易和平论、民主和平论、制度合作论。建构主义与哥本哈根学派则强调"言语行为"与"主体间性"对安全化与去安全化的影响。

从安全困境的前景来看,防御性现实主义认为安全不是稀缺的,适度的权力克制有助于安全最大化,国家普遍寻求维持现状而非修正主义;进攻性现实主义强调安全具有稀缺性,权力最大化带来安全最大化,认为国家在成为体系霸主之前更偏好修正主义。自由主义认为包括军控等领域

---

① [英]巴里·布赞:《人、国家与恐惧——后冷战时代的国际安全研究议程》,闫健、李剑等译,中央编译出版社 2009 年版,第 27 页。

的国际制度所产生的多轮次博弈的报偿结构会让国家更倾向于合作。科学行为主义与英国学派都是基于地区主义视角提出安全复合体的前景，建构主义描述了康德文化(朋友关系)的理想图景。

安全困境的起源不只是结构性与物质性，观念和互动进程也是重要来源。一是强国与弱国之间存在因关注不对等产生的身份位差问题，弱势一方可能因为对强国的过度关注而将敌意合理化，形成虚幻的不相容的安全困境。二是不同国家遵循的理性逻辑不同，这导致理性的决策可能带来安全困境升级的非理性效果。三是战略互信通常是安全困境得到缓解的效果而非前提。四是关于威胁认知的反馈问题，威胁认知的反应不足可能形成慕尼黑类比并导致与第二次世界大战相同的悲剧，反应过度则可能导致与第一次世界大战相同的悲剧。

安全困境蕴含着不确定性风险，主要包括"黑天鹅"事件(小概率风险)、"灰犀牛"事件(大概率风险)、"看不见的大象"(已经生成的却尚未被感知的风险)三类。但对风险的研判，却可能出现泛安全化或过度的去安全化等错误知觉，前者容易导向战略透支，后者则可能让国家疏于对威胁的防范。冷战结束以来，随着传统安全和非传统安全议题的交织，安全目标过多且轻重缓急不明，可能使决策者为了寻求绝对安全而作出错误选择，国家应寻求相对安全而非绝对安全、保护安全研究的理论内核、避免泛安全化，不应无节制扩充安全议题。

一国制定国家安全战略可能受到三重政治逻辑的推动，包括大战略逻辑(有序战略目标与多维战略手段的动态平衡)、机会主义逻辑(机会主义的战略目标与见风使舵的实现手段)、风险管理逻辑(涉及风险的类型化与风险侧重偏好等)。实际的战略演进可能是其中两种或三种政治逻辑的混合作用。①国家总是为追求特定的政治目标而发动战争。将国家推向战争的政治力量的强度因情况而异，但有时这种力量特别强大。国家还要注意纯粹的军事考量。根据安全困境的主要动力和议题领域，安全困境可以分为大战略、联盟政治、攻防平衡、相互依赖四个维度，它们以分别或合力的方式塑造了安全困境，这四个维度彼此之间也会产生系统效

---

① 郑春荣、林卓然:《三重战略逻辑视域下的德国国家安全战略》，《国际展望》2024 年第 2 期。

应,在美苏冷战案例分析中,这四类安全困境都在不同程度上成为冷战的重要背景与深层次动因,也是互动双方的重要战略关切。

（一）大战略层面

大战略在本质上是关乎地缘政治的,其战略行为模式在历史中通常体现为空间政治的非均质性与时间层面的非线性。大战略主要关乎目标与手段的平衡与威胁/利益的界定,地缘政治则涉及空间因素与时间维度的交互性,因此地缘大战略主要涉及不同战略目标的轻重缓急和时空次序的战略排序问题。地缘大战略主要涉及崛起国与霸权国之间、崛起国之间是否可以克服"崛起国综合征"与"守成国综合征",即国际体系的权力转移与地缘政治主导权竞争。以海权和陆权为主体、其他空间维度权力为从属地位的地缘制权的战略竞争,是所谓"修昔底德陷阱"的核心内涵。安全困境的地缘大战略议题与子议题之间会产生交互作用,如多极体系相比两极体系而言,联盟层面的安全困境通常更为剧烈,因为多极体系的大国更依赖同盟战略,两极体系的大国主要依赖内部制衡能力。地缘大战略层面的相对收益考量,通常也事关相互依赖预期的乐观/悲观。如果一国缺乏地缘大战略层面的布局,就可能被军事战略层面的攻防平衡(主观/客观)所捆绑,陷入战略盲动中,因此军事安全层面的攻防平衡因素应服从地缘大战略的诉求。国家推进地缘战略所遵循的动机通常是混合的而非单一的,这意味着追求绝对安全还是相对安全的理论命题并非绝对,一国可能同时追求这两种安全利益,包容性战略环境可能让其选择以绝对安全为主,约束性战略环境则可能让其选择以相对安全为主。

虽然不确定性诱发的恐惧起到了连接无政府状态和安全困境的中介作用,但一些研究认为意图的不确定性是导致安全困境严重的重要根源,却忽略了不同类型的战略关系也会对不确定性的影响产生重要干预,当两国非敌非友时,适度的不确定性或战略模糊反而会避免双方冲突的升级;当两国化友为敌或竞争关系持续恶化时,较高的确定性反而会招致安全困境烈度增加。例如,19世纪多极均势体系的不确定性反而形成了相对稳定的体系格局,同盟国与协约国两极化的相对确定性趋势却成为第一次世界大战爆发的重要根源。当两个敌对大国缺乏缓冲地带时,两国间更容易激化竞争烈度。陆权竞争虽然更容易诱发安全困境,但是零和博弈的特性反而比海权竞争要小,因为陆权的权力投射受到地形等地理因素的阻隔作用更大,而海权因为具有全球通达性,所以在一段历史时期内,海上霸权的主导者是唯一的而非多元的。

（二）联盟政治层面

安全困境不只在敌国之间出现,在盟国之间或者正在推进结盟进程的双方之间也可能存在。联盟困境主要包括一个不结盟国家面临结盟盛行的国际体系的安全风险,以及选择结盟以后所面临的"被牵连"与"被抛弃"风险。具体可以从多极体系与两极体系、对称同盟与非对称同盟、联盟战略与大战略的自主性关系入手。多极体系通常意味着在本国所构筑的联盟体系之外还有一个以上的大国可以作为本国的核心竞争对手,因此联盟困境与对手困境具有近乎同等重要的战略地位。而且联盟困境与对手困境之间还能产生交互影响,具有较高的战略博弈复杂性。相比两极体系的大国主要依靠内部制衡能力,多极体系的大国更依赖结盟这一外部制衡手段。而且多极体系的盟友可获性相对较高,联盟选择的可替代性较强,盟友之间相互依赖的敏感性与脆弱性能够带来更具复杂性的战略博弈影响。相比对称性联盟,对于非对称联盟中的主导国来说,维系联盟的存续事关主导国的声望与地位,且小国退出联盟的成本更加高昂。与多极体系下聚焦于"被抛弃"与"被牵连"的综合研究相比,两极体系下的联盟管理更加关注外部的楔子战略干扰,以及联盟内部的利益纷争与威胁认知不一致。为了稳固自己的联盟体系,联盟主导国需要通过牵制策略以抵消盟友自主性带来的利益受损。联盟中的自主性与大战略层面的战略自主之间也并不是简单的线性关系,联盟内部对自主性的让步也有可能带来国家战略自主性的整体提升。[1]同理,对联盟自主性的追求也有可能带来国家战略自主性的整体下降。国家如果能够成功地管控潜在威胁,就能集中力量应对核心对手或扩展地缘政治利益,从而实现大战略层面的战略自主。

（三）攻防平衡层面

技术变革对地缘政治和战略史的影响是叠加的而非替代的,即所谓的数字地缘政治对虚拟空间的投射,应被视为传统海权、陆权、空权等地

---

① 秦立志:《安全困境、战略自主与风险偏好的惯性探究》,《国际安全研究》2023 年第 6 期。

缘政治的累积叠加,不同地缘制权之间不存在替代关系,技术变革本身就是地缘政治分析的有机组成部分而非外部性条件。人类在徒手搏斗—冷兵器战争—热兵器战争—机械化战争—信息化战争的进程中,一直面临如何获取技术先行者优势,以及怎样应对预防性战争或先发制人战争的挑战。核武器、反卫星武器、人工智能武器等技术变量对战略的冲击,可能导致国家间的攻防平衡呈动态变化趋势。在军备动力方面,国家可能围绕地缘政治或武器技术革命有关的军备竞赛与军备控制问题展开争议,这涉及进攻性武器与防御性武器是否具有可区分性、技术变革的军用与民用是否具有混合特质,以及关于武器技术的相关信息与条约协定是否具有透明性与承诺可信性等方面。例如,将对手地缘政治上的防御性战略误判为进攻性战略,就会加剧安全困境的烈度。攻防平衡主要是防御性现实主义的主要概念标签,其重要原则是国家对防御力量的预期使得现状国追求共存的安全政策并避免军备竞赛。如果所有的国家都能自给自足,无政府状态也就不再是问题,英美之所以能够相对超然地看待安全困境,与地理位置接近这种理想状态有关,但这也导致英美国家对大陆性国家对于安全困境的担忧相对漠视,很容易将其他陆上大国的防御性行动解读为修正主义意图,却忽略了自身的安全盈余是地理禀赋使然而非来自战略示善。

挑战攻防平衡的一个重要前提是侵略国在发展进攻武器之前和现状国一样,可能都需要防御性武器,进而保障进攻他者时自身边界的安全或确保战事恶化时能够应对。警察和罪犯都需要防弹背心,希特勒建立的齐格菲防线也类似法国的马其诺防线。[①]核武器研发以来就存在一个悖论,国家应基于对手是完全理性来作出对手肯定不会发动核战争的假设,还是应该基于对手是有限理性可能在威胁预期过高时选择孤注一掷的先发制人或发动预防性战争,以及国家是具备第一次核打击能力还是具备稳定的二次核打击能力更有助于缓解安全困境。美国在冷战时期的大规模报复战略、灵活反应战略与相互确保摧毁的核战略选项都先后主导过其国家安全战略,关于国家究竟需要多少核武器与常规武器来实现国家

---

① [美]罗伯特·J·阿特、罗伯特·杰维斯:《政治的细节》,陈积敏等译,世界图书出版公司北京公司 2014 年版,第 79—83 页。

安全,以及如何避免其因改变不利或预期不利的攻防平衡态势而造成国内安全与国际安全的对冲都有待思考,例如哈罗德·拉斯韦尔对堡垒国家的担忧和艾森豪威尔告诫的军工复合体危险。这些问题都要权衡具体的物质与观念的战略条件,需要结合其他三个维度的安全困境起源才能予以更加全面系统的研判。

防御性现实主义认为防御性姿态可以发出善意信号以改善安全困境,而进攻性现实主义则认为国家无法通过信号或保证来避免相互威胁的悲剧,因此总是追求相对权力的最大化。在进攻性现实主义看来,虽然攻防平衡会通过影响威慑前景,进而影响冲突的可能性和严重性,但这并不意味着,防御优势的可区分性能确保国家逃脱安全困境。在核威慑时代仍需争夺相对权力,即定位/摧毁对手的核力量,或发展保护自身核武库的能力。如果任何一方都没有发现先发制人的优势,那么无论潜在的侵略动机多么强烈,最终都不会发生战争。①

（四）相互依赖层面

相互依赖主要分为安全相互依赖与经济相互依赖,安全相互依赖的战略优先级高于后者。安全相互依赖既可以表现为结构层次的关系从属地位,也可以表现为在特定安全议题上的敏感性和脆弱性。相对于经济相互依赖,国家在安全相互依赖关系中更加注重相对收益,而非绝对收益。相互依赖是互动增加过程中的客观结果,影响相互依赖的根本因素是国家之间的互动能力和互动密度。②经济交往和社会交往所产生的安全外部性能够对联盟产生积极影响,但其作用更多体现为对联盟的深化。就联盟的起源问题而言,这些作用多为辅助性质。③虽然第二次世界大战

---

① David Blagden, "When Does Competition Become Conflict? Technology, Geography, and the Offense—Defense Balance," *Journal of Global Security Studies*, Vol.6, No.4, 2021, pp.1—23.

② 关于互动能力的观点,参见[英]巴里·布赞、理查德·利特尔:《世界历史中的国际体系》,刘德斌等译,世界知识出版社 2018 年版。关于互动密度的观点,参见[美]亚历山大·温特:《国际政治的社会理论》,秦亚青译,上海人民出版社 2014 年版,第 334—335 页;J. G. Ruggie, "Continuity and Transformation in the World Polity: Toward a Neorealist Synthesis," *World Politics*, Vol.35, No.2, 1983, pp.261—285; Barry Buzan, Charles Jones and Richard Little, *The Logic of Anarchy*, New York: Columbia University Press, 1993。

③ 杨毅:《安全联盟与经济合作研究——基于四种联盟类型的分析》,《世界经济与政治》2011 年第 10 期。

时期的德日同盟在很大程度上是各自为战,但从大战略层面的依赖性来说,德国是扩张性战略节奏的主导者,日本更像是从属一方。德国从实力来说具备更高程度的战略自主性,即使日本作为亚洲的岛国具有一定的地缘自主性优势,但当德国征服大半个欧洲且没有落实对苏联的"巴巴罗萨"计划之前,德国使英美没有足够的能力和意愿干扰欧陆打破均势。然而在日本对美国发动太平洋战争后,德国近乎不加犹豫地对美开战。

经济相互依赖对安全困境的影响具有复杂性,不能简单认为一定有助于和平或战争,应结合前景理论,权衡绝对收益与相对收益、短期风险与长期风险的关系。在非对称相互依赖关系中,敏感性和脆弱性较低的国家更加强调联盟中的自主性。从利益关系的角度来看,对方政策的变化对这样的国家影响较小。从政策弹性的角度来看,敏感性和脆弱性较低意味着国家的结盟对象有更多的替代选择。这在英国的联盟政策中表现明显,由于具有特殊的地缘位置,英国可以借助海权发展实现国家崛起,从而置身于欧陆内部冲突之外。作为一支离岸力量,英国可以始终扮演平衡者的角色,在 17 世纪至 18 世纪与荷兰、普鲁士、奥地利等国一起对抗法国,在克里米亚战争中与法国一起对抗俄国,在一战时与法俄一起对抗德国。总之,因为特殊的地缘位置和较低的敏感性和脆弱性,英国可以实施更加灵活的联盟政策,并坚持在联盟中的战略自主。

(五)安全困境的不确定性挑战

安全困境议题的多维度意味着需要理性决策在战略目标设定上标示出轻重缓急。在国际博弈中,国家的理性行为是针对对方的可能做法而作出的使己方获胜机会最大化的策略选择。[①]战略决策并不是对想象中的正确与错误决策进行选择,而是需要在克服因复杂多变的环境和不充足的信息所导致的种种困境后进行的决策。[②]在联盟关系中,一个模棱两可的协议往往使被抛弃的担忧最大化,明确的协议则能使这种担忧最小化,但这种担忧并没有被消除。相反,如果协议不明确,国家对被牵连的担忧则会减少,因为他们可以声称自己没有承诺过。核威慑的影响同样是不

---

① 潘忠岐:《国际政治学理论解析》,上海人民出版社 2015 年版,第 91 页。

② Phillip S. Meilinger, "Busting the Icon: Restoring Balance to the Influence of Clausewitz," *Strategic Studies Quarterly*, Vol.1, 2007, p.139.

确定的。国家往往使它们的战略保持不确定的状态,因为明确的战略会为外来的评价提供一个清楚的目标,而这正是政府要避免出现的。战略模糊还会使国家难以猜想别国的利益和目的,从而使那些不关心他国利害关系的国家增加了由于疏忽大意而导致冲突的风险。战略模糊增加了可信度的相对重要性,战争的根本原因之一在于未来的不确定性,以及由这种不确定性所导致的乐观幻觉。当战争双方都知道谁将取胜和付出代价时,很少有国家还会打仗。①

三、关于螺旋模式的理论解释机制

从地缘政治角度分析无政府状态下的安全困境普遍性时,应承认对安全困境的分析不宜陷入空间均质化思考,应分析权力中心的地理分布、不同地缘空间属性的差异性、资源的空间分布不均、国家寻求安全边界大于边界安全的地理范围诉求、为了获取缓冲区或势力范围而引发的冲突惯性等。区域国别研究的特殊性可以与安全困境理论的相对普遍性进行有机结合,如中东地区、东亚地区、欧洲地区的安全困境有何异同点?空间上的行动—反应机制是安全困境的重要动因,如北约东扩就增加了俄罗斯东向战略的地缘政治考量和陆海联动诉求。这里提出"体系威胁的清晰度"与"理性决策的战略目标"两个解释变量,变量选取的标准在于国家的地缘政治界定威胁的性质及其来源的要素,故体系威胁的清晰程度是国家战略决策的重要结构性条件;而理性决策如前文所说存在诸多不确定性挑战,故可能涉及战略目标的偏移,当目标设定本身呈现对体系威胁的过度反应并认为对抗会带来对手让步时,就可能出现战略目标在时空层面的扩散化,国家会在空间层面四面出击、时间层面强化螺旋模式的实践进程。被解释变量是螺旋模式的实际战略进程,因为螺旋模式的战略预期可能产生对冲性的威慑模式效果,当双方都没有主动爆发体系性大战的动机时,一方相信提升战略威慑或战略进攻可以促使对手让步的威

---

① 〔美〕斯蒂芬·范·埃弗拉:《战争的原因》,何曜译,上海人民出版社 2014 年版,第 17—19 页。

慑模式预期,却可能招致对手的对称性报复,反而形成螺旋模式的互动进程。

（一）体系威胁清晰度

在大国战略竞争的语境下,体系威胁主要涉及对本国的霸权地位或崛起进程有重大威胁的极性大国。体系威胁的清晰度越高,国家越倾向于避免有利于战略对手的权力转移趋势与脆弱性相互依赖局面的出现。体系威胁的清晰度越低,则意味着敌友关系越模糊,即包容性或约束性的特征是混合的,可能形成竞合关系的有限战略对手;如果战略环境的不确定性程度很低,则是指战略互动双方的敌人或朋友关系非常明晰,战略环境要么呈现明显的约束性、要么呈现明显的包容性,即形成彻底的霍布斯文化或康德文化,此时国家行为更容易同外部战略环境的奖惩机制相符。①居于极端的霍布斯文化与极致的康德文化之间（包括不那么极致的霍布斯文化、康德文化以及洛克文化）时,国家层面的战略选择与体系层次带有普遍规律的结构性约束的差异性就会提升。即使美国无意进攻日本,但是美国维护在东亚地区的扩展安全利益的行为,就会威胁到日本在东亚的扩张性帝国地位。将敌人误认为朋友,代价将是极端惨重的,而将朋友错当成敌人,代价则不会非常高。在这种情况下,决策者宁愿犯后一种知觉错误也不愿因犯前一种知觉错误而招致危险。②威胁识别的困难程度会带来战略关系与制衡能力的动态变化。国际政治的敌友划分往往存在战略模糊,且随着体系与单元环境的变化而出现动态调整,因此国家更倾向于依赖内部制衡能力（经济发展与军备建设）而非外部制衡能力（扩展盟友与伙伴）。制衡动机本身就存在不确定性,学界存在权力制衡、威胁制衡、利益制衡、风险制衡的理论分歧,在战略实践中更是涉及混合动机的复杂性影响。

---

① 关于新古典现实主义研究变量的可操作性以及对战略环境的不确定性分析,具体参见秦立志:《德意志第二帝国的海权战略与英德冲突的根源》,《世界经济与政治》2020年第11期;秦立志:《战略不确定性与安全困境的生成机制》,《国际政治科学》2023年第2期;秦立志:《地缘政治的时空维度探究:以崛起国的战略取向研究为例》,《复旦国际关系评论》第32辑。

② ［美］罗伯特·杰维斯:《国际政治中的知觉与错误知觉》,秦亚青译,上海人民出版社2015年版,第472页。

　　对权力转移的战争效应的一个常见理解是守成国宁可失之于小心，也会使用最坏推定的逻辑来估算挑战国的真实意图。[①]这里的挑战与守成，既可以是基于总体权力的转移趋势的研判，也可以是具体的战略竞争，权力转移不利的一方也可能成为挑战国撬动对手的核心。权力转移伴生的意图与决心的不确定性挑战是判断体系威胁的重要指标，这里的权力转移不只是内部制衡能力的对比，还涉及势力范围的争夺或地缘政治主导权的升降，比如苏联与美国虽然存在经济权力与潜在权力的差距，但是苏联借助军事权力在第三世界拓展影响力，就让美国感受到霸权威望与对盟友的承诺受到威胁。大国崛起速率放缓，担心其他崛起国的挑战，以及霸权国或守城国也担心崛起国的速率放缓甚至停滞后，可能会在权力最高点选择更加冒险的战略选择。权力转移理论与长周期理论都强调崛起国对现状的不满和周期性的地缘争霸是体系变革的显性规律。海权崛起相比陆权崛起更可能引发海上霸权的战略焦虑，因为在海权主导国视野中，陆权传统大国走向海洋，反映了其对海上霸权地位有强烈的修正主义意图和对抗决心，毕竟，自阿尔弗雷德·马汉以来的西方传统地缘政治学认为海权对大陆性国家来说是奢侈品，但对海洋性国家来说是必需品。战略焦虑是恐惧感生成的重要根源，恐惧又是大国战略过度反应的动力，均势与霸权的战略意图又总是呈现两面性，当一国有权力来塑造地区均势时，往往也具备了构建区域霸权的能力。

---

　　① 崛起国的真实意图并不是最重要的，关键是潜在挑战者拥有多少相对权力以及它相对于既有大国崛起得有多快。当崛起国还相对弱小、超越体系内最强国家的趋势还不是那么紧迫时，领导人可以承担起假定它善意的代价。当崛起国相对强大、发展得咄咄逼人时，即使错了，领导人也愿意相信崛起国的利益必须扩张到与权力相匹配。参见[美]兰德尔·施韦勒：《没有应答的威胁：均势的政治制约》，刘丰、陈永译，北京大学出版社 2015 年版，第 40 页；A. F. K. Organski, *The War Ledger*, Chicago：University of Chicago Press, 1981；A. F. K. Organski, *World Politics*, New York：Knopf, 1968；Steve Chan, *China*, *The US and The Power-Transition Theory：A Critique*, New York：Routledge, 2007；V. Danilovic and J. Clare, "Global Power Transitions and Regional Interests," *International Interactions*, Vol.33, No.3, 2007, pp.289—304；R. Väyrynen, "Economic Cycles, Power Transitions, Political Management and Wars Between Major Powers," *International Studies Quarterly*, Vol. 27, No. 4, 1983, pp. 389—418；H. W. Houweling and J. G. Siccama, "Power Transitions and Critical Points as Predictors of Great Power War：Toward a Synthesis," *Journal of Conflict Resolution*, Vol.35, No.4, 1991, pp.642—658.

　　虽然不能盲目认同地理决定论,但是地理条件带来的安全依赖差异化,也会影响国家因应体系威胁的反馈逻辑。"地理位置这一因素,在决定大国在许多变幻莫测的争斗中的命运方面,也起着非常重要的作用。这有助于说明为什么到了1815年,俄国和英国这两个'侧翼'国家已变得十分重要。两国既可随时参与中西欧各国的斗争,又由于地理位置的关系而不易受到这些斗争的影响。此外,进入18世纪后,它们都在确保欧洲大陆均势的情况下,开始向欧洲以外的地区扩张。"①位于政治斗争边缘的国家比处于中心的国家有更多的战略回旋余地,位于中心的国家容易成为政治斗争的焦点,在战略上要避免两线作战,而侧翼国家可以利用地缘优势实行均势政策以获得更高的自由度。另外,陆权国家与海权国家在空间概念和空间征服方面也存在明显差异。陆权国家思考的是如何围绕一个中心点获取更多连贯的土地,而海权国家思考的是链接众多的点来获取广袤的领地。②英美都在不同程度上享受了远离强大邻国的相对安全的环境,得以维持较小的军事力量、避免纷繁复杂的国家结盟,并且对外来威胁也多是在后来形势比较明朗的阶段才开始采取行动。当环境发生变化,远离他国的地理位置无法保证安全的时候,这些国家在认识环境变化方面会出现滞后现象。英国很晚才放弃光荣孤立政策,美国在第一次世界大战后退居本土,第二次世界大战后,如果不是苏联的行为与慕尼黑效应的地缘政治影响如此强烈,美国的孤立主义可能还会延续一段时期。当合作的逻辑主导国家之间的关系时,相互依赖能够增强关系的可预期性。在这种情况下,相互依赖关系被视为双方关系的"压舱石"。但是当冲突的逻辑主导国家之间的关系时,相互依赖就变成国家"武器"③,甚至会增加冲突的可能性。

---

　　① 〔美〕保罗·肯尼迪:《大国的兴衰——1500—2000年的经济变迁与军事冲突》,陈景彪、王保存、王章辉等译,国际文化出版公司2006年版,第37页。

　　② 〔美〕尼古拉斯·斯皮克曼:《和平地理学:边缘地带的战略》,俞海杰译,上海人民出版社2016年版,第120—121页。

　　③ 关于"相互依赖武器化"的研究,参见 Henry Farrell and Abraham L. Newman, "Weaponization of Interdependence: How Global Economic Networks Shape State Coercion," *International Security*, Vol.44, No.1, 2019, pp.42—79;任琳:《"相互依赖的武器化"与霸权的网络性权力》,《复旦国际关系评论》第32辑;丁泰夫、高飞:《"相互依存武器化"背景下的泛安全化解析——以美国对华科技竞争为例》,《国际安全研究》2024年第1期。

（二）理性决策的战略目标偏移度

关于战略目标的设定,涉及权力、利益与威胁三者的辩证关系。威胁是地缘政治的先导,但如何认识和缔造威胁则需要保持战略灵活性。战略目标发生偏移往往不意味着主要目标的优先级研判失误,而是过度地忽视了优先级较低的目标,或者为了优先级较高的目标而将次要目标过度的关联。导致目标发生偏移的主要塑造因素包括战略文化及其战略实践的路径依赖影响、理性决策的逻辑(以威胁界定利益还是以权力界定利益)。

1. 战略文化

虽然历史不能完全复刻,但是国家安全战略的历史传统具有很强的连续性。第二次世界大战结束以来,美国国家安全战略的基础是防止苏联或其他敌对力量控制欧亚大陆,受制于诸多根深蒂固的安全观念与战略传统,美国国家安全战略在霸权护持的根本目标、冲突对抗的战略思维、崇力尚武的手段偏好等许多关键问题上仍呈现显著的内在连续性。[①]美国国家安全战略中的涉华部分超越党派之争,有着较强的一致性和连贯性,制衡、塑造与争胜先后成为美国对华战略的逻辑核心,中美关系竞争面的比重大幅上升。[②]尤其在技术变革背景下,美国依赖技术优势推行单边主导型治理,将人工智能界定为战略竞争的前沿领域,坚持绝对安全理念。[③]美国加强"韧性国家"(resilient state)建设,强调国家安全的风险具有高度的不确定性。[④]这让美国的威胁认知构建超出了以权力界定利益的传统现实主义范式,而是类似冷战时期的周线防御战略思维。无独有偶,2023 年北约秘书长访日时与日本达成的共识与 1940 年《德意日三国同盟条约》存在一定的共性特征,日本所谓"反击能力"有可能成为"先发

---

① 石斌、黄硕:《大变局时代的美国国家安全战略:传统与变革的两难困局》,《国家安全论坛》2023 年第 6 期。

② 达巍、蔡泓宇:《美国国家安全战略视阈下的中美关系 50 年》,《国际安全研究》2022 年第 2 期。

③ 沈逸、高瑜:《大国竞争背景下的人工智能安全治理与战略稳定》,《国际展望》2024 年第 3 期。

④ 丁思齐、刘国柱:《国防韧性建设:美国国防战略的新议程》,《国际论坛》2023 年第 5 期。

制人"的军事打击能力。①国家安全本身具有较强的独立性,其安全观念的历史演变在很大程度上可以归结为一种战略文化的符号属性。

战略文化主要通过间接方式影响战略效果,例如,对既有战略文化的偏移,能取得成效则会改变原有战略文化,得不偿失则会实现战略文化的回调,对主流战略文化的违背通常会受到惩罚。②战略文化既能限制又能促进大战略的行动效果,战略文化不只会塑造一国自身的战略行为,还会让战略互动的双方将彼此标签化,形成相对稳固的认知。国家成功的战略实践会强化原有的战略文化传统,战略文化在理性决策过程的塑造中,可以被视为一套地缘政治编码(geopolitical codes)③:领导人个人有一套操作编码(operational code),即关于世界的一套前提假设,它是在一个人的事业生涯的早期形成的,倾向于支配一个人后来对危机的总体反应方式且无太大变动。地缘政治编码是指关于国家在世界上的利益、对它的潜在威胁和可行的反应的前提假设,它们一旦形成,除非出现不同寻常的情况,此后就趋于稳定。如果一国的战略文化传统是进攻性或深受恐惧感带来的领土扩张的执着偏好,那么就很可能会让其在与其他大国的互动中陷入螺旋模式。这里以波斯帝国为例,它的对外扩张受到典型的帝国战略文化传统推动,自居鲁士大帝开启的征服战争,让波斯帝国先后征服了米底帝国、巴比伦帝国、吕底亚王国和埃及。冈比西斯二世在位时完成他父亲的未竟之业:征服埃及。大流士成功开创并部署了世界第一支常备帝国海军,如果阿契美尼德王朝推翻希腊在爱琴海的统治地位,就再也没有对手能够阻止帝国向地中海地区进行制海权、政权和军事的进一步扩张。薛西斯则试图延续大流士对希腊世界征服的使命。在经历了数次征服战争失败后,波斯帝国早已出现了征服的成本远大于收益的边际效益损失,但是仍然持续了一段时间才从征服希腊世界的战略惯性转向离岸制衡。在公元前 449 年,阿尔塔薛西斯一世和以雅典为首的提洛同盟签订了《卡利阿斯和约》,正式结束了由大流士大帝发动的征服战

---

① 刘江永:《日本国家安全战略对东亚安全的影响》,《东北亚学刊》2024 年第 3 期。

② 秦立志:《中国战略文化的攻守逻辑:理论、历史与当代启示》,《孙子兵法研究》2023 年第 2 期。

③ John. L. Gaddis, *Strategies of Containment: A Critical Appraisal of American National Security Policy during the Cold War*, Oxford: Oxford University Press, 2005, p.9.

争。然而,在战胜了大流士大帝和薛西斯之后,雅典的权力和威望日渐强盛。雅典开始从城邦转向帝国,战略文化出现了与波斯帝国趋同的倾向。①

2. 利益与威胁的界定逻辑

理性的决策如果更在乎威望,就容易陷入威胁界定利益的战略逻辑,违背古典现实主义提倡的以权力界定利益的要求。对对手威胁的想象,尤其是对战略决心的关切,让美苏双方都更愿意采取以威胁界定利益的方式提升或扩展权力,这也体现了理性是有限的事实,会受到信息不对称与不确定性的阻碍。因此可以看到冷战时期的主要现实主义战略家都在反对美国过度介入朝鲜战争与越南战争。不确定性并不排斥战略理性,后者是一种决策进程与行动逻辑的理性,而不是关乎客观战略效果的理性判断。目标合理的行动与非理性行动之间的界限是不确定的,看似理性的决策可能导致风险化取向,增加不确定性。②战略理性具有有限性,理性与非理性的不确定性与复杂性在权力政治中广泛存在。③有限理性存在于理性主义与建构主义之间的灰色地带。有限理性假定认为,由于个体在信息掌握上的不对称与不完备,以及个体存在的自然与社会差异,行为体追求到的不可能是既定目标的最大化,而只能是根据既往经验和现实情况调整期望后的"满意"结果。④因此,国家具备的理性是相对有限的,其在实践中会受到体系环境的不确定性局限,以及决策者自身认知能力的影响。⑤但需要注意的是,有限理性的"有限"更多是指国家面临的约束和有限条件,虽然国家行为有时可能偏离理性的基线,但若长期采取非理性的行为,则该国早晚会退出大国的行列。⑥总之,国家的有限理性选择意味

---

① [英]卡韦赫·法鲁赫:《伊朗前传:波斯千年战争》,高万博、李达译,江苏凤凰文艺出版社 2020 年版,第 50—122 页。

② 秦立志:《战略不确定性与安全困境的生成机制》,《国际政治科学》2023 年第 2 期。

③ 秦立志:《战略审慎:汉斯·摩根索权力政治思想析论》,《国家安全论坛》2023 年第 5 期。

④ 俞可平:《西方政治分析新方法论》,人民出版社 1989 年版,第 114—115 页。

⑤ [美]罗伯特·基欧汉:《霸权之后:世界政治经济中的合作与纷争》,苏长和等译,上海人民出版社 2001 年版,第 135—136 页。

⑥ Charles L. Glaser, *Rational Theory of International Politics*: *The Logic of Competition and Cooperation*, Princeton: Princeton University Press, 2010, p.2.

着,国家将在一定约束条件下,根据"成本—收益"的理性计算,采取适当的行动,作出一致性与价值最大化的选择。这种理性选择是在与他国的互动和系统的制约下进行的,随着互动的情况变化,国家会适时地调整理性计算,从而调整自我的行动。①但诸如环境的限制与决策者对荣誉声望的认知,可能对国家的理性选择产生影响,使得国家在某些情况下偏离理性的轨道。

理性意味着战略互动进程中的行为体的理性行动研判。战略理性从最大化理性到最小化理性可以分为三类:智者战略理性、慎者战略理性、愚者战略理性。②考虑到决策者们在国际体系中所面对的无法估量的因素和苏联意图及目标的不确定性,这些决策者们的谨慎行为似乎最为突出。实际的战略行动可能是三者的混合。智者战略理性体现为理解战略对手的威胁性质与利益冲突程度,能够在重大危机与战争的短期决策及大战略的中长期决策中实现战略目标与战略手段的动态平衡。慎者战略理性是不会在对成本—收益与风险的战略评估有把握之前采取行动,虽然诉诸行动后仍然可能面临战略失败,但主要是受到不确定性程度的过高影响而非理性决策能力不足。愚者战略理性是出现战略误判导致陷入没有计算好风险的冲突中,没有充分考虑理性决策应该权衡的要素。威胁认知主要有两种形成过程:以权力界定利益,对利益的威胁来源进行辨析是英国式的离岸平衡战略传统;预先构建威胁,继而提炼核心利益来规划权力扩展方向是美国应对苏联威胁的遏制战略逻辑。当国家越偏向以威胁界定利益,就越可能陷入"愚者"逻辑,冷战时期,美苏两国在绝大多数时刻都遵循慎者逻辑,这让双方的螺旋模式进程没有滑向直接的体系大战。

华尔兹否认多米诺理论(the domino theory)的正确性,认为国际政治中居主导地位的动态是负反馈而不是正反馈,是制衡而不是追随。实际上多米诺效应能够波及第三世界而对美国安全没有太大影响,第三方的相对弱小使得它们没有实力与动机来制衡超级大国。冷战期

---

① 苏长和:《全球公共问题与国际合作:一种制度的分析》,上海人民出版社 2000 年版,第 45—46 页。

② Melvyn P. Leffler, *A Preponderance of Power*: *National Security*, *the Truman Administration*, *and the Cold War*, Palo Alto: Stanford University Press, 1992, pp.499—511.

间,在"边缘地区"的冲突中,利害攸关的不是有形的或物质的权力,而是每一个超级大国对另一方的想象,特别是有关它的决心的想象。在两极体系下,任何争端都成了对意志力的检验。在多极体系中,存在许多冲突的轴心,而且国家干预地区争端主要是因为它们的内在利益受到威胁。对声誉的考虑是第二位的,因为人们的注意力是分散的,观众是多样化的。①冷战期间,在"边缘地区"的冲突涉及超级大国对彼此战略决心的想象。在华尔兹的世界里,两极世界中边缘地带没有存在的必要,因而会呈现一种过度反应。大国的过度反应受限于资源,反应的时空呈现仍然具有特殊性而非普遍性。两极体系下的过度反应主要发生在边缘利益地区,而在美苏聚焦的欧洲核心利益地区,则保持了更高程度的体系稳定特征。在多米诺理论的语境下,美苏冷战期间,欧亚地区的边缘地带国家一旦落入苏联的势力范围,将使后者在人力、资源和疆域方面占有如此巨大优势,以致美国作为一个自由国家生存下去的前景渺茫。②

(三)螺旋模式的战略效果

多米诺现象既可以是多个行为体的连锁反应,也可以是战略互动行为体多轮次博弈的效果评估。多米诺的逻辑意味着扩张性收益的累积性增加和修正主义意图的不断扩大,而其悖论则是上一次的扩张却铺垫了下一次的见好就收,或上一次的让步会带来下一次的强硬。只要被迫退却的国家担忧此次退却被视为软弱的后果,并且相信自己有能力重建声誉,那么多米诺理论的悖论就会起作用。多次博弈会使在上一次博弈中退步的国家塑造对下一次行动的及时止损或报复心理,而不是让弱势一方持续地退步而形成正反馈。这种方式的推论意味着政治家在另一方遭受失败之后,将会倡导小心谨慎而不是增加压力。③多米诺的悖论揭示的是这样的战略预期:在一次对抗中被迫放弃原主张的国家,在下一次对抗

① Robert Jervis, *System effects*:*Complexity in Political and Social life*,Princeton:Princeton University Press,1997,pp.118—121.

② [美]尼古拉斯·斯皮克曼:《和平地理学:边缘地带的战略》,俞海杰译,上海人民出版社 2016 年版,第 1 页。

③ [美]罗伯特·杰维斯:《系统效应:政治与社会生活中的复杂性》,李少军等译,上海人民出版社 2020 年版,第 311—315 页。

中会立场坚定。①美苏冷战时期,多米诺现象这一战略逻辑可以说是得到了广泛的应用。当国家信奉多米诺现象时,意味着要采取手段的升级来遏制对手的攻势,这时双方可能会形成一种螺旋模式的冲突升级趋势,直到彼此因为核战争恐惧或其他重大安全利益的担忧而选择构建战略稳定机制,才会让这一螺旋模式转换为威慑模式。因此,多米诺现象最终促成了多米诺的悖论,这也体现了系统效应中的正反馈与负反馈的互相转换现象,即秉持螺旋模式的美苏双方反而形成了具有首攻稳定性、军备竞赛稳定性、危机稳定性的战略稳定机制。

螺旋模式实践效果的主要特征表现:一是泛安全化、失序化、地缘政治化与阵营化趋势,零和博弈特征凸显。例如,大国战略竞争出现极化趋势,军事部署增多、军事化程度加深、军演频次增加等。二是兼具物质性与观念性的权力竞争维度。大国博弈已不再局限于军事、安全领域,而是蔓延到贸易竞争、资源开发、海陆通道建设、战略叙事等领域。三是跨区域的联动性与脆弱性,大国博弈升级与地区安全热点形成双向的负面"溢出效应",博弈的重点从核心利益区域扩散到边缘利益区域,甚至出现对边缘利益区域的过度扩张或战略上的过度反应。博弈升级的过程与结果都存在不确定性风险:一是大国被小国牵连到北极地区特定冲突中;二是国家对地区组织的信心不足降低合作偏好;三是形成与其他区域在地缘政治与军备竞赛等方面的叠加效应;四是增加意图的误判和对偶发性国际危机的过度反应处理。

四、关于美苏冷战进程中螺旋模式的过程追踪

本文的分析案例选取两极体系下的战略博弈,原因在于即使多极体系出现类似两极化或联盟阵营化,也不容易出现两极体系的较低不确定性场景,因为多极体系的联盟被牵连与被抛弃的风险更大,联盟捆绑在第一次世界大战的起源解释上至少占有一席之地。因此对美苏冷战的考察

---

① [美]罗伯特·杰维斯:《系统效应:政治与社会生活中的复杂性》,李少军等译,上海人民出版社 2020 年版,第 314 页。

意味着在威慑模式的客观条件最优情况下，进行螺旋模式的战略推演，更有助于论证理论解释机制的合理性。虽然冷战时期充斥了意识形态的术语解读，但是现实主义与自由主义的战略利益并不是一种对冲关系，这里可参考英国霸权治下和平时期的战略逻辑：在 1848 年 3 月对下议院的一次著名演讲中，H. J. T. 帕默斯顿（Henry John Temple Palmerston）总结了现实主义与自由主义之间的关系，但这常常被误解为对狭隘的英国海洋现实主义的阐释。他宣称除了涉及英国政治或商业方面的特殊利益，英国的真正政策是成为正义和权利的捍卫者。这个过程应该是审慎而有节制的，英国不是要成为世界的堂吉诃德，而是要发挥它的道德影响力，支持它认为是对的东西，制裁它认为是错的事情。英国没有永远的盟友，也没有永远的敌人，政策应该是以英国的利益为导向的。在维护英国利益与捍卫正义之间，没有必然的矛盾，这两种动机有密切的联系。①

美苏两国对彼此的体系威胁界定是相对清晰的。地缘政治学所定义的欧亚大陆边缘地带，在很大程度上与美苏两国自身的边缘利益区域重合（这里的边缘是相对于本土安全而言）。约翰·刘易斯·加迪斯（John Lewis Gaddis）认为至少有两种方式可以捍卫"边缘地带"，从而维持全球平衡。第一种是"周线防御"（perimeter defence），它假定所有边缘地带同等重要，要求不管是在沿心脏地带外缘的哪个地方发生侵略，都须予以抵抗。它在凯南的"X"文章和杜鲁门主义中都有体现。第二种是凯南战略思想中更聚焦的战略选择——"要点防御"（stronghold defence），即集中力量守卫特定地区，连同前往这些地区的通道，而非专注于守卫一条条固定的防线。凯南的观点也优化了官方思维。②"只要德国和日本仍是权力真空，这种平衡是不可想象的。"③对美国来说，土耳其海峡是西方海洋联盟的战略扩张极限，对苏联来说，历史上一直未曾突破土耳其海峡的桎梏，1853 年的克里米亚战争就可以佐证。因此，杜鲁门政府决心在战略要

---

① ［英］布伦丹·西姆斯：《千年英欧史：英国与欧洲，1000 年的冲突与合作》，李天云、窦雪雅译，中信出版社 2021 年版，第 135 页。

② John L. Gaddis, *Strategies of Containment*：*A Critical Appraisal of America National Security Policy during the Cold War*, Oxford：Oxford University Press, 2005, pp.56—57.

③ MemCon，April 3，1949，box 12，Lot 53D444，RG 59，NARA. https：//www.archives.gov/research/foreign-policy/state-dept/rg-59-central-files/finding-aids.html.

点地区阻止苏联的地缘政治扩张。

要点防御是一种对核心地带与边缘地带予以适度区分的战略逻辑，其优点在于用有限的手段和资源来执行审慎的战略目标，实现对紧要利益与边缘利益的区分。相反，周线防御要求做好沿整个外围随时行动的准备，无论当地条件是否适于抵抗，也无论有关地区对美国安全是否有用。要点防御比周线防御更能体现战略选择的工具的灵活性。①要点防御有助于使美国挑选对自己最有利的与苏联对抗的地带，增加美国的战略主动性，凯南区分紧要利益与边缘利益的主要标准是工业—军事能力，以及必需的原料资源和安全的交通线。利益并非同等重要，美国可以容忍丢失外围地区，只要这不伤害它守卫那些至关紧要的地区。例如使用经济和技术而非人力去维持海外均势，类似"民主国家兵工厂"的概念，这一方法的根本在于不对称反应概念，即以己之长克敌之短，而不是试图全方位地与敌人的所有能力较量。要点防御的目标更多是阻绝而非控制。美国的利益不在于主宰其他力量中心本身，而在于确保没有任何其他国家这么做。②凯南的战略包含一个基本缺陷，它需要受苏联扩张威胁的国家与美国自身都有战略自信的信念，还取决于国家领导人在紧要利益与边缘利益、敌手的能力和意图、谈判与绥靖、灵活性与大方向之间做出并维持理性区分的能力，在战略实践中充满了不确定性的挑战。③

美国虽然在 19 世纪大部分时期里坚持所谓的孤立主义政策，但是其门罗主义对战略文化传统的缔造却影响深远。19 世纪初，美国对门罗主义的使用侧重于为向北美大陆西部扩张的事业保驾护航。随着美国实力的增强，门罗主义的侧重点转向弱化欧洲列强在美洲大陆的影响力。美国预先提出一个有助于塑造未来崛起合法性的战略倡议，为 1904 年美国出台"罗斯福推论"提供了干涉拉美政治的区域霸权原则。门罗主义也为后续相关外交政策行动提供了指导方针，包括 1912 年干涉尼加拉瓜、1933年的拉美睦邻政策、1947 年《美洲国家间互助条约》、1962 年应对苏联对古

---

① John L. Gaddis, *Strategies of Containment: A Critical Appraisal of America National Security Policy during the Cold War*, Oxford: Oxford University Press, 2005, pp.56—86.

② Ibid., pp.58—64.

③ Ibid., p.86.

巴的挑战、1973 年颠覆智利阿连德政权等。美国逐渐将门罗主义用于美洲和西半球之外的空间,它是一项外交政策原则而非国际法准则,是一个充满弹性的界定空间范围的政治概念,是在一个具体的时空中不断流转的符号。门罗主义的空间范围在提出伊始,没有包括欧洲列强的殖民地,但门罗主义被赋予弹性,一旦这些殖民地获得独立并建立共和制政体,就可以被纳入这个排斥欧洲列强干涉的空间范围。门罗主义运用了"半球"概念,而西半球的范围大小完全取决于美国自身的需要。①

第二次世界大战的战略实践,尤其是"慕尼黑阴谋"与绥靖政策带来的历史类比,奠定了美国冷战时期的对苏遏制战略的基本逻辑,并形成了一套战略文化传统,此后争议的只是如何遏制苏联和如何界定苏联威胁的程度,而非苏联是否是威胁或是否遏制苏联的争议。美国在第二次世界大战期间,开始真正形成了对核心利益与边缘利益的联动性认知,其战略目标的设定开始考虑美洲与欧洲之外的相对边缘的利益区域是如何影响美国的核心利益关切。1939 年 9 月 3 日、1940 年 5 月 26 日、1940 年 12 月 29 日,罗斯福先后发表了关于欧洲战争与国防的三次炉边谈话,充分体现了其对边缘地带和核心地带的脆弱性依赖的洞察。罗斯福认为,一旦英国沦陷,轴心国就会控制欧洲、亚洲和非洲大陆等地,就能占据有利位置调动大量陆军和海军对美国所在的西半球发动进攻,美国在军事和经济上将面临严重威胁。虽然美国东西两大洋、南北皆弱邻,但是孤立主义式的本土防御会加剧美国受到进攻的风险。虽然在华盛顿时期美国可以凭借孤立主义来远离欧洲地缘政治的负面影响,但是,由于现代化轰炸机的攻击范围在不断扩大,水体的阻遏力量有所下降。美国可以通过令战争远离美洲来努力使美国本土免受战争之苦,罗斯福试图唤醒美国民众对本土安全与欧洲战争的利害关系的认知。②

俄国的战略文化传统与历史实践也对其冷战时期的战略选择产生了重要影响。俄国在 18 世纪大部分时间里将巴尔干地区视为次要而非主要战略利益,但从 19 世纪中期开始,俄国战略的重心从北方转移到了南方,

---

① 关于门罗主义的概念演化,可参见章永乐:《此疆尔界:"门罗主义"与近代空间政治》,生活·读书·新知三联书店 2021 年版,第 65—92 页。

② [美]富兰克林·罗斯福:《炉边谈话》,赵越、孔谧译,中国人民大学出版社 2017 年版,第 234—277 页。

在这之前,俄国战略的重点是波罗的海,因为那里拥有丰富的森林,能够提供木材、沥青和焦油,这些世界各国海军所需的原材料,是沙俄帝国的主要出口产品。但随着舰队用蒸汽船替换帆船,俄国的出口商品也变成了南方的乌克兰小麦。这使得战略重点更多集中在黑海,并且俄国渴望控制进入地中海的狭长通道,土耳其内部的加速衰败为俄国在奥斯曼帝国的政治中心扩大影响提供了机会。①以 1839—1842 年的英国—阿富汗战争为例,最终以英军撤出喀布尔而告终,此后,英国对阿富汗的政策发生了调整,从边缘进攻转向战略缓冲,让阿富汗成为俄国亚洲属地与英国之间的缓冲国。②俄国对周边地缘空间的蚕食性扩张以及英国作为海上霸主的让步使其对自身的陆权战略优势深信不疑,此后虽然在克里米亚战争、日俄战争与两次世界大战都先后受到了对手的突袭或联合进攻,但这只是增加了其传统与本能的不安全感,俄国自身的领土规模并没有因为这些战争而承受过多损失,反而都在下一场战争中加倍收回。

俄国的理性决策是一种有限的进攻性现实主义逻辑,有限意味着容易在危险到来时选择退却而非一味冒险。这让其秉持一种慎者逻辑主导的理性决策偏好,也让斯大林面临希特勒的巴巴罗萨计划时难以置信,因为后者并没有在彻底击败英国后进攻苏联,而是冒着两线作战风险提前进攻苏联。1939 年 8 月 23 日斯大林与德国签订了互不侵犯条约,斯大林是为了赢得备战时间并确保在东欧的势力范围,这与英国的绥靖政策有类似动机,两者都认为多米诺现象的悖论情况会出现,其他国家会承担本国推卸责任的制衡压力,这涉及成本—收益的考量。有一种观点认为,苏联之所以在苏德战争一开始受到挫折,主要因为军队的部署着眼于进攻而不是防御。与其说苏联军队是在毫无防备的情况下,还不如说是在他们自己准备进攻德军的途中受到了打击。③斯大林认为一旦英法对德宣战,会有一场长期的消耗战,能为苏联提供一些时间和空间,来加强自身

---

① [美]A.韦斯·米切尔:《哈布斯堡帝国的大战略》,史锴译,东方出版社 2024 年版,第 291 页。

② 钱乘旦主编:《英国通史·第五卷:光辉岁月》,江苏人民出版社 2016 年版,第 307—368 页。

③ Teddy J. Uldricks, "The Icebreaker Controversy: Did Stalin Plan to Attack Hitler?", *Slavic Review*, Vol.58, No.3, Fall 1999, p.626.

的防御。但是他过于理性谨慎,将对边缘利益的维系置于期待重复一场第一次世界大战的假想中。从事后结果来看,斯大林非但没有策划战争与革命的意图,而且重大的军事冲突恰恰是他最为担心的。①斯大林特别关注欧洲与亚洲事态发展的相互影响。斯大林与苏联领导层相信有能力挫败日本进攻,但担心德日联手。在崇尚道德主义的甘地与铁血现实主义的斯大林之间,反映的折射光谱是现实主义与理想主义之间的广阔灰色地带,这是战略的灵活调试空间。

20 世纪 70 年代的美苏缓和之所以没有阻止螺旋模式的进程,是因为从美国的战略目标来看,缓和是全球范围,而苏联则认为缓和的范围不应将第三世界包括在内。双方的缓和往往是权宜之计,而非从缓和到更高层级的合作态势。历史上的美国从"受邀"的霸权到不情愿收缩的霸权,这种战略扩张形成了一种战略惯性,即使偶尔出现战略收缩也会很快重新走向战略扩张,因此美国更倾向于遵循超地区霸权战略,而非罗伯特·阿特(Robert Art)主张的选择性干预战略或克里斯托弗·莱恩(Christopher Ryan)所提倡的离岸平衡战略。②缓和(Détente)从字面上可理解为"紧张的缓解",很久以来就被用于外交领域,以此代表国家间紧张关系的缓解。在 20 世纪 60 年代,缓和被用来描述东西方之间紧张关系的缓解,特别是在 60 年代中后期,法国总统戴高乐将其作为在北约平衡防御的一个因素;1963 年美国总统肯尼迪也曾用缓和来表述与苏联的关系。1969 年,尼克松为改善美苏关系而首次使用该词时,他所表达的含义还是模糊的。1970 年 10 月,尼克松在联合国成立 25 周年大会上首次用缓和来阐述其政策。事实上美国政府在一段时间内对"缓和"讳莫如深,尼克松与时任国家安全事务助理基辛格将缓和视为用谈判代替对抗、用相互包容构建和平的新时代的代词。1973—1974 年,美国官方才公开将缓和指称为尼克松的新政策。苏联对"缓和"的使用,最初是出现在 1966 年 3 月勃列日涅夫在苏联共产党第 23 次代表大会上的报告中;1970 年 6 月,勃列日涅夫在演讲中首次将缓和运用于苏美关系。缓和还可以理解为是指美苏之间的双

---

① [英]杰弗里·罗伯茨:《斯大林的战争》,李晓江译,社会科学文献出版社 2013 年版,第 43—83 页。

② 秦立志:《战略审慎:汉斯·摩根索权力政治思想析论》,《国家安全论坛》2023 年第 5 期。

向缓和及埃及总统萨达特向美国和以色列发出的单向缓和要求。①

安哥拉内战是美苏冲突在全球层面扩散的螺旋模式案例。虽然美苏早在 20 世纪 60 年代就介入了安哥拉的民族解放运动,但由于历史及现实原因,非洲地区,尤其是南部非洲并非美苏的重要战略利益所在地。在1974—1975 年,苏联领导人看到美国在全球各地被卷入许多内战,接连在中东、拉美等国家及地区取得胜利,这使苏联认为他们在安哥拉的行动与美国在对外行动中所遵循的潜在规则是一致的,即苏联在安哥拉所进行的行动没有违背缓和精神。苏联认为,缓和并不意味着苏联要减少在第三世界的干涉,东西方之间的缓和并不意味着对现状的肯定与维护。基辛格担心的并不是安哥拉本身,因为他自始至终都坚称美国在安哥拉并没有重大的利益,真正担忧的是苏联的这种获胜是在美国已经采取措施加以阻止的情况下发生的。福特与基辛格希望采取通过代理人进行战争的方式从而实现战略目标的新型的竞争手段。福特与基辛格希望在安哥拉的干涉可以向美国公众、苏联领导层及世界各国表明美国遏制苏联在第三世界扩张的意愿及能力。1976 年 3 月,基辛格在讲话中提到美苏间的缓和不允许再出现另一个安哥拉。②1975 年,安哥拉成为基辛格从东西方对峙的角度看复杂的地方斗争的一个鲜活例证。基辛格还在安哥拉看到缓和新规则的第一次考验,通过它可以测试一个超级大国在第三世界谋取利益可以走多远。有关安哥拉问题的一个争议是究竟是美国对苏联的干涉作出了反应,还是苏联对美国的干涉作出了反应。事实上,这是一个不断升级的循环。美国承诺的信誉因越南和柬埔寨的经验教训而受到质疑,基辛格觉得必须抓住机会证明美国仍然有决心抗击莫斯科的每一个动作。美国主要支持安哥拉民族解放阵线(安解阵,FNLA),古巴和苏联支持安哥拉人民解放运动(安人运,MPLA),朝鲜支持争取安哥拉彻底

① Raymond L. Garthoff, *Détente and Confrontation: American-Soviet Relations from Nixon to Reagan*, Washington D.C.: The Brookings Institution, 1985, p.25.

② 参见沈志华主编:《苏联历史档案选编(第 33 卷)》,社会科学文献出版社 2002 年版,第 9 页;Nathaniel Davis, "The Angola Decision of 1975: A Personal Memoir," *Foreign Affairs*, Vol.57, Fall 1978, pp.116—117;[俄]阿纳托利·多勃雷宁:《信赖——多勃雷宁回忆录》,肖敏、王为等译,世界知识出版社 1997 年版;刘长新:《福特政府时期美国对苏联的缓和外交研究》,中国社会科学出版社 2018 年版,第 153—165 页。

独立全国联盟(安盟,UNITA)(战争结束后,安盟又与南非结盟,与美国也有一种松散的结盟关系)。①

阿富汗战争是美苏博弈螺旋升级的另一个高峰。在美苏冷战期间,双方都认为多米诺现象具有很大可能性,如果没有警觉之心,敌人便会利用其军事力量施以胁迫。一步退则步步退,同盟国会丧失信心,庇护国会感到被出卖,世界大国平衡会被打破,而至关重要的安全利益也会受到损害。对美国来说,其维护和捍卫的不只是石油利益、盟友安全,还有信心、承诺与名誉。②苏联出兵阿富汗经历了复杂的决策转折,这种转折与苏联的全球争霸战略,特别是实施南下战略(寻求印度洋出海口)相关联。从战前的时空背景来看,苏联的战略动机主要是打击阿富汗新政府的战略自主性诉求。因为阿明政权试图摆脱苏联的管控,勃列日涅夫政府决定在阿富汗扶植新的亲苏政权。③苏联入侵后很快控制了阿富汗国内的各大城市和重要交通线,勃列日涅夫认为苏联出兵 5 万即可在 3 周到 4 周内结束战斗。④葛罗米柯也说:"这只需一个月,我们很快就会完成一切并迅速离开。"⑤塑造对手在边缘地带展开行动的乐观预期,也塑造对手在边缘地带自守政策的悲观预期,这种反差下有助于令对手陷入诱捕战略的圈套。阿富汗的战略意义不只在它自身的地缘政治层面,还涉及美国维护制度霸权和"自由世界"的战略信誉利益。20 世纪 70 年代之前,美国在阿富汗几乎没有地缘政治利益,美阿交往集中于经济层面。苏阿战争彻底改变了这种局面,美国从此全面进入阿富汗,并成为影响其命运的最重要的外部势力。苏联解体后,阿富汗的战略地位下降,美国关注与援助急剧减少,导致塔利班势力得以在长期混战的权力真空中崛起,但随着 9·11 事件的

① [美]沃尔特·艾萨克森:《基辛格传》,朱敬文、李耀宗译,中信出版社 2023 年版,第732—754 页。

② [美]梅尔文·P·莱弗勒:《人心之争:美国、苏联与冷战》,孙闵欣等译,华东师范大学出版社 2012 年版,第 1 页。

③ 陆南泉等主编:《苏联真相:对 101 个重要问题的思考·上》,新华出版社 2010 年版,第 939—958 页。

④ [俄]阿纳托利·多勃雷宁:《信赖——多勃雷宁回忆录》,肖敏等译,世界知识出版社 1997 年版,第 503 页。

⑤ [俄]列昂尼德·姆列钦:《历届外交部长的命运》,徐葵等译,新华出版社 2005 年版,第 527 页。

发生,美国再次干涉阿富汗,使之陷入战争泥潭。在冷战的零和博弈中,美国已不再是一个真正追求有限目标并理性评估代价和收益的民族国家,轻率和短视取代了一个大国应有的战略审慎。[1]"温和的步骤"逐渐将美国困在了越南,"有限的目标"又将苏联困在了阿富汗。"一国一旦获得向世界遥远地区投射力量和干预其他民族事务的能力,那么至少在其领导人因灾难而变得清醒抑或其能力消退之前,这种施展力量的诱惑几乎难以抗拒。"[2]

因此,在美苏冷战的初始阶段,体系威胁的清晰度相对较低,安全困境发挥了较大作用,让双方界定彼此的威胁性质,并对双方冲突升级的螺旋模式塑造发挥了重要作用。无论是美国对周线防御而非要点防御的青睐(当目标与手段不匹配后,被迫在战略实践中走向了仍然会出现过度反应的要点防御),还是苏联对领土扩张与势力范围争夺的机会主义战略心理,都可以视为在体系威胁清晰度较高的情况下的有限理性作用效果,战略文化传统则为双方的竞斗增加了"合法性"依据与地缘政治编码。在冷战处于缓和的阶段,双方对彼此的总体威胁界定仍然是清晰的,只不过在具体的威胁挑战的认知上对于只有欧洲还是包括其他地区存在分歧。美苏都坚信多米诺现象,但在 1962 年古巴导弹危机后也都对螺旋模式的战略后果有清醒认知,因此对螺旋模式的后果预期反而让彼此也塑造了某种程度的威慑模式与战略稳定机制,在冷战的"长和平"时期,双方的威慑与螺旋形成了一枚硬币的两面,形成了互相建构的作用机制。

五、研究结论与尚待扩展的议题

目前对安全困境的政策应用较多、理论创新较少,现实案例广泛但历史案例尚待梳理。安全困境不应只从宏观层面入手,更应聚焦中层理论

---

[1] 陈晔:《制造泥潭:美国在阿富汗的秘密战争》,南京大学出版社 2020 年版,第 454—465 页。

[2] Warren I. Cohen, *Challenges to American Primacy*, *1945 to the Present*, *The New Cambridge History of American Foreign Relations*, *Vol.4*, New York: Cambridge University Press, 2013, p.142.

和微观理论的研究,安全困境还应与地缘政治、大战略等领域进行更多的理论对话,结合中国古代的战略文化传统,分析中国逐鹿中原和中原王朝应对游牧政权的历史案例,对中西方应对安全困境的异同点进行比较。进而从理论上佐证:安全困境既可以是自我实现的预言(修昔底德陷阱),也可以是自我否定的预言(困境激发斗志、努力克服安全风险)。大国的过度扩张并不总是在核心利益上出现战略迷思,反而在看似相对边缘的利益区域面临战略透支风险;大国的扩张不足也并不意味着就必然赋予理性克制的名声,反而当下的边缘利益可能产生溢出效应,要么本身成长为核心利益、要么与核心利益形成脆弱性相互依赖。如何因应边缘地带挑战,对大国的安全和霸权至关重要,也是大国处理与边缘地带的中小国家战略关系的关键。因此,对螺旋模式与威慑模式的进一步研究,可以从两极体系与多极体系背景下大国在边缘地带的战略偏好作为切入点。此外,民族国家对国际体系的安全治理模式是否可以有更加优化的理论依据?冷战结束以来,欧洲面临的挑战没有改变,它来自两个方面:一方面,帝国撤离的后帝国空间动荡不安、冲突不断;另一方面,一直扮演"仁慈霸主"角色的西方领导国越来越向帝国行为体的方向演变,对其盟友的意见和诉求置若罔闻。欧洲可以选择一种帝国秩序模式,引起不同的边界走向多元化,它大多只有柔性的动态边界,中心的支配权慢慢消退,边界地带取代边界线。不借用帝国的秩序模式,未来的欧洲将难有出路。①对帝国的治理模式、安全困境与螺旋模式的讨论,也可以成为未来研究的重要逻辑起点。

---

① [德]赫尔弗里德·明克勒:《帝国统治的逻辑:从古罗马到美国》,阎振江、孟翰译,中央编译出版社 2008 年版,第 157—162 页。

"自由国际主义—帝国政治"系统的逻辑、历史与衰朽

邱劭文[*]

【内容提要】 自由国际主义与帝国政治看似对立,但其实两者之间存在紧密的联系。本文从自由国际主义与帝国政治这两个理论本身入手,发掘其自身存在的矛盾,并在此基础上提出"自由国际主义—帝国政治"系统。该系统以自由国际主义作为话语,把帝国政治作为实践内容,两者相辅相成、相互依赖,在历史发展中不断融合并形成了一个颇具生命力的独立系统。尽管在现实中二者的融合不可避免地带有偶然性,但两个概念本身所固有的内生性矛盾也使得这一系统的存在具有必然性,这一必然性确保了该系统百年来的生生不息。自由国际主义从19世纪初期开始帝国政治实践,二者于20世纪前中期开始深度融合,第二次世界大战结束与"冷战"结束这两个关键的历史时刻则进一步稳固了这一系统,使其在20世纪末期达到顶峰。然而,由于该系统在21世纪遇到的内外困境,它已然开启了衰朽的进程。帝国国家内部的政治经济危机与系统外部的发展中世界话语体系的兴起使得传统的自由主义国际秩序陷入困境,进而让"自由国际主义—帝国政治"系统开启了衰朽的进程。本文着重关注"自由国际主义—帝国政治"系统的生成逻辑、历史演进与内外困境,尝试为看待一百多年来的国际政治格局提供一种宏观的、普遍的理论视角,并指出要冲破这一西方垄断的系统需要非西方世界的积极作为。

【关键词】 自由国际主义,帝国政治,"自由国际主义—帝国政治"系统

【Abstract】 Liberal internationalism and imperial politics are two seemingly opposing concepts, but in fact they are closely related to each other. Starting from the theories of liberal internationalism and imperial politics, this paper explores their contradictions and proposes "liberal internationalism-empire politics" system on this basis. The system takes liberal internationalism as the discourse and empire politics as the practical content, and the two complement each other and depend on each other, and have been fused and formed an independent system with great vitality in the course of historical development. Although the fusion of the two is inevitably contingent in reality, the endogenous contradictions inherent in the two concepts themselves make the existence of this system inevitable, and this inevitability has ensured the system's continuity over the centuries. Liberal internationalism began its imperial political practice in the early 19th century, and the two became deeply integrated in the first and middle of the 20th century, with the end of World War II and the end of the Cold War being two key historical moments that further solidified the system and brought it to its peak at the end of the 20th century. However, the system has begun a process of decay due to the internal and external difficulties it has encountered in the 21st century. The political and economic crisis within the imperial state and the emergence of a developing world discourse outside the system have put the traditional liberal international order in a difficult position, and thus the "liberal internationalism-empire politics" system has also begun the process of decay. This paper focuses on the logic, historical evolution and internal and external dilemmas of the "liberal internationalism-empire politics" system, trying to provide a macro and universal theoretical perspective on the international political landscape over the past hundred years, and pointing out that in order to break through this Western monopoly system requires the active action of the non-Western world.

【Key Words】 liberal internationalism, empire politics, "liberal internationalism-empire politics" system

* 邱劭文,华东师范大学政治与国际关系学院本科生。

263

一、何以共生："自由国际主义—帝国政治" 系统的逻辑

本文提出"自由国际主义—帝国政治"系统从宏观层面看待一百多年来的国际政治格局。尽管这一系统在现实中的形成具有一定的偶然性，但它的内在逻辑使得它的存在也具有部分必然性。而这种必然性根植于自由国际主义(liberal internationalism)与帝国政治(empire politics)理论本身存在的困境。

（一）自由国际主义理论与困境

作为西方国际政治的经典理论之一，自由国际主义理论具有悠久的历史传统，包含多个不同的分支流派。"自由国际主义"是本文的核心概念之一，因而把握其本质属性是很重要的。尽管自由国际主义的确拥有许多分支，但这些分支都具有某些共性，而这些共性则构成了自由国际主义的基本要素。换言之，本文所关注的"自由国际主义"是一个宏观的概念，着重强调它的核心属性，而不去具体探讨它的不同分支的区别。

从历史上看，自由国际主义的思想源起较早，其观念根植于西方的政治传统，无论是古希腊哲学家口中的"世界之帮"，还是文艺复兴时期对于国家间"和平联盟"计划的推崇①，都隐约含有它的身影。而启蒙运动之后，许多政治哲学家基于对人性的乐观态度，把自由主义的思想观点融入对于无政府状态的国际政治秩序的思考当中②，并形成了大量具有开创性意义的理论学说。而其中与自由国际主义关系最密切的莫过于康德的著作《永久和平论》③，该书不仅深刻影响了冷战后兴起的"民主和

---

① 参见付文广:《西方自由国际主义思想传统的源流、逻辑及困境》,《拉丁美洲研究》2022 年第 4 期。

② Alan Cassels, *Ideology and International Relations in the Modern World*, New York: Routledge, 1996, p.13.

③ 王栋、尹承志:《自由国际主义的兴衰与美国大战略》,《外交评论(外交学院学报)》2015 年第 1 期。

平论",而且其所蕴含的思想在某种程度上就是现代自由国际主义的哲学源起。①

随着第一次世界大战的爆发,伍德罗·威尔逊(Woodrow Wilson)开启了自由国际主义的理想主义时代。这一时期的自由国际主义思潮,一方面,把第一次世界大战的爆发归结于霍布斯式的"国际无政府状态"的结构性危机②或曾经的马基雅维利式外交的失败③;另一方面,则把参与第一次世界大战作为结束旧秩序创设新秩序的良机。威尔逊宣称,第一次世界大战是"结束一切战争的战争"④,国际秩序也可能充满和平与自由。后来的自由国际主义尽管在理论范式层面发生了较大的变化,但其内核并没有发生根本性的改变。自由国际主义的最新理论分支——新自由制度主义——就认为,"国际制度可以打破合作困境,实现无政府体系中的国际合作"⑤。这一理论尽管认为国家都是自私的,但根据比较优势原则,搭建国际制度以进行互惠性的合作仍然十分可能。⑥因而,尽管新自由制度主义与早期的自由国际主义思潮在细节方面存在较大的差异,但它们的核心目标是类似的,都追求和平、自由、秩序与民族自决。

自由国际主义不仅认为和平是应当实现的,而且认为和平是可以实现的。比如,古典自由主义强调国际交往中的道德律,认为和平可以通过努力实现⑦;商业自由主义的内涵是贸易和平论,认为国家间的贸易可以降低国际冲突发生的概率⑧;脱胎于自由国际主义理论的功能主义理

① 赵思洋:《自由主义国际思想:从国际关系理论回到思想史》,《史学月刊》2021 年第 1 期。

② G. Lowes Dickinson, *The European Anarchy*, London: George Allen & Unwin, LTD., 1916.

③ John Culbert Faries, *The Rise of Internationalism*, New York, 1915, p.5.

④ Thomas J. Knock, *To End all Wars: Woodrow Wilson and the Quest of a New World Order*, Princeton University Press, 1992.

⑤ 宋勉、张仕荣:《基于新自由制度主义理论的国际制度失效研究》,《天津师范大学学报(社会科学版)》2022 年第 3 期。

⑥ 高尚涛:《理想主义、现实主义、自由主义与规范研究》,《外交评论(外交学院学报)》2005 年第 5 期。

⑦ 王逸舟:《西方国际政治学:历史与理论》,中国社会科学出版社 2007 年版,第 53 页。

⑧ 卢凌宇、胡鹏刚:《贸易相互依存、争议问题与国际冲突的复发——"商业和平论"批判》,《当代亚太》2020 年第 5 期。

论则强调跨国进行社会和经济改革,并在现实中也推动了欧洲的一体化进程。[1]

总之,自由国际主义从其诞生之日就把大量美好而抽象的价值作为目标,并通过各种方式来论证这些目标的可实现性。然而,自由国际主义的理论体系其实存在较大的内生矛盾:一方面,它反对统治、扩张、侵略与殖民;但另一方面,为了让全世界人民都能够享受"自由主义国际秩序"带来的"好处",自由国际主义者甚至不惜采取统治、扩张、侵略与殖民的方式使得全世界人民"获得自由"[2]。简言之,为了获得自由,自由国际主义者可以牺牲自由。所以,尽管自由国际主义经过多年的演进已经产生了大量的分支,但就目前来看,所有这些"演进"都无法真正解决其内生性的矛盾。

其实,自由国际主义者对于其理论存在的内生性矛盾并未视而不见,有学者就尝试对其进行弥补。比如,不少对"何谓人"进行了区分,即他们一方面承认"人人生而平等""人人都应享有自由",但另一方面却不认为所有人都是人。[3]最显著的例子莫过于对于奴隶的定位:长期以来,奴隶被认为是财产,而不是完整的人。[4]从根本上说,自由主义者希望通过修改"人"的定义来补救其理论本身存在的矛盾。既然世界上很多地方的人类都不属于人,那么西方对于"非文明地区"的侵略就完全可以被理解为"先进文明"对于"落后文明"的救赎[5]——让那些"非人"进化为"人"的正义之举。然而,且不说类似的辩护带有鲜明的"西方中心论"色彩,就其所声称要达到的目的而言,也是极为荒谬的,因为鲜有事实可以证明自由国际主义的扩张真的让被侵略地的人民获得了自由与平等。相反,殖民帝国扩张的

---

① Carsten Holbraad, Internationalism and Nationalism in European Political Thought, Springer, 2003, p.45.

② James Kalb, "Liberalism, Ideal and Reality," *Telos*, Vol.2002, No.122, 2002, pp.105—134.

③ Julian Go, "Myths of Nation and Empire: The Logic of America's Liberal Empire-state," *Thesis Eleven*, Vol.139, No.1, 2017, pp.69—83.

④ Paul Finkelman, "Slavery in the United States: Persons or Property?" *International Agrophysics*, 2012.

⑤ Uday Singh Mehta, *Liberalism and Empire: A Study in Nineteenth-century British Liberal Thought*, University of Chicago Press, 2018.

"后遗症"使得大量非洲、亚洲与拉美国家即使获得了独立也难以实现发展。①

由于自由国际主义的矛盾是内生的,因而在其体系之内无法得到解决。不过,自由国际主义的内生矛盾并不是最为关键的问题,早就有不少学者指出了类似的矛盾并加以探讨。而由这一矛盾所引发出来的另一个问题更加引人深思:为什么一个逻辑不自洽的理论的生命力如此顽强?自由国际主义不仅是西方国际政治学三大经典理论之一,而且长期以来都是西方世界外交政策的指导思想。2022 年拜登在国情咨文中就明确把西方国家的联盟定义为"自由世界的联盟"②。

至此,有两个事实已经十分明晰:其一,自由国际主义具有内生性的矛盾,因而逻辑上它不可能在其自身的理论体系中得到解决。其二,自由国际主义长期以来具有生命力,不仅让许多学者倾注心血,而且主导西方世界外交政策的时间较久。这两个事实的并存并非寻常现象,但它们既然同时存在,那么就能得出一个推论:自由国际主义理论在发展的过程中,必然悄无声息地在其叙事之外寻找到了另一个体系,用以弥合其内生性的矛盾。而这用以弥合自由国际主义内生性矛盾的"另一个体系"就是帝国政治。

(二)帝国政治理论与困境

帝国政治是围绕帝国展开的一系列的政治行为,因此要了解帝国政治的概念必须先厘清何为帝国。对于帝国的研究数不胜数,绝大多数学者都认为帝国不是一个国家,而是一个系统。③但对于这一系统究竟是怎样的系统,不同的学者却有着不同的理解。本文不专门研究"帝国政治"这个概念,因而无需过度纠结不同学者之间存在的分歧,而重在提炼出已经被绝大多数学者接受的观点。

无论以何种方式定义帝国,都必须承认帝国系统当中存在不平等的关系。近代以来形成的欧洲帝国都与殖民息息相关,而殖民地与宗主国

---

① Daron Acemoglu, James A. Robinson, *Why Nations Fail: The Origins of Power, Prosperity, and Poverty*, London: Profile, 2012.

② 萧达、陶短房、青木等:《国情咨文演讲成政治秀场》,载《环球时报》2022 年 3 月 3 日,第 16 版。

③ 俞可平:《帝国新论》,《清华大学学报(哲学社会科学版)》2022 年第 2 期。

之间则存在明显的不平等关系。为了对殖民地进行掠夺和剥削,宗主国甚至不惜采取种族灭绝的方式。[1]约翰·加尔通(Johan Galtung)在《帝国主义的结构化理论》中对帝国的结构进行了十分详细地阐述,并指出帝国是一种国与国之间(也包括国家内部)的"统治与权力的关系"[2]。所以,帝国所呈现的特征其实是一种不平等的国际秩序,这种国际秩序不仅在静态的角度是不平等的,而且从发展的眼光来看它也会造就不平等。从这样一种对于帝国的广义理解出发,完全有理由把现当代历史的很长一段时间看作是帝国政治的时间。没有学者否认曾经的大英帝国是帝国,但对于第二次世界大战之后是否还存在帝国政治(主要指的是以美国为核心的帝国体系)却有着不同的观点。威廉·兰格(William Langer)于1962年就提出"再见帝国"的观点[3],认为帝国政治已经成为历史。不少学者认同了兰格的观点,认为帝国政治已经是过去式,美国和从前的帝国体系有着本质的不同[4]。比如,约翰·伊肯伯里(John Ikenberry)就提出,当今由美国主导的国际秩序是一种新的民主政治秩序,并不存在历史先例,因而也不能冠以帝国之名[5]。但也有另外一些学者认为帝国不仅没有消逝,而且甚至可以用于描述美国的情状[6]。无论把美国称为"仁慈帝国""民主帝国"还是"人道帝国"[7],都默认了美国本身是一个帝国国家(empire-state)这一前提。从概念角度来看,上述分歧的产生很大程度上是因为对帝国的定义不同,当采用广义的方式定义帝国系统时,可以基本规避对于"第

---

① Daron Acemoglu, James A. Robinson, *Why Nations Fail : The Origins of Power, Prosperity, and Poverty*, London: Profile, 2012.

② Johan Galtung, "A Structural Theory of Imperialism," *Journal of Peace Research*, Vol.8, No.2, 1971, pp.81—117.

③ William L. Langer, "Farewell to Empire," *Foreign Affairs*, Vol.41, No.1, 1962, pp.115—130.

④ 夏亚峰:《美国是"帝国"吗? ——对美国政界学界相关争论的辨析》,《世界历史》2017 年第 2 期。

⑤ John G. Ikenberry, "Illusions of Empire: Defining the New American Order," *Foreign Affairs*, Vol.83, No.2, 2004, pp.144—154.

⑥ Michael Cox, "Empire by Denial: The Strange Case of the United States," *International Affairs*, Vol.81, No.1, 2005, pp.15—30.

⑦ 朱剑:《自由主义者的帝国倾向》,《政治思想史》2017 年第 3 期。

二次世界大战之后帝国是否存在"的讨论。正如一些学者所指出的那样，加尔通的"中心—边缘"结构化理论在当代的解释力不降反增①，这恰恰证明了帝国体系不仅没有崩塌反而不断加固。相反，如果刻意采用狭义的定义去理解帝国，认为一定要满足"一个国家对另一个国家完全的主权控制"②才算是帝国的话，那么很容易忽视国家间的压迫与剥削。因此，本文所探讨的帝国政治采用的是广义的定义方式，即强调一种存在"权力资源与影响力的不平等"的国际关系③。

如果说不平等是帝国系统的本质属性，那么伴随不平等而生的就是帝国政治的运行方式。换言之，一个帝国必然要通过某种机制使得这种不平等能够存在并且存续（这里所说的"不平等"需要排除由于各国内生的原因所造成的不平等，而只考虑由于帝国系统的存在而形成的不平等）。这一方式在早期是殖民和种族灭绝，后来则慢慢转化为金融控制与主权让渡，而所有这些机制都不可避免地包含统治、扩张、侵略与殖民中的某一个或者多个。

因而，帝国政治理论和统治、扩张、侵略与殖民这些词语是紧密联系的，而正是这种紧密的联系使得帝国政治陷入困境之中。20世纪初，西方学界就开始对帝国政治展开强烈的批判，旗帜鲜明地反对战争，也反对干涉别国内政。激进派人士伦纳德·霍布豪斯（Leonard Hobhouse）和约翰·霍布森（John Hobson）等打响了反对帝国政治的第一枪，他们的学说迅速席卷西方理论界。诺曼·安吉尔（Norman Angell）也在《大幻觉》一书中为反帝国政治摇旗呐喊，认为战争无论对于战胜国还是战败国都没有意义④。

第一次世界大战爆发之后，曾经的欧洲殖民帝国陷入危机，而经历了"镀金时代"的美国则飞速发展。1894年，美国超越英国成为世界上最强大的国家（以经济实力衡量），而20世纪初美国国内的蓬勃发展则进一步

---

① 张康之、张桐：《论世界的"中心—边缘"结构——读加尔通的〈帝国主义的结构化理论〉》，《吉林大学社会科学学报》2013年第5期。

② Michael W. Doyle, *Empires*, Cornell University Press, 1986.

③ Charles S. Maier, "An American Empire?" *Harvard Magazine*, Vol.105, No.2, 2002, pp.28—31.

④ Norman Angell, *The Great Illusion*. Cosimo, Inc., 2007.

拉大了美国与欧洲国家的差距。在这一背景下,当时的美国在对待外部世界的方式上出现了两种思潮:以西奥多·罗斯福(Theodore Roosevelt)为代表的帝国政治模式和以威尔逊为代表的自由国际主义模式。①前者强调军事实力,企图复刻昔日欧洲殖民帝国的扩张方式,而后者则强调多边合作,认为集体安全和世界和平更加重要。②因而,尽管两者都支持参加第一次世界大战,他们的出发点却不同。帝国政治模式认为参与战争能够带来更多的利益,而自由国际主义模式则认为美国的加入有助于把国际秩序带向一个更"优"的状态。从表面上看,选择前者就是选择战争和压迫,选择后者则是选择和平与秩序。这两股看似对立的思潮的辩论为自由国际主义在 20 世纪初的美国的发展提供了有利的契机,帝国政治模式在辩论中逐渐失去市场,而自由国际主义模式则被认为是美国中产阶级和自由派知识分子对于不断动荡的国际政治局势的一种正面回应。③

自此,帝国政治的话语就退出了历史舞台。尽管长期以来在理论界仍不乏"帝国的拥护者",并试图为帝国政治寻找合法性解释,如有学者认为以人道主义目的建立帝国是值得尝试的④,但这些话语不仅受到大量学者的反击,而且也从未进入西方国家尤其是美国的外交话语当中。其实,长期以来主导西方外交政策的理论都是自由国际主义,正如丹尼尔·贝斯纳(Daniel Bessner)所指出的那样,第二次世界大战之后除了特朗普之外的每一任美国总统都拥抱自由国际主义⑤,而被认为是保守主义领导人的特朗普则更与帝国扩张毫无关系。

---

① 杨卫东:《特朗普政府时期美国自由国际主义大战略的调整》,《美国研究》2021 年第 3 期。

② Charles A. Kupchan and Peter L. Trubowitz, "Dead Center: The Demise of Liberal Internationalism in the United States," *International Security*, Vol.32, No.2, 2007, pp.7—44.

③ John MacMillan, "Intervention and the Ordering of the Modern World," *Review of International Studies*, Vol.39, No.5, 2013, p.1043.

④ Michael Ignatieff, *Empire Lite: Nation-Building in Bosnia, Kosovo, and Afghanistan*, London: Vintage, 2003; David Rieff, "A New Age of Liberal Imperialism?" *World Policy Journal*, Vol.16, No.2, 1999, pp.1—10.

⑤ Daniel Bessner, "Empire Burlesque: What Comes after the American Century?" *Harper's Magazine*, July 2022, https://harpers.org/archive/2022/07/what-comes-after-the-american-century.

从上述的分析中又可以得到两个相互矛盾的事实:其一,若以广义的视角看待帝国,那么它不仅没有随着第二次世界大战的结束而结束,反而始终存在于世界上;其二,第一次世界大战至今的一百年中帝国政治话语虽不乏辩护者,但从未在根本意义上死灰复燃,更从未进入西方世界的外交政策当中。这两个事实的共同存在引发了一个问题:为什么一套早就被唾弃的做法仍然存在于世界上,并且似乎生生不息?与自由国际主义的内生性矛盾一样,帝国政治体系本身也无法解决这一问题。当然,需要区分的是,帝国政治体系无法解决这一问题的原因并不在其内部——帝国政治话语本身并不存在明显的内生性矛盾——而在于帝国政治话语已经失去对外的解释力,也即任何试图为帝国政治辩护的努力都掀不起太大的风浪。但从历史事实来看,这一问题的确被解决了。这就意味着帝国政治必然也已经从其外部找到了另一种叙事为其进行辩护,以挽救它那脆弱不堪的话语并为其行径进行合法性阐释,而这"另一种叙事"就是自由国际主义。

(三)自由国际主义与帝国政治的共生

上文的分析将自由国际主义与帝国政治的概念限定在广义的层面,在此基础上明确了自由国际主义与帝国政治所面临的困境,并据此提出两个关键的问题:为什么一个逻辑不自洽的理论(自由国际主义)的生命力如此顽强?为什么一套早就被唾弃的做法(帝国政治)仍然存在于世界上,并且似乎生生不息?本文对这两个问题给出了一种解释路径:它们都无法各自单独解决,但它们可以"相互依赖",借助对方的优势解决自己的问题。而这正是"自由国际主义—帝国政治"系统得以生成的根本逻辑。

对自由国际主义来说,其逻辑不自洽表现在崇高的价值目标与实现这些价值目标所要采取的低劣手段的冲突上,也即实现自由必须依靠剥夺自由的矛盾。一个能够生生不息的理论即使不带有崇高的价值观念,也必然不可能包含被多数人所唾弃的行事手段。就算可以承认19世纪末之前的西方世界被强烈的欧洲中心主义所影响,认为这些低劣的手段并不低劣①,那么至少第一次世界大战之后带有压迫他国性质的行径已然被

---

① Jennifer Pitts, *A Turn to Empire*, Princeton University Press, 2009, p.21.

认为是人所不齿的。所以,可以想见自由国际主义在发展的过程中已经逐步把目的与手段相分离,最后只保留了目的——因为只有它所声称的目的具有长久的生命力。但是,一套体系只剩下目的却没有手段也就失去了完备性,它必须依靠另外一个系统来实现它所声称要达到的目的,而这就难免使得自由国际主义沦为其他体系的话语。其实,从自由国际主义者为自己所作的辩护中已经可以看出其与帝国政治的联系:他们为自己所作的辩护无非是强调非西方地区的人类是"天生劣质的"①,从而使得他们肆意侵犯他国主权的行为具有合法性,而就此一点已经难逃其与帝国政治的紧密联系了。

而从帝国政治角度来看,困境的根源在于其话语的孱弱——如何把侵略和扩张这类行为合法化是帝国政治体系面临的最大危机。如果这点没有做好,那么任何帝国政治的行为就算无法被彻底消灭,也必然会被大量抵制。在当今世界,帝国政治得以存续甚至发展壮大的前提就是要应对来自大量"帝国的批评者"的尖锐批判。比如,一些现实主义学者从帝国的利益角度出发,认为对于海外的控制会加速消耗宗主国的国力。②这一论点似乎也被曼瑟尔·奥尔森(Mancur Olson)有关北约的实证研究所证明——在北约中美国承担了(数值层面)不成比例的过高的军费③。而马克思主义学者则从价值的高度攻击帝国政治,认为其核心目的是攫取他国的资源。④因此,与自由国际主义一样,帝国政治也只能够把其目的与手段分离,最终只剩下手段而把目的逐渐替换成自由国际主义所宣扬的目的。自由国际主义所宣扬的高尚价值能够有力回击大部分对于帝国政治的批判。

因而,自由国际主义与帝国政治这两个看似矛盾的理论相融合也就

① James Morris Blaut, The Colonizer's Model of the World: Geographical Diffusionism and Eurocentric History, Guilford Press, 1993, pp.105—107.

② Jack Snyder, "Imperial Temptations," *The National Interest*, No.71, 2003, pp.29—40.

③ Mancur Olson and Richard Zeckhauser, "An Economic Theory of Alliances," *The Review of Economics and Statistics*, Vol.48, No.3, 1966, pp.266—279.

④ Alex Callinicos, "The Grand Strategy of the American Empire," *International Socialism*, 2002, pp.3—38.

不难理解了。其实,早就有不少学者提出了"自由帝国"的概念①,但似乎少有人深究它们之间为何能够进行良好的互动——"自由"与"帝国"这两个表面上相互矛盾的概念得以合二为一的原因并非显而易见的。也有学者把20世纪80年代以来兴起的新自由主义与资本主义的帝国扩张联系在一起②,但这一叙事似乎在肯定(或至少没有否定)新自由主义之前的自由国际主义外交战略,并不带有帝国政治的意味。但实际上,拿破仑战争之后的国际秩序就已经是自由国际主义的天下了,美英这两个自由主义国家对于国际秩序的主导"为自由国际主义理论发展和政治实践提供了机遇"③。因而,如果认为自由国际主义与帝国政治可以进行深度融合,就必须要用一个较长的历史视角去看待这个问题,而非局限于20世纪80年代以后。

上文的分析已经在逻辑上把自由国际主义与帝国政治能够良好融合的原因作了推演:两者自身都存在困境,而依靠自身的理论体系又无法消除这些困境,因而它们只能在体系外寻找出路。若把两者结合起来,把自由国际主义作为目的(话语),把帝国政治作为手段(行径),不但能够弥补两套理论体系本身存在的矛盾,而且还能形成一套更加强大而独立的系统——"自由国际主义—帝国政治"系统(见图1)。之所以说这一系统更强大,是因为它一旦生成就较难摧毁:因为自由国际主义和帝国政治在这一系统中并非独立存在,而是高度相互依赖的。因此,它们之间的互动只会越来越紧密而难以割裂,这也就是这一系统可以维持百年之久的逻辑原因。

对于这一系统有两点需要特别说明:其一,自由国际主义与帝国政治在理论层面的矛盾和它们在实践层面的融合或许更适合用"悖论"这一类词语来描述,以强调一种矛盾的状态。但本文选择采用"系统"一词进行阐

---

① 有关"自由帝国"的相关研究可参考 Linda S. Bishai, "Liberal Empire," *Journal of International Relations and Development*, Vol.7, No.1, 2004, pp.48—72; Julian Go, "Myths of Nation and Empire: The Logic of America's Liberal Empire-state," *Thesis Eleven*, Vol.139, No.1, 2017, pp.69—83; Max Boot, "Neither New nor Nefarious: The Liberal Empire Strikes Back," *Current History*, Vol.102, No.667, 2003, pp.361—366;朱剑:《自由主义者的帝国倾向》,《政治思想史》2017年第3期。

② 冯旺舟:《新帝国主义研究的问题、进展及其意义》,《理论视野》2020年第9期。

③ Victoria Honeyman, "Liberal Internationalism, OK, But for Whom?" *Political Quarterly*, Vol.92, No.2, 2021, pp.380—382.

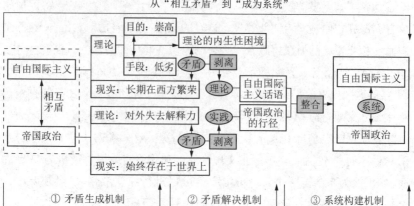

图1 "自由国际主义—帝国政治"系统的生成逻辑图

资料来源:作者自制。

释,原因在于自由国际主义与帝国政治不仅共生,而且相互依赖,它们之间的互动关系形成了一个能够自我强化的系统,因而在实际上消解了原本存在的悖论。换言之,只有孤立地看它们,才有存在悖论的可能性;而当它们相互融合的时候,所形成的则是一套强大的系统。其二,由于本文已经把自由国际主义与帝国政治限定在一个广义的范围内,因而,基于此提出的"自由国际主义—帝国政治"系统也是一个宏观的概念——这一系统只关注宏观层面的问题。换言之,对于极为具体的国际政治事件,这一系统可能可以解释,但未必具有良好的解释力;但若以一个较长的历史维度和较广的空间维度来看待国际政治格局的发展演变,这一系统将具有较好的解释力。

二、不断强化:"自由国际主义—帝国政治"
系统的历史

上文的分析已经从逻辑的角度说明了为何自由国际主义与帝国政治这两个看似矛盾的概念能够紧密地结合在一起。不过,它们在理论上能够结合并不意味着在现实中就能共生。因而,历史的视角是必要的。如果说上文给出的逻辑视角重在分析两者结合的内在逻辑,那么下文给出的历史视角就重在提供翔实的证据来表明自由国际主义与帝国政治早在19世纪中后期就开始了融合的进程,并且在此后的一百余年中不断发展壮大,在现实中真正发展成了一套具有极强生命力的互动系统。

(一)19世纪中后期:自由国际主义的初步帝国政治实践

尽管自由国际主义的思想在较早之前就已有萌芽,但它的实践其实是从欧洲殖民帝国的海外扩张开始的。因而,自由国际主义从最开始就是帝国政治的工具。19世纪中后期,崇尚"放任自由"(laissez-faire)的古典自由主义不仅在学术界被广泛推崇,而且主导了英国乃至其他欧陆国家的内政外交,其对于国际政治的指导是"受到最少干预或不被干预的世界本身就会走向秩序"①。因而,自由国际主义原本是和干预主义(interventionism)相对立的,前者强调建立一种自由的国际秩序以维护国家的自由和福祉。自由主义的代表人物亚当·斯密(Adam Smith)在《国富论》中深刻批判了为帝国政治服务的重商主义,反对垄断和高额关税,认为只有自由才能够带来国家的繁荣。②古典自由主义学者克努特·维克塞尔(Knut Wicksell)也曾有言"威压本身就是一种罪恶"③。因而,脱胎于自由主义的自由国际秩序本应是去威压化、去干预化的。

然而,19世纪中后期,欧洲殖民帝国在进行新一轮殖民扩张的时候,只做到了自身不被他国干预、自身不受到他国的威压,但严重干涉了他国内政。19世纪中后期欧洲国家对他国的干预是早期殖民主义的延续,因而有部分暴力的因素存在,但更多的则是通过经济优势对弱国实施"和平"的干涉。杰米·马丁(Jamie Martin)指出,早在19世纪60年代,欧洲国家就开始对北非国家进行金融控制;而第一次世界大战之前,强国为了经济利益强行侵犯弱国主权的例子也并不少见④。正如塞缪尔·亨廷顿

① 付文广:《西方自由国际主义思想传统的源流、逻辑及困境》,《拉丁美洲研究》2022年第4期。

② Adam Smith, *The Wealth of Nations: An Inquiry into the Nature and Causes of the Wealth of Nations*, Harriman House Limited, 2010.

③ Mancur Olson, *The Logic of Collective Action*, Harvard University Press, 2009, p.89.

④ Jamie Martin, "Cooperation without Domination," *Boston Review*, July 20, 2022, https://bostonreview.net/articles/cooperation-without-domination.

(Samuel Huntington)反复提及的那样,自由主义国际秩序最终必然成为帝国政治国际秩序①。"自由国际主义—帝国政治"系统正是在这一时期逐渐开始形成的。

(二)20 世纪前中期:自由国际主义与帝国政治的深度融合

从 19 世纪末一直到第一次世界大战前,理论界关于自由国际主义与帝国政治的辩论引发了广泛的关注,并最终以自由国际主义的胜利告终。而在实践层面,威尔逊于 1917 年正式提出了自由国际主义的基本原则,认为合理地管理外交事务不但是可能的,而且也是美国所肩负的神圣使命②。1918 年,在《十四点计划》中,威尔逊"采纳了当时自由国际主义流派的核心主张,即民主和平、贸易和平、公开外交、海洋自由、集体安全"③。同样也是在威尔逊的设计下,第一个带有自由国际主义烙印的国际机构——国际联盟——于 1920 年成立。至此,自由国际主义不仅在学界得到广泛共识,而且已经形成了一套完整的体系,并成为一种新的西方主流意识形态④。历史的进程似乎说明,自由国际主义战胜了帝国政治,帝国政治主导的国际秩序让位于自由主义的国际秩序,帝国政治已经被终结。

这一历史叙事建立在帝国政治和自由国际主义对立的基础上,因而自由国际主义的胜利必然意味着帝国政治的失败和落幕。然而,帝国政治和自由国际主义之间不仅没有矛盾,而且深度互联。其实,威尔逊的外交政策本质上就具有扩张属性。⑤从历史的视角来看,自由国际主义的胜利不仅没有消灭帝国政治,反而使得帝国政治得以"合法"地存续下去。以国际联盟为例,这一旨在捍卫国际和平的国际组织不仅未能保证世界的和平,甚至它本身就沦为帝国政治的工具。国际联盟所提供的"条件贷款"延续了曾经的欧洲殖民帝国对其他国家的金融控制,只不过这次连部分

---

① Samuel P. Huntington, The Clash of Civilizations and the Remaking of World Order, Simon & Schuster, 1993.

② 付文广:《从门罗主义到威尔逊主义:美国对外干预思想的起源与发展》,《拉丁美洲研究》2021 年第 3 期。

③ 周桂银:《自由国际主义对后冷战时代美国外交政策的影响》,《世界经济与政治论坛》2022 年第 1 期。

④ John G. Ikenberry, *A World Safe for Democracy: Liberal Internationalism and the Crises of Global Order*, Yale University Press, 2020, p.101.

⑤ 参见杨春龙:《威尔逊国际政治理想主义研究》,中国社会科学出版社 2021 年版。

欧洲的战败国也沦为被控制的对象。在一个主权意识已经兴起的时代里,这种干预主义引发了多国的不满,然而招致不满并不意味着这一秩序就会崩溃。相反,正是由于帝国政治已经在学术辩论中溃败并被人们所唾弃,因而存续帝国政治的行径需要一套新的话语体系进行合法性阐释,而自由国际主义的一整套理论恰好充当了这种话语。

因而,从历史事实来看,自由国际主义与帝国政治只是一种战略的"一体两面"罢了。"自由国际主义—帝国政治"系统在这一时期已经基本成型,欧洲殖民帝国的衰落只意味着帝国政治话语的终结,但不意味着帝国政治本身的终结。相反,当今世界帝国体系的核心——美国——正是在自由国际主义话语"战胜"帝国政治话语的 20 世纪 30 年代后逐渐兴起的。

(三)第二次世界大战之后:"美国世纪"与帝国政治叙事的强化

1941 年,亨利·卢斯(Henry Luce)发表《美国世纪》(The American Century)一文指出,美国已经成为世界上最强大的国家,20 世纪是美国世纪。①随后不久,美国便以积极的姿态参与战争。第二次世界大战之后,欧洲世界已经彻底失去了与美国抗争的能力,越来越多的学者开始认同卢斯提出的"美国世纪",认为人类的繁荣、国际秩序和自由民主资本主义的未来取决于美国对于国际事务的领导作用。②

尽管卢斯自认为是坚定的自由国际主义者,但他所提出的"美国世纪"其实和帝国政治的观点并无根本性差异。威尔逊时期的自由国际主义尽管已经和帝国政治紧密相连,但还没有完全显示出美国的帝国政治倾向。由于美国没有加入国际联盟,国际联盟在一定程度上还是被英法等传统帝国国家所利用。③而卢斯则旗帜鲜明地指出美国是一个例外的国家,认为"没有美国,世界将陷入独裁统治的黑暗之中"④。不少孤立主义

---

① Henry R. Luce, "The American Century," *Diplomatic History*, Vol.23, No.2, 1999, pp.159—171.

② Daniel Bessner, "Empire Burlesque: What Comes after the American Century?" *Harper's Magazine*, July 2022, https://harpers.org/archive/2022/07/what-comes-after-the-american-century.

③ 贾芸:《浅析华盛顿体系》,《西部学刊》2020 年第 20 期。

④ 王一哲:《亨利·卢斯"美国世纪"命题的提出及其影响》,《历史研究》2020 年第 6 期。

学者已经指出卢斯口中这一伟大的愿望其实十分虚伪,认为《美国世纪》一文把全人类的利益同美国的利益等同起来,从根本上是在"追求资本家的权力";①一些马克思主义学者则认为所谓"美国世纪"是"国际强盗"的说辞。②然而,无论有多少批判之声,"美国世纪"这一命题在现实中还是迅速地被大量的学者和民众所接纳,并成为指导未来美国外交政策的原则。

"美国世纪"话语是对自由国际主义话语的一种升级,也使得自由国际主义话语与帝国政治进一步"黏合"。威尔逊时期的自由国际主义话语被认为是带有"乌托邦色彩"的理想主义,它至少在名义上强调平等的关系和对于主权的保护。而卢斯看似把自由国际主义抬高到了有史以来最高的地位,但实际上他是把帝国政治抬高到了有史以来最高的地位——在自由国际主义叙事下的帝国政治行径不仅不是非正义的,甚至不是中立的,而是绝对正义的。在此基础上,平等的国际关系理念让位于"美国应当成为世界的领袖"的"神圣使命",因为美国是世界未来的中心。③

曾经被认为是非正义的干预主义在"美国世纪"的自由国际主义话语下也变得具有合法性。19 世纪末 20 世纪初以来,国家主权原则被越来越多的国家认为是国际政治的基本原则。尽管帝国政治始终在破坏一些国家的主权,但这并不影响各国对于主权的重视。对主权的重视意味着对干预主义的排斥,这使得尽管干预主义始终存在于现实,却无法成为一种"合法"的叙事。国际联盟尽管在实际上通过主权贷款的方式侵蚀他国(弱国和第一次世界大战战败国)的主权,但它在名义上还是尊重"民族自决"的④。然而,"美国世纪"的提出给干预主义以合法化的阐释:美国有义务把"优越"的"自由民主"的理念推广到全世界⑤,也有义务动用军队以维护国际秩序的稳定。美国由此开始在世界范围内以民主、自由和人权之名

① Max Lerner, "American Leadership in a Harsh Age," *The Annals of the American Academy of Political and Social Science*, Vol.216, No.1, 1941, pp.117—124.

② William Z. Foster, "Dewey and Teheran," *The Communist*, Vol.23, No.11, 1944, p.1003.

③ Walter Lippmann, "The American Destiny," *Life*, Vol.6, No.23, 1939, p.73.

④ 周桂银:《自由国际主义对后冷战时代美国外交政策的影响》,《世界经济与政治论坛》2022 年第 1 期。

⑤ 杨卫东:《特朗普政府时期美国自由国际主义大战略的调整》,《美国研究》2021 年第 3 期。

而战,但最终却导致了数以百万计的人口伤亡;所谓的"长和平"(Long Peace)不过是自由国际主义的话语而已,并不能够反映现实。①长期以来,国家主权尽管被许多国家看作最为重要的东西,但在自由国际主义的叙事下,它不仅不再那么重要,甚至在有些时候还备受质疑。②国家主权原则原本是自由国际主义的基本原则之一,但随着自由国际主义与帝国政治的进一步融合,这一基本原则遭受严重挑战。自由国际主义者逐步把人权抬升到至高无上的地位,并借此开展对于国家主权合法性的质疑,从而为干预主义铺平道路。

此外,以国际货币基金组织为代表的一系列国际金融机构也成为美国向全世界开展帝国政治的重要武器。约翰·凯恩斯(John Keynes)在设计国际货币基金组织时曾希望把它的业务范围限定在"国际领域",避免其重蹈国际联盟干预他国经济的覆辙。然而由于美国在国际货币基金组织中拥有一票否决权,该组织实际上被美国所掌握。历史发展也证明,国际货币基金组织不仅重蹈了国际联盟"条件贷款"的覆辙,而且有过之而无不及。不仅经济组织被美国操纵,政治组织也难逃这一命运,在斯蒂芬·韦特海姆(Stephen Wertheim)看来,美国创建联合国的目的正是为了维持第二次世界大战带给美国的世界霸主地位,美国渴望把权力政治进一步加强。③

"美国世纪"的话语不仅把美国的帝国行径合法化,甚至把它们神圣化。一个典型的例子就是,对主权的侵犯不再是一种负面的行为,而是出于对人权的保护。当然,随着历史的发展,主权的定义出现相应的变化也是正常的。对于政权合法性的质疑和多元分散主权的实践未尝不是一些进步的尝试,以至于有学者指出,强调至高无上的主权不过是一种虚伪的话术。④然而,无论这些新尝试的初衷为何,它们最终都变成为帝国政治行径背书的自由国际主义话语的有机组成部分,并为带有帝国烙印的侵略

① Paul Thomas Chamberlin, The Cold War's Killing Fields: Rethinking the Long Peace, HarperCollins, 2018.
② 陈拯:《失衡的自由国际秩序与主权的复归》,《国际政治科学》2018年第1期。
③ Stephen Wertheim, "Instrumental Internationalism: The American Origins of the United Nations," *Journal of Contemporary History*, Vol.54, No.2, 2019, pp.265—283.
④ Stephen Krasner, *Sovereignty: Organized Hypocrisy*, Princeton, N.J.: Princeton University Press, 1999.

战争进行合法性辩护。

总之,在历史的进程中,自由国际主义承载了意识形态高地的作用,与"美国世纪"的叙事遥相呼应,进一步掩饰了美国在第二次世界大战之后在全球范围内开展的帝国扩张。在这一时期,自由国际主义和帝国政治已经高度融合并开展互动,"自由国际主义—帝国政治"系统已然十分明晰。

（四）冷战之后:"历史终结论"与自由国际主义的帝国狂欢

1989 年,弗朗西斯·福山(Francis Fukuyama)发表《历史的终结》(The End of History)一文,宣告西方自由主义已经在对抗共产主义的战争中获得了胜利,世界将要见证的不仅是冷战的结束,还是历史的终结——西方自由民主模式将成为人类历史的最高峰[1]。两年之后,苏联解体,美国一跃成为世界上唯一的超级大国。"历史终结论"的提出似乎是对"美国世纪"的唱和,对国际政治来说意味着自由国际主义国际秩序已成为最具有先进性的国际秩序形态。

这一时期的自由国际主义叙事开始强调制度建设,融合了新自由主义和新现实主义的新自由制度主义一度成为主流,它尤其强调"民主制度、相互依存、国际规范与制度对于国际秩序及其稳定的重要作用"[2]。然而,放在"自由国际主义—帝国政治"系统中来看,就能够看清掩藏在其话语之下变本加厉的帝国政治行径。在军事方面,美国加大干涉力度,直接发动阿富汗战争和伊拉克战争[3],并动用其在联合国等国际机构中的力量将这些干预都作为自由国际主义叙事的一部分,从而使其合法化。在经济方面,美国所操纵的国际货币基金组织进行的主权干涉变本加厉,从要求受援国改变财政政策和货币政策到迫使债务国实行所谓的"市场化改革"。[4]美国还通过金融机构和私人资本影响 SWIFT 系统,并对这一

---

① Francis Fukuyama, "The End of History?" *The National Interest*, No.16, 1989, pp.3—18.

② Daniel Deudney and John G. Ikenberry, "The Logic of the West," *World Policy Journal*, Vol.10, No.4, 1993, pp.17—25.

③ 王栋、尹承志:《自由国际主义的兴衰与美国大战略》,《外交评论(外交学院学报)》2015 年第 1 期。

④ Jamie Martin, "Cooperation without Domination," *Boston Review*, July 20, 2022, https://bostonreview.net/articles/cooperation-without-domination.

国际组织进行法律上的长臂管辖。①

当干预主义超过一定限度时,原有话语体系对其合法性的辩护能力就在不断减弱。换言之,帝国政治的行径会逐渐暴露出来,而这是自由国际主义者们所不愿意看到的。因而在冷战后这一时期,他们创造了不少新的概念以完善其话语体系,比如"主权即责任""作为责任的主权""用责任调和主权"等,用以解构已经被普遍认可的主权定义,同时把干预主义潜移默化地转变为"人道主义干涉"②。由于冷战结束后美国的影响力迅速提升,自由国际主义话语的影响力也达到了前所未有的高点。借用文化和传播上的极大优势,诸如"保护的责任"这一类带有鲜明自由主义特色的观念被迅速推广到全球各地,自由、平等、民主等西方价值原则成为国际社会的价值观。尽管有一些美国学者对这些做法感到担忧,认为美国不应该持续帝国政治的行径③,但这些声音只留在了理论界而未能进入美国的外交政策。

自由国际主义在冷战后的狂欢本质上是一种帝国政治的狂欢,而新自由制度主义所提倡的"制度建设"在很大程度上是为了巩固美国的帝国政治秩序。冷战之后的国际制度和之前的国际制度没有本质区别:国际货币基金组织、世界贸易组织和世界银行等布雷顿森林体系的产物仍然在主导着全球的秩序;而自由化、民主化等自由国际主义意识形态通过这些实体机构传达到非西方世界,国家主权的地位进一步被降到一个较低的高度。政治经济与意识形态上的帝国政治共同构成了冷战后美国对外扩张的利器,也成为世界政治系统的关键特征。④而自由国际主义叙事则把所有这些帝国政治的延续描绘成一种新型的、优质的国际秩序。大多数的美国政策制定者和评论者都认为,美国主导下的自由主义国际秩序

① Barry Eichengreen, "What Money Can't Buy? —The Limits of Economic Power," *Foreign Affairs*, June 21,2022,https://www.foreignaffairs.com/articles/united-states/2022-06-21/what-money-cant-buy-economic-power.

② 陈拯:《失衡的自由国际秩序与主权的复归》,《国际政治科学》2018年第1期。

③ Stephen Wertheim, "The Price of Primacy:Why American Shouldn't Dominate the World," *Foreign Affairs*, February 10,2020,https://www.foreignaffairs.com/articles/afghanistan/2020-02-10/price-primacy.

④ Guangbin Yang, *The Historical Dynamics of Chinese Politics*, Singapore:Springer Nature,2022,pp.43—47.

是相对公平的①——无论事实上它的帝国政治扩张对全世界的伤害有多大。应当说,"自由国际主义—帝国政治"系统在这一时期达到了全盛。

三、内外困境:"自由国际主义—帝国政治" 系统的衰朽

1999 年,迈克尔·霍根(Michael Hogan)重新将"美国世纪"的命题摆在美国学术界面前。在新旧世纪交替的关键时刻,霍根邀请诸多学者一起讨论 20 世纪中对于美国外交政策至关重要的议题。②然而,这一被认为是"展望未来世界"③的学术讨论却并没有什么新意:它仍然是在用自由国际主义话语为帝国政治行径背书。21 世纪以来,"自由国际主义—帝国政治"系统已经遭到来自"内"与"外"的冲击,而这些挑战可能正把这一系统推向衰朽。

(一)内部冲击:帝国政治困难重重

对内来说,由于"自由国际主义—帝国政治"系统的实践内容是帝国政治,因此要求处于帝国核心的国家必须具有强大的实力来维系帝国的存续。换言之,处于帝国核心的国家(西方国家)自身的实力如果出现衰退,那么其控制他国的能力也必然会衰减。即使自由国际主义话语能够把美国的帝国政治行径包装成一种"神圣的使命",这也需要美国有这个能力来完成这一使命,而西方世界绝对实力的下降已然是一个不争的事实。

1992 年,G7 成员国的 GDP 总和占世界经济的 68%,而到 2020 年这一数字只有 31%,并且预计会不断下降。经济总量比重的降低如果还不足以说明其硬实力下降的话,俄乌冲突则提供了一个天然的观察点。正

---

① Aziz Rana, "Left Internationalism in the Heart of Empire," *Dissent*, Vol.69, No.3, 2022, pp.12—26.

② Michael J. Hogan, "The American Century: A Roundtable(Part I)," *Diplomatic History*, Vol.23, No.2, 1999, p.157.

③ 殷之光:《"美利坚和平"——作为帝国主义话语的新自由主义及其全球化神话构成的历史考察》,《学术月刊》2020 年第 4 期。

如巴里·埃森格林（Barry Eichengreen）所论述的那样，美国的经济制裁尽管确实对俄罗斯的经济造成了不小的负面影响，但完全无法改变俄罗斯的宏大战略。①可以说，经济制裁的力不从心反映的是帝国政治的捉襟见肘，正如一些西方学者所指出的那样，"这场战争以及西方政府的反应，可能会被视为自由主义统治阶层对 1945 年后意识形态世界秩序的集体悲歌"。②换言之，即使俄罗斯"为公平稳定的世界秩序本身而战"③的战略目标没能够完全实现，至少它也打响了正面对抗美国主导的帝国政治国际秩序的第一枪。正如福山所讲的那样，俄乌冲突爆发恰逢美国内部矛盾急剧增加④，美国国内的社会危机与政治极化已经严重影响了美国干预他国事务的能力，这意味着美国维系帝国系统的能力在不断减弱。

实际上，"自由世界"内部的危机不是一朝一夕形成的，已经积累了 30 多年。"历史终结论"提出后不久，美国就深陷阿富汗和伊拉克战争的泥潭。而进入 21 世纪以后，小布什的单边主义政策强烈冲击着自由国际主义话语主导下的美国帝国政治行径⑤。2008 年美国金融危机与欧洲主权债务危机更是重创西方经济。再之后，民粹主义领导人特朗普的上台似乎开始动摇美国数十年来高举的自由国际主义旗帜，保护主义思潮在西方兴起。而美国国内社会分裂的加剧⑥与英国的"脱欧"也使得"自由世界"陷入前所未有的危机当中。因而，近年来，自由国际主义秩序的危机成

---

① Barry Eichengreen, "What Money Can't Buy? —The Limits of Economic Power," *Foreign Affairs*, June 21, 2022, https://www.foreignaffairs.com/articles/united-states/2022-06-21/what-money-cant-buy-economic-power.

② Arta Moeini, "America: The Last Ideological Empire," *Compact*, July 9, 2022, https://compactmag.com/article/america-the-last-ideological-empire.

③ Serge Schmemann, "Why Russia Believes It Cannot Lose the War in Ukraine?" *The New York Times*, July 19, 2022, https://www.nytimes.com/2022/07/19/opinion/russia-ukraine-karaganov-interview.html.

④ Francis Fukuyama, "Paths to Depolariztion," *Persuasion*, August 3, 2022, https://www.persuasion.community/p/fukuyama-paths-to-depolarization.

⑤ John G. Ikenberry, *Liberal leviathan*, Princeton University Press, 2011.

⑥ Amitav Acharya, "Hierarchies of Weakness: The Social Divisions That Hold Countries Back", *Foreign Affairs*, June 21, 2022, https://www.foreignaffairs.com/articles/united-states/2022-06-21/hierarchies-weakness-social-divisions.

为国际政治领域的一个热门议题①,甚至有学者指出"第二次世界大战后形成的自由国际秩序可能将要走向终结"②。当然,所谓"自由世界秩序"其实还是与帝国政治紧密交织。从根本上说,西方世界内生性的危机重创的是其帝国政治的行径,由此带来的结果是西方世界实行对外扩张和统治的能力不断被压缩,其他国家摆脱帝国体系的能力则相应增强。

不过,尽管西方世界内部已经出现危机,但说西方国家已经走向衰落还为时尚早——西方世界仍拥有世界上最强大的军事、经济与文化影响力。2021 年,美国的军费开支超 8000 亿美元,超过前十名中其他国家军费开支之和;欧洲与美洲的军费总和占世界总军费的比重接近三分之二。③深受美国影响的国际货币基金组织、世界贸易组织和世界银行仍然是最重要的国际经济组织,而受美国影响的 SWIFT 系统仍然垄断跨境支付,2022 年美联储的急剧加息则再一次引爆了发展中世界的主权债务危机。④强大的话语权与意识形态也成为帝国政治的另一个特征⑤,自由国际主义的价值观已然通过各种方式渗透进世界各国。这意味着,以美国为首的西方国家施展帝国政治的空间被压缩并不意味着"自由国际主义—帝国政治"系统就会走向衰朽,只能说它们的全盛时期已经过去。实际上,"自由国际主义—帝国政治"系统面临的最大危机其实不是帝国政治,而是自由国际主义。

(二)外部冲击:自由国际主义进退维谷

"自由国际主义—帝国政治"系统走向衰朽的最强动力来自其外部受到的冲击,也即自由国际主义话语所面临的三重挑战:第一重挑战是发展中国家对于自由国际主义的抵制;第二重挑战来自中国崛起对自由国际

---

① Stephen Walt, "The Collapse of the Liberal International Order," *Foreign Policy*, 26 June, 2016, http://foreignpolicy.com/2016/06/26/the-collapse-of-the-liberal-world-order-european-union-brexit-donald-trump.

② Robert Kagan, "The Twilight of the Liberal World Order," *Brookings*, January 24, 2017, https://www.brookings.edu/research/the-twilight-of-the-liberal-world-order.

③ 臧雪静:《2021 年全球军费开支及发展趋势分析》,《国防科技工业》2022 年第 7 期。

④ Jamie Martin, "Cooperation without Domination," *Boston Review*, July 20, 2022, https://bostonreview.net/articles/cooperation-without-domination.

⑤ Guangbin Yang, *The Historical Dynamics of Chinese Politics*, Singapore: Springer Nature, 2022, p.44.

主义话语解释力的撼动;第三重挑战则源于不断发展的新型国际政治话语对自由国际主义的取代。

宣扬自由民主的第三波民主化浪潮不仅没能给欠发达国家带来福音,反而使得拉丁美洲长期陷入不发达的状态、破坏了中东和北非地区的稳定①,而强推新自由主义的做法也使得很多国家陷入金融不稳定和贫富差距极化的困境②。可以说,自由国际主义指导下的第三波民主化浪潮对于发展中国家而言弊大于利③。美国通过强行的帝国扩张,无论是军事上的还是经济上的,使得这些原本就不发达的国家更加难以发展起来,或者使有些稍有起色的国家又陷入停滞。而这一时期国际货币基金组织的"条件贷款"则越来越"自由化":变卖国企、取消监管、降低关税等措施几乎成为贷款的必要条件。这样的做法使得当今越来越多的发展中国家即使已经深陷债务危机,甚至宣布国家破产,也不愿意选择向国际货币基金组织借贷。客观来说,发展中国家在尝到了苦头之后对美国主导的国际秩序越来越反感,而这背后所表明的是非西方世界逐渐看清掩藏在自由国际主义之下的西方帝国政治行径,因而不再支持自由国际主义秩序所强行推广的价值观。这也从另一个侧面说明了西方试图强推自由国际主义所包含的"自由民主"价值观念的努力已经失败。从这个意义上来说,"自由国际主义—帝国政治"系统之下的第三波民主化浪潮总体上造成了"两败俱伤"的结果:对发展中国家来说社会经济发展不如人意,对西方世界来说自由国际主义话语受挫。

自由国际主义话语在发展中国家的受挫只是第一步,真正动摇其解释力根基的是中国的崛起,即自由国际主义话语遭到的第二重挑战。自由国际主义话语通常有一个隐性前提:西方是最为先进的,只有采用西方模式才能够摆脱野蛮而走向文明。回顾历史,自由主义者约翰·密尔(John Mill)曾直接把非欧洲民族称为"未开化民族",并指出他们身上存在

---

① Arta Moeini, "America: The Last Ideological Empire," *Compact*, July 9, 2022, https://compactmag.com/article/america-the-last-ideological-empire.

② Aziz Rana, "Left Internationalism in the Heart of Empire," *Dissent*, Vol.69, No.3, 2022, pp.12—26.

③ 孔庆茵:《世界民主化浪潮对发展中国家的影响及对我国的启示》,《理论探讨》2014年第4期。

种种弱点。①阿历克西·托克维尔（Alexis Tocqueville）也认为非欧洲的民族都是"次等民族"。②而历史的发展并未使得这种思维方式发生根本性的改变，"美国世纪"与"历史终结论"都明显带有这一烙印。因而，一个非自由民主资本主义模式的社会主义国家在短短数十年内实现奇迹般崛起的事实使得自由国际主义叙事的隐性前提被动摇，因而也让美国感受到前所未有的危机。若非如此，美国也不会对中国实施各种类型的打压，包括特朗普政府对中国发动的贸易战以及拜登政府对中国实施的科技禁运。

正如贝斯纳指出的那样，中国的崛起已经终结了冷战后属于美国的"单极时刻"。③不仅如此，中国的崛起对整个西方模式都造成了挑战。中国不具有西方模式的基本特征，这使得自由国际主义话语难以解释中国的快速发展。美国的一些学者试图修补自由国际主义解释力上的漏洞。例如，德隆·阿西莫格鲁（Daron Acemoglu）和詹姆斯·A.罗宾逊（James A. Robinson）在《国家为什么会失败》一书中肯定了中国的经济增长，但断言在中国的政治体制下，中国的发展必然不可持续④。持有这一类观点的西方学者不在少数，但无论其以何种叙事方式出现，其背后都难逃自由国际主义所隐含的"民主—专制"范式⑤。这一点从卢斯《美国世纪》一文对于民主和专制的划分中也可以看出⑥。当无法解释中国崛起的奇迹时，自由国际主义者们只能把老套的"专制"帽子强加给中国，把中国塑造成一个"正在崛起的专制帝国"。然而，这样一来，他们却又无法解释为什么美国和"专制"的沙特阿拉伯与新加坡长期以来都保持着如此良

---

① ［英］J. S. 密尔：《代议制政府》，汪瑄译，商务印书馆 1982 年版，第 9 页。

② Jennifer Pitts, *A Turn to Empire*, Princeton University Press, 2009, pp.227—228.

③ Christopher Layne, "The Unipolar Illusion Revisited: The Coming End of the United States' Unipolar Moment," *International Security*, Vol.31, No.2, 2006, pp.7—41.

④ Daron Acemoglu, James A. Robinson, *Why Nations Fail: The Origins of Power, Prosperity, and Poverty*, London: Profile, 2012, p.542.

⑤ Daniel Bessner, "Empire Burlesque: What Comes after the American Century?" *Harper's Magazine*, July 2022, https://harpers.org/archive/2022/07/what-comes-after-the-american-century.

⑥ Henry R. Luce, "The American Century," *Diplomatic History*, Vol.23, No.2, 1999, pp.159—171.

好的关系。①

有反对观点认为,中国的崛起只是让自由国际主义话语出现了一个漏洞,并不能够撼动自由国际主义话语的主导地位。一方面,中国只是一个国家,失去对一个国家的解释力并不能说明自由国际主义话语就彻底失效了;另一方面,即使自由国际主义话语出现了漏洞,若它的解释力和现实意义仍然比其他的话语要强,那么也就没有取代它的理由。换言之,如果全世界只有这一套话语能够形成完整的体系并且孕育丰硕的研究成果,那么只因为它出现了些许漏洞就否定它是绝对不可能的,也是不可取的。不过,随着中国崛起带来的具有中国特色的理论体系已经开始挑战自由国际主义话语体系,这也即是自由国际主义话语遭遇到的第三重挑战。

阎学通提出的道义现实主义理论②、秦亚青提出的过程建构主义理论③、宋伟提出的位置现实主义理论④等在借鉴西方国际政治理论的基础上,融入了中华优秀传统文化的思维方式,并将二者有机融合,形成具有系统性的新型国际政治和国际关系理论,在学术界产生了一定的影响,这无疑对自由国际主义形成了挑战。此外,还有学者直接尝试跳出西方政治学的基本框架和概念,搭建一套全新的中国叙事。2011 年,在《中国震撼:一个"文明型国家"的崛起》一书中,张维为提出了"文明型国家"的理论⑤,并以此来解释中国的崛起。尽管这一理论在国内外都备受争议,但的确在世界上产生了一些影响。2019 年,克里斯托弗·科克尔(Christopher Coker)出版《文明型国家的崛起》(*The Rise of the Civilizational State*)一书,描绘了"中国和俄罗斯对于现有国际秩序的意识形态挑战"。⑥而在政治实践中,普京也早在 2013 年就声称俄罗斯是一个文明型国

---

① Amitav Acharya, "Hierarchies of Weakness: The Social Divisions That Hold Countries Back", *Foreign Affairs*, June 21, 2022, https://www.foreignaffairs.com/articles/united-states/2022-06-21/hierarchies-weakness-social-divisions.

② 阎学通:《道义现实主义的国际关系理论》,《国际问题研究》2014 年第 5 期。

③ 秦亚青:《关系本位与过程建构:将中国理念植入国际关系理论》,《中国社会科学》2009 年第 3 期。

④ 宋伟:《国际秩序地位:位置现实主义的分析》,《国际政治科学》2022 年第 3 期。

⑤ 参见张维为:《中国震撼:一个"文明型国家"的崛起》,上海人民出版社 2011 年版。

⑥ Christopher Coker, *The Rise of the Civilizational State*, John Wiley & Sons, 2019.

家。①近来,印度、巴基斯坦、土耳其等国家的理论界和政界也涌现出关于"文明型国家"的讨论。

当然,就目前来看,这些理论都尚不能够与自由国际主义话语相抗衡。但至少可以说明,已经有一些学者选择"另起炉灶",试图绕开自由国际主义重新建立新型的国际政治叙事,无论是基于西方的理论还是完全跳出西方的理论,且这一努力已经得到了部分的认可。总之,自由国际主义尽管仍然强势,但已然遭到多方面的冲击,而且这些冲击会随着时间的推移越来越强大。

(三)主动出击:如何冲破"自由国际主义—帝国政治"系统

西方世界遭遇的内外困境在根本上冲击着"自由国际主义—帝国政治"系统。内部矛盾的加剧使得其施展帝国政治的空间被压缩,而外部世界的急剧变化不仅使得自由国际主义的解释力变弱,还催生了试图与之抗衡的新话语体系,而这两个方面的冲击又以自由国际主义话语遭受的冲击更为强烈。从这一角度来看,历经一百多年不断完善的"自由国际主义—帝国政治"系统已经走过了它的巅峰,甚至可以说有走向衰朽的趋势。尽管这一系统或许仍然能够主导国际政治秩序不少时间,但是诸如"美国世纪"和"历史终结论"这样的豪言壮语恐怕再也无法复现了。

已有的事实并不能够说明这一系统已经走向衰朽,只能说它有了走向衰朽的征兆。客观来说,这一系统仍然主导着整个西方世界的外交实践。比如,拜登政府在台湾问题上不断采取"两面派"的政策,即在官方发言中始终强调"一中原则",但在实践中美国官员的对台访问却在"不断升级"。②2021 年 4 月,美国进一步放宽互动限制③;2021 年年底,就在中美元首会晤后不久,数名美国国会议员到访台湾并与蔡英文会面;而 2022 年 8 月,美国"第三号人物"、时任美国众议长的佩洛西窜访台湾。这一"两面派"现象放在"自由国际主义—帝国政治"系统之下则很好理解:承认"一中原则"是自由国际主义的话语,其本质是承认国家主权(尽管当代自由国

---

① Alex Hu, "The Allure of the Civilizational State," *The National Interest*, May 5, 2022, https://nationalinterest.org/feature/allure-civilizational-state-202230.

② 叶晓迪:《拜登涉台政策的"同盟联动"现象:机制、举证与影响》,《闽台关系研究》2022 年第 1 期。

③ 温天鹏:《蔡英文连任以来台美关系升级新动向》,《统一论坛》2021 年第 3 期。

际主义话语中国家主权原则并非最为重要,但仍然具有相当大的分量);继续加强与台湾的往来则意味着美国始终没有放弃染指中国,而这本质上是一种帝国扩张的行为。

这一系列事实似乎表明,尽管"自由国际主义—帝国政治"系统遭遇内外困境,但它仍然"活跃"。从根本上说,这意味着西方世界硬实力和话语霸权的双重优势仍然存在。这或许源于"自由国际主义—帝国政治"系统的逻辑稳定性——其两根支柱不仅相辅相成而且相互依赖。不过,它的稳定不代表其不可能被冲破。

从"自由国际主义—帝国政治"系统的生成逻辑来看,它把帝国政治和自由国际主义这两套具有困境的理论体系整合起来,通过它们的相互依赖实现稳定。但反过来说,一旦其中一方受到冲击乃至崩溃,那么无论另外一方如何苟延残喘,这一系统都难逃崩溃的命运。如果自由国际主义话语失去了解释力,那么帝国政治的罪恶行径就会暴露在阳光之下而无法游刃有余地施展;如果帝国政治无法持续,那么为其背书的自由国际主义话语也就没有存在的必要了。

而从现实层面来看,帝国政治的自然崩溃需要漫长的时间,因而不能指望西方世界内部的矛盾催生"自由国际主义—帝国政治"系统走向衰朽。因此冲破这一系统只能从自由国际主义话语入手,而要想真正挑战自由国际主义话语,必然需要一套全新的、完备的、具有解释力的新型国际政治话语。

四、余论:"自由国际主义—帝国政治"
系统之后当何去何从

本文提出了"自由国际主义—帝国政治"系统并论证了它得以生成的内在逻辑。在此基础上,通过历史的视角呈现了这一系统在现实中是如何发展壮大,而后又伴随着其内忧外患的不断加剧而开始走向衰朽的历史进程。由于相互依赖的生成逻辑,只要其中一根支柱倒塌,那么它就会走向崩溃;而从目前来看,这根率先倒塌的支柱可能是自由国际主义话语。但它的倒塌或许不会自然发生,而需要包括中国在内的非西方世界的主动出击。

　　"自由国际主义—帝国政治"系统为宏观地认识一百多年来的国际政治格局提供了一种视角,而随着人类文明进入新纪元,这一系统已经开始走下坡路了。可能在不久的将来,人类要面对的是一个全新的国际政治面板——一个历史上从未真正出现过的多极化国际政治格局。若真如此,中国必然会成为多极中的一极,因而我们也更加需要对未来的国际政治理论创新与外交实践未雨绸缪。

图书在版编目(CIP)数据

全球安全与国际秩序多样性的理论化 / 殷之光主编.
上海：上海人民出版社，2025. -- (复旦国际关系评论
). -- ISBN 978-7-208-19280-5

Ⅰ. D81

中国国家版本馆 CIP 数据核字第 2024R6B670 号

责任编辑　冯　静　宋子莹
封面设计　夏　芳
特约编辑　赵荔红

复旦国际关系评论

全球安全与国际秩序多样性的理论化

殷之光　主编

出　　版　上海人及出版社
　　　　　（201101　上海市闵行区号景路 159 弄 C 座）
发　　行　上海人民出版社发行中心
印　　刷　江阴市机关印刷服务有限公司
开　　本　635×965　1/16
印　　张　18.5
插　　页　4
字　　数　280,000
版　　次　2025 年 1 月第 1 版
印　　次　2025 年 1 月第 1 次印刷
ISBN 978 - 7 - 208 - 19280 - 5/D・4436
定　　价　88.00 元